A1/A2

OBJECTIF **DIPLOMATIE**

LE FRANÇAIS DES RELATIONS
EUROPÉENNES ET INTERNATIONALES

Laurence RIEHL

Michel SOIGNET

Avec la collaboration de
Marie-Hélène AMIOT

PRÉSENTATION DE L'OUVRAGE

Objectif Diplomatie est une méthode de français pour adultes **débutants (et faux-débutants)**. Elle permet l'apprentissage du français dans le contexte des relations européennes et internationales.

Cette méthode couvre, en **120 à 150 heures**, les niveaux **A1 et A2** du CECR, avec **une sensibilisation au niveau B1**. Elle propose, en outre, **un entraînement au TCF-RI** (Test de connaissance du français des relations internationales) conçu par le CIEP*.

Objectif Diplomatie, c'est un apprentissage rapide, pragmatique, fonctionnel, axé sur la réalisation de tâches, qui répond parfaitement aux besoins d'un public en situation professionnelle ou en formation initiale.

OBJECTIF DIPLOMATIE s'organise en 3 dossiers de 4 unités, comprenant chacune :

– **3 situations** pour développer les quatre compétences (compréhension et production écrites et orales) et permettre l'apprentissage de la langue ;

– 1 page de **« savoir-être »** dans une perspective interculturelle ;

– 1 page de **découverte** des institutions européennes et internationales, de villes européennes et des médias de la Francophonie, en partenariat avec TV5 ;

– 1 page **« Testez-vous »** pour l'évaluation et la préparation au TCF, version relations internationales (TCF-RI).

À la fin de chaque dossier :

– 2 pages d'**entraînement au TCF-RI** présentent **des tâches d'évaluation des acquis** correspondant au test du CIEP ;

– 1 **scénario professionnel** reprend, de manière ludique, les tâches proposées dans chaque unité.

En fin d'ouvrage :

– mémento grammatical ;
– transcription des documents audio ;
– corrigés des exercices d'évaluation ;
– lexique multilingue et répertoire de sigles.

OBJECTIF DIPLOMATIE comprend :

– un livre de l'apprenant ;
– un guide pédagogique pour le formateur ;
– un CD pour la classe.

Le TCF, TEST DE CONNAISSANCE DU FRANÇAIS du CIEP :
– a été élaboré à la demande du ministère français de l'Éducation nationale ;
– est reconnu au niveau international ;
– positionne les candidats sur l'un des 6 niveaux de l'échelle définie par le Conseil de l'Europe.

---

* CIEP : Centre international d'études pédagogiques, établissement public du ministère de l'Éducation nationale de l'Enseignement supérieur et de la Recherche officiellement en charge de l'organisation des examens de français langue étrangère.

ISBN 978-2-01-155547-2
© Hachette-Livre 2006, 43, quai de Grenelle, F 75905 Paris Cedex 15.

L'Union européenne constitue la seule organisation qui ait fait le choix d'un plurilinguisme sans concession : chaque langue d'un État membre est langue officielle.

Ce choix visionnaire, fait bien avant le débat sur la promotion de la diversité culturelle, est tout à son honneur.

Il est à l'image de l'héritage de diversité culturelle et linguistique de l'Europe.

Il doit être une inspiration pour les grandes institutions.

La construction européenne, comme les grandes questions internationales débattues dans les enceintes multilatérales, ne peut être traitée dans une langue unique.

Plus important encore, il est inconcevable, parce que dangereux, que les grandes questions européennes et internationales puissent n'être comprises que de ceux qui maîtrisent cette langue unique. Il y a là un enjeu fort, incontournable, de démocratie.

Or la langue française est l'une des langues de travail de l'Union européenne et du Secrétariat général de l'Organisation des Nations Unies, mais aussi de la très grande majorité des autres institutions internationales.

C'est aussi la langue officielle de nombreux États sur les cinq continents. Quant aux trois capitales de l'Union européenne, Bruxelles, Luxembourg et Strasbourg, elles constituent de grandes cités francophones.

Les diplomates et les fonctionnaires en charge des négociations européennes et internationales ont avantage, par conséquent, à être plurilingues et francophones.

Je suis heureux que ce projet éditorial d'un manuel d'enseignement du français des relations européennes et internationales, destiné précisément à ce public des diplomates et des fonctionnaires européens et internationaux, ait pu voir le jour grâce à un partenariat exemplaire entre l'Organisation internationale de la Francophonie, les ministères de la Culture et des Affaires étrangères français et les éditions Hachette Français langue étrangère. Puisse cet ouvrage contribuer, à sa modeste échelle, à la promotion de la diversité linguistique des diplomaties et fonctions publiques européennes et internationales !

ABDOU DIOUF
Secrétaire général de la Francophonie

DOSSIER 1

	Situations	Objectifs de communication	Grammaire	Vocabulaire	Phonétique	
UNITÉ 0 Écoutez, c'est du français ! pp. 7-8		• Vous connaissez des mots français ?	• Le masculin et le féminin • Le singulier • Le pluriel			
UNITÉ 1 Vous êtes Madame… ? pp. 10-19	❶ À l'accueil ❷ Dans une réception ❸ Dommage…	• Saluer • Se présenter • Remercier • Prendre congé • Demander des nouvelles • Présenter quelqu'un • Demander d'où on vient • Écrire un courriel ou une lettre : pour commencer, pour finir, regretter	• Les verbes *être*, *avoir* et *s'appeler* • Les articles définis • Les verbes en *-er* • Le genre des adjectifs de nationalité • Les prépositions de lieu *à* et *en* (villes et pays) • Les verbes *partir* et *aller* • La négation avec *ne … pas*	• Les nombres (de 1 à 20) • L'identification • Les conférences • Les cartes de visite • Les pays • Les capitales • Les langues	L'alphabet	MANIÈRES DE SALUER Salutations et présentations INFOS Coup d'œil sur l'Union européenne
UNITÉ 2 Qui sont-ils ? Que font-ils ? pp. 20-29	❶ Il est sympathique ! ❷ Qui fait quoi ? ❸ Une pause	• Caractériser quelqu'un • Parler des responsabilités professionnelles • Amorcer la conversation • Poser des questions sur quelqu'un • Demander la profession de quelqu'un	• Les présentatifs *c'est/ce sont* • Le genre et le nombre des adjectifs • Les prépositions *à* et *de* • Les contractions *au, aux, du, des* • Le féminin des noms et des adjectifs • L'interrogation avec *où, quand, comment, qui est-ce, qu'est-ce que/qu'/qui* • Les verbes *faire, connaître* et *venir*	• Les caractéristiques physiques et morales • Des professions et des fonctions	Les sigles	MANIÈRES DE JUGER Les stéréotypes INFOS Les institutions européennes
UNITÉ 3 Vous venez d'arriver ? pp. 30-41	❶ Des nouvelles de Bruxelles ❷ Vous êtes libre jeudi ? ❸ À la cantine	• Écrire un courriel, une carte, une lettre • Apprécier, caractériser un lieu positivement et négativement • Fixer/accepter/refuser un rendez-vous • Parler de sa famille	• Les indicateurs temporels • Le changement de radical (accent) de certains verbes du 1er groupe • Les verbes pronominaux • L'interrogation avec l'intonation, *est-ce que*, l'inversion du sujet et *quel(s)/quelle(s)* • Le passé récent et le futur proche • Les adjectifs possessifs	• Les mois de l'année • Les jours de la semaine • Les moments de la journée • Les activités professionnelles • Les nombres (au-delà de 20)	L'intonation interrogative	MANIÈRES DE TRAVAILLER Gérer son temps INFOS Bienvenue à Bruxelles
UNITÉ 4 C'est de la part de qui ? pp. 42-53	❶ Je voudrais parler à Gérard Lavergne ❷ Monsieur Hoffmann déteste les boîtes vocales ! ❸ Un forum de discussion	• Parler au téléphone • Enregistrer un message sur un répondeur : s'annoncer, dire qu'on est absent, donner un autre numéro/contact, demander de laisser un message • Exprimer la fréquence	• Les verbes opérateurs (*pouvoir, devoir, vouloir*) • Les pronoms compléments d'objet direct et indirect • La négation des articles *un, une, des, du, de la, de l'* • L'impératif des verbes *parler, partir, faire, être, avoir, aller* et *vouloir* • Le passé composé avec *avoir* et *être* • Le passé composé à la forme négative • Les verbes en *-ir*	• Le téléphone • Les fonctions et les touches du téléphone • Forum et chat • Les loisirs : faire du sport/la fête, sortir, rester à la maison	L'accent tonique	MANIÈRES DE TÉLÉPHONER Merci d'éteindre votre portable ! INFOS Bienvenue à Luxembourg

DOSSIER 2

	Situations	Objectifs de communication	Grammaire	Vocabulaire	Phonétique	
UNITÉ 5 ous avez ouvé cilement ? o. 58-69	❶ Un nouveau bureau ❷ Au ministère français des Affaires étrangères ❸ À gauche ou à droite ?	• Situer dans l'espace • S'orienter dans un immeuble • Demander/indiquer le chemin	• Les verbes *mettre*, *savoir* et *attendre* • *Il y a* • Les présentatifs *c'est/ce sont* (rappel) • Les verbes *prendre* et *descendre* • Les prépositions et les adverbes de lieu • Les adjectifs et les pronoms démonstratifs • Les pronoms *y* et *en* (lieu) • Le futur simple des verbes *arriver*, *finir*, *mettre*, *être* et *avoir*	• Le mobilier de bureau • L'immeuble • Les nombres ordinaux • La ville • Les déplacements : à pied, en voiture, en taxi, en bus, en métro	Le e muet Le son [e]	MANIÈRES DE VIVRE Espace public, espace privé INFOS Bienvenue à Paris
UNITÉ 6 ous déjeunez ù ? o. 70-81	❶ Au restaurant ❷ Repas-express.com ❸ Une invitation à dîner	• Accueillir/être accueilli • Prendre une commande/commander • Demander l'addition • Dire que l'on aime/que l'on n'aime pas • Commander un repas à domicile • Inviter quelqu'un • Accepter/refuser une invitation • Accueillir quelqu'un • S'excuser • Offrir quelque chose/remercier • Entrer en contact • Proposer, accepter/refuser • Prendre congé	• Les verbes *boire* et *servir* • La quantité • Les partitifs • Les pronoms toniques • *Non* et *si* (expression du contraire) • Le pronom *en* • L'imparfait des verbes *avoir*, *être* et *parler*	• Au restaurant : les repas, les types de restaurant, la carte • La vaisselle	Les liaisons	MANIÈRES DE TABLE Boire et manger INFOS Bienvenue à Strasbourg
UNITÉ 7 ous êtes bien gé ? o. 82-93	❶ Je cherche une maison à louer ❷ Les petites annonces ❸ Il y a un problème avec mon studio !	• Poser des questions sur un logement • Caractériser un logement • Réclamer/se plaindre • Exprimer son mécontentement • Menacer • Expliquer un problème	• La place des pronoms compléments d'objet direct et indirect à la forme affirmative et négative (avec les verbes opérateurs et l'impératif) • Le conditionnel (emploi et formation) • La place de l'adjectif • L'adverbe • Les pronoms possessifs • Le comparatif et le superlatif	• Achat et location • Qui achète, qui loue ? • Les types de logement • Les conditions de location • Les pièces, les extensions, les dépendances • Le mobilier et l'équipement de la maison	Les sons [ɛ], [wa], [o] et [u]	MANIÈRES DE SE LOGER Entre hôtels et appartements INFOS Bienvenue à Genève
UNITÉ 8 ous partez en ission ? o. 94-105	❶ Bruxelles-Ljubljana aller-retour ❷ Le 60ᵉ anniversaire des Nations Unies ❸ De notre envoyé spécial	• Demander une information • Confirmer sa venue/sa participation • Annoncer son arrivée • Donner des détails sur son séjour • Prononcer une allocution de bienvenue • Présenter une organisation • Articuler un discours	• L'interrogation indirecte • Le gérondif • Les pronoms et adjectifs indéfinis • *Venir de*, *être sur le point de*, *être en train de* • L'expression du temps avec *quand* (au présent, au passé et au futur) • L'imparfait et le passé composé dans un récit	• L'avion, le train • L'hôtel • Programme de travail et de visite : informations pratiques, accueil, programme, clôture • La négociation • Les relations internationales	Les sons [y], [œ] et [ø]	MANIÈRES DE SE COMPORTER Le protocole, c'est le protocole ! INFOS L'Organisation des Nations Unies

DOSSIER 3

	Situations	Objectifs de communication	Grammaire	Vocabulaire	Phonétique	
UNITÉ 9 Vous êtes bien installé ? pp. 110-121	❶ Vivre et travailler à l'étranger ❷ À la banque ❸ Qu'est-ce qui ne va pas ?	• Donner son opinion • Préparer son expatriation • Donner des renseignements • Conseiller de faire • Dire de faire • Mettre en garde • Demander à quelqu'un comment il va • Dire à quelqu'un comment on va	• L'accord des participes passés (1) • Le verbe *vivre* • Les indéfinis (adjectifs et pronoms) qui expriment la quantité • Les subordonnées de condition introduites par *si* (1) • La construction des verbes : sans préposition, avec une/deux préposition(s) • La cause • Les subordonnées relatives (*qui, que, où*)	• Les documents administratifs • La vie et le travail à l'étranger • La banque • Les parties du corps • Les maladies/les problèmes de santé	Les sons [ɔ̃] et [ɑ̃]	MANIÈRES DE S'INSTALLER Quand tou est différen INFOS L'Union africaine
UNITÉ 10 Où aller ? Que choisir ? pp. 122-133	❶ Bonnes vacances ! ❷ Location de voitures pour diplomates ❸ C'est pour offrir ?	• Demander un congé • Accorder/refuser un congé • Parler du climat, du temps qu'il fait • Louer un véhicule : interroger le client sur sa demande de location, se renseigner sur les conditions de location • Vendre, acheter • Parler de la taille, de la matière, de la forme, du prix	• Les subordonnées de condition introduites par *si* (2) • Les formes impersonnelles • La mise en relief • Le subjonctif des verbes *parler, finir, connaître, être, avoir, aller* et *faire* (1) • Les pronoms interrogatifs *lequel, laquelle, lesquels, lesquelles*	• Les congés • Les destinations touristiques • La location de véhicule • Les magasins • Les types de magasins • Les vêtements • Les accessoires • Les objets : matière, forme, couleur	Le son [s]	MANIÈRES DE SE DÉPLACER DE NE RIEN FAIRE, D'ACHETER... Vive la différence INFOS RFI, la radi du monde
UNITÉ 11 Vous avez obtenu un poste ? pp. 134-145	❶ Avis de vacance de poste ❷ Rédiger un CV ❸ Trouver le candidat idéal...	• Présenter un poste, décrire des fonctions • Décrire des aptitudes • Décrire des exigences • Nuancer des exigences • Parler de sa formation • Passer un entretien de recrutement : parler de son parcours professionnel, de son expérience, de ses compétences, de ses motivations, de sa mobilité/disponibilité	• Le plus-que-parfait • La nominalisation • L'obligation avec l'impératif, les verbes opérateurs, des formes impersonnelles • Les interrogatifs composés • Les indicateurs temporels • L'accord du participe passé avec *avoir*	• Le recrutement • Les rubriques d'un CV	Les sons [b] et [p] Le son [v]	MANIÈRES DE « SE VENDRE » Entre règle et usages INFOS TV5Monde
UNITÉ 12 Vous avez la parole ! pp. 146-157	❶ Entretiens de couloir ❷ Merci de votre attention ! ❸ Qui veut prendre la parole ?	• Parler de l'actualité : amorcer la conversation, rapporter des paroles, réagir à une information • Donner son opinion • Dire que l'on est d'accord/pas d'accord • Nuancer • Présenter un organigramme : annoncer le thème, présenter ses services, présenter des personnes, remercier et demander s'il y a des questions • Conduire une réunion : annoncer l'ordre du jour, organiser le travail, donner la parole, reformuler les paroles de quelqu'un • Prendre la parole : demander/garder la parole, interrompre, donner son point de vue, justifier, demander une explication	• Le style indirect : rapporter un discours • Le subjonctif (2) : verbes introducteurs • La voix passive • Les pronoms toniques • Le subjonctif (3) : avec des verbes impersonnels, des verbes introducteurs et des adjectifs • Le subjonctif (4) : avec *bien que, quoique, pour que, afin que*	• La presse et les médias • La structure d'une institution/d'un service • Les réunions	Les sons [ʃ] et [ʒ], [k] et [g]	MANIÈRES DE PARLER Parler de tout et de rien INFOS L'Organisa tion Internationa de la Francophor

Écoutez, c'est du français !

 1. Écoutez. C'est du français ?

Document 1	Document 2	Document 3	Document 4	Document 5	Document 6
oui ☐ non ☐	oui ☐ non ☐	oui ☐ non ☐	oui ☐ non ☐	oui ☐ non ☐	oui ☐ non ☐

2. On parle français dans quels pays ?

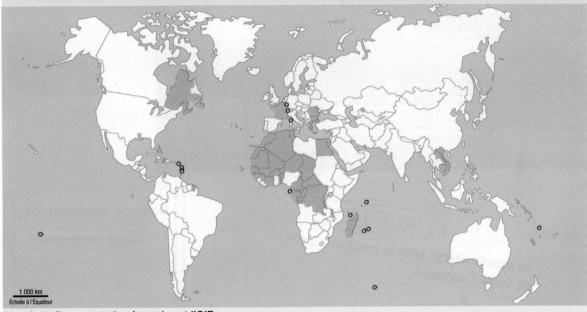

D'après la Documentation française et l'OIF.

 3. Écoutez les expressions.

À chaque expression connue, tapez sur la table !

a. Ah bon ?

b. Bonjour !

c. C'est la vie !

d. Merci beaucoup !

e. Champagne ?

f. Ça va ?

g. Taxi !

h. Oh là là…

i. C'est formidable !

 4. Présentez-vous ! Écoutez et répondez.

– Bonjour, je suis Laurence Riehl ! Et vous ?

– Je suis Michel Soignet !

– Et vous ?

5. Faites connaissance ! Écoutez et répondez.

– Vous allez bien ?

– Très bien, merci et vous ?

– Oh, ça va…

– Et vous ?

6. Observez les images. Vous connaissez des mots français ?

N'ATTENDEZ PAS DE VOUS SENTIR PERDUS POUR APPRENDRE LE FRANÇAIS.

Trouvez vos repères au sein de l'Union Européenne grâce au français :
- langue de travail des institutions de l'Union européenne,
- langue des trois villes sièges des institutions de l'Union européenne,
- langue de partenaires économiques et politiques importants en Europe et dans le monde.

www.francophonie.org

ORGANISATION
INTERNATIONALE DE
LA FRANCOPHONIE

La francophonie c'est 63 États
et gouvernements,
dont 11 dans l'Union européenne.

RESTAURANT
Le petit Strasbourg

Menu du jour

Salade du chef

Entrecôte grillée

Fromage

Crème caramel

UNION EUROPÉENNE
Un agenda chargé pour le prochain sommet
du Conseil européen

Salle de conférences
1er étage →

7. Vous connaissez d'autres mots ? Complétez.

Exemples : conférence, rendez-vous, bistro…

8. Observez et complétez.

Le masculin, le féminin, le pluriel et les articles indéfinis

Masculin singulier : **un**	Féminin singulier : **une**	Pluriel : **des**
un diplomate	une conférence	des diplomates – des conférences
a. … pays	b. … ambassades	c. … passeports
d. … ville	e. … consulat	f. … carte d'identité

🎧 **9.** Écoutez. Qui parle, un professeur (P) ou un étudiant (E) ?
Cochez la bonne réponse.

a. Répétez, s'il vous plaît !

b. Prenez le livre, page neuf.

c. Vous comprenez ?

d. Pardon, vous pouvez répéter, s'il vous plaît ?

e. Excusez-moi, je ne comprends pas.

Phrase a		Phrase b		Phrase c		Phrase d		Phrase e	
P ☐	E ☐	P ☐	E ☐	P ☐	E ☐	P ☐	E ☐	P ☐	E ☐

Vous êtes Madame… ?

1 À L'ACCUEIL

AGENT D'ACCUEIL : Bonjour Madame.

MARION DELORME : Bonjour Monsieur, c'est pour la conférence…

AGENT D'ACCUEIL : Oui, vous êtes Madame… ?

MARION DELORME : Je m'appelle Delorme, Marion Delorme, D.E.L.O.R.M.E, délégation française.

AGENT D'ACCUEIL : Vous avez une pièce d'identité, s'il vous plaît ?

MARION DELORME : Un passeport, ça va ?

AGENT D'ACCUEIL : Oui, très bien. Voici le badge. La salle de conférences est au niveau quatre.

MARION DELORME : Merci, au revoir.

AGENT D'ACCUEIL : Au revoir Madame et bonne journée !

1. Écoutez et cochez la réponse correcte.

La scène se passe…   a. ☐ au bureau ?   b. ☐ au restaurant ?   c. ☐ à l'accueil ?

2. Tapez sur la table quand vous entendez :
• bonjour   • s'il vous plaît   • ça va   • merci   • au revoir   • bonne journée

3. Cochez la réponse correcte.

a. Le nom de famille de Marion est :   ☐ Delorme   ☐ Deforme   ☐ Demorne

b. Marion est :   ☐ belge   ☐ allemande   ☐ française

c. La conférence est au niveau :   ☐ trois   ☐ neuf   ☐ quatre

---

PHONÉTIQUE

L'alphabet

A B C D E F G H I J K L M N O P Q R S T U V W X Y Z

1. Écoutez l'alphabet, répétez et lisez.

2. Écoutez et notez les noms que vous entendez.

VOCABULAIRE

Les nombres

un	onze
deux	douze
trois	treize
quatre	quatorze
cinq	quinze
six	seize
sept	dix-sept
huit	dix-huit
neuf	dix-neuf
dix	vingt

 • **Écoutez et complétez avec le nombre qui convient.**

a. La conférence est au niveau … (8, 12, 6).

b. Au bureau, j'ai … (7, 3, 9) collègues français.

c. Le ministère de la Culture est … (3, 16, 19) rue de Valois.

d. L'agent d'accueil a … (17, 16, 13) badges pour la délégation belge.

GRAMMAIRE

Être	**Avoir**	**S'appeler**
Je suis	J'ai	Je m'appelle
Tu es	Tu as	Tu t'appelles
Il/Elle/On est	Il/Elle/On a	Il/Elle/On s'appelle
Nous sommes	Nous avons	Nous nous appelons
Vous êtes	Vous avez	Vous vous appelez
Ils/Elles sont	Ils/Elles ont	Ils/Elles s'appellent

Complétez :

a. Marion Delorme … un badge.

c. Jeff … belge.

e. Ils … un passeport.

g. La conférence … au niveau quatre.

b. Vous vous … Roman Zaremba ?

d. Nous … espagnols.

f. Tu t'… Vladimir ?

h. Vous … une pièce d'identité ?

VOCABULAIRE

S'identifier	**Une conférence**	**Une carte de visite**
Madame	un agent d'accueil	un ministère
Mademoiselle	une délégation	un chargé de mission
Monsieur	un badge	une fonction
une nationalité	une salle	une adresse
un prénom	un niveau	
un nom de famille		
une pièce d'identité		
une carte d'identité		
un passeport		

1. **Complétez avec :** *fonction – pièce d'identité – nom de famille – adresse – prénom.*
   a. Lopez est un … .
   b. Un passeport est une … .
   c. Iva est un … .
   d. « Chargé de mission » est une … .
   e. 3, rue de Valois est une … .

 2. Écoutez à nouveau le dialogue, observez la carte de visite et complétez

---

RÉPUBLIQUE FRANÇAISE

Ministère de la Culture

Marion DELORME
Chargée de mission

3, rue de Valois   00 33 (1) 10 81 21 22
75001 PARIS   marion.delorme@culture.gouv.fr

FICHE VISITEUR

☐ Madame
☐ Mademoiselle
☐ Monsieur

Nom : ....

Prénom : ....

Nationalité : ....

Adresse professionnelle : ....
....

Fonction : ....

Numéro de téléphone : ....

Pièce d'identité :

☐ passeport
☐ carte d'identité
☐ autre

GRAMMAIRE

Les articles définis

Masculin singulier
le badge
l'agent d'accueil

Féminin singulier
la salle de conférences
l'adresse professionnelle

Masculin et féminin pluriel
les agents d'accueil
les salles de conférences

• **Complétez avec l'article défini qui convient :**

a. Où est … passeport de la déléguée slovaque ?

b. … nom de famille de Mila est « Svoboda. ».

c. Vous avez … adresse de Diana Green ?

d. … délégation allemande est à l'accueil.

MANIÈRES DE DIRE

Saluer
Bonjour !
Bonsoir !
Salut !

Se présenter
Je suis…
Je m'appelle…
Mon nom est…

Remercier
Merci.
Merci beaucoup.
Je vous/te remercie.

Prendre congé
Au revoir !
Bonsoir !
À bientôt !
Salut !

• **Remettez le dialogue dans l'ordre.**

a. Oui, ça va. Merci.

b. La salle de conférences est au niveau deux ?

c. Non, elle est au niveau trois.

d. Bonjour Madame. Vous avez un passeport, s'il vous plaît ?

e. Bonjour Monsieur.

f. J'ai une carte d'identité, ça va ?

À vous !

1. **Interrogez votre voisin/voisine :**
   – Je m'appelle Florence Dupuis, et vous/toi ?
   – Moi ? Je suis Malek Bachir.

2. **Remplissez une fiche visiteur avec votre voisin/voisine.**
   • Jouez la scène à l'accueil.
   • Inversez ensuite les rôles.

② DANS UNE RÉCEPTION

MARION : Nicolae ?

NICOLAE: Marion ? Vous êtes à Bruxelles ! Vous allez bien ?

MARION : Très bien, merci. Et vous ?

NICOLAE: Ça va… Marion, je vous présente Dagmar Huber, une collègue.

MARION : Enchantée. Vous êtes allemande ?

DAGMAR: Non, je suis autrichienne.

MARION : Vous parlez français ?

DAGMAR: Oui, un peu…

MARION : Et vous venez d'où ?

DAGMAR: De Salzbourg. Et vous ?

MARION : Moi ? De Paris. Je travaille au ministère de la Culture.

SERVEUR : Champagne, Madame ?

MARION : Oui, volontiers !

🎧 **1. Vrai ou faux ?**   **V**   **F**

a. Nicolae et Dagmar sont collègues. ☐ ☐

b. Dagmar est allemande. ☐ ☐

c. Dagmar vient de Berlin. ☐ ☐

d. Marion est belge. ☐ ☐

🎧 **2. Reliez.**

1. Vous allez bien ?
2. Je vous présente Dagmar Huber.
3. Vous parlez français ?
4. Champagne ?

a. Oui, un peu…
b. Volontiers !
c. Très bien, merci. Et vous ?
d. Enchantée.

MANIÈRES DE DIRE

Demander des nouvelles
Ça va ?
Comment ça va ?
Tu vas bien ?/Vous allez bien ?

Répondre
Ça va. Et toi/vous ?
Ça va bien, merci. Et toi/vous ?

Présenter quelqu'un
Je te/vous présente…
Voici…/Voilà…

Répondre
Enchanté/enchantée.
Très heureux/heureuse.

Demander d'où on vient
Vous venez d'où ?
Tu viens d'où ?

Répondre
Je viens de Madrid.
Je viens de Stockholm.

• **Reliez.**
1. Ça va ?
2. Nadia, je vous présente Anne Martigny.
3. Vous venez d'où ?
4. Bonjour Monsieur, mon nom est Peter Straw.

a. Je viens de Grèce.
b. Très heureux !
c. Ça va bien, merci. Et toi ?
d. Enchantée !

GRAMMAIRE

Les verbes en -er comme *parler*, *travailler* et *présenter*

Je parle
Tu parles
Il/Elle/On parle
Nous parlons
Vous parlez
Ils/elles parlent

• **Complétez.**

a. Tu … à Berlin ? (travailler)
b. Erik et Gudrun … suédois. (parler)
c. Je vous … une collègue. (présenter)
d. Nous … à la Commission. (travailler)
e. Vous … russe ? (parler)
f. Ils … allemands. (être)

VOCABULAIRE

Pays	l'Allemagne	la France	l'Espagne	l'Italie	la Grande-Bretagne	la Suède	la Grèce	la Slovaquie
Capitale	Berlin	Paris	Madrid	Rome	Londres	Stockholm	Athènes	Bratislava
Langue parlée	allemand	français	espagnol	italien	anglais	suédois	grec	slovaque

- Trouvez de quels pays viennent les délégués et complétez les badges.
- Remplissez également votre badge !

Maria RIOS
Déléguée
Espagne

Mario MALVANI
Délégué
....

Marion DELORME
Déléguée
....

Mike PENNEL
Délégué
....

Lars ERIKSSON
Délégué
....

Eleni AGGELOPOULOS
Déléguée
....

Peter SCHMIDT
Délégué
....

Mikuláš GAŠPAROVIČ
Délégué
....

VOUS
....

GRAMMAIRE

Le genre des adjectifs de nationalité

Il est allemand.
Elle est allemande.

Il est italien.
Elle est italienne.

Il est russe.
Elle est russe.

Il est turc.
Elle est turque.

Il est français.
Elle est française.

Il est autrichien.
Elle est autrichienne.

Il est slovaque.
Elle est slovaque.

Il est grec.
Elle est grecque.

- **Complétez.**

Maria Rios est espagnole, elle vient de Madrid, elle parle espagnol.

a. Mario Malvani est ..., il vient de ..., il parle ....

b. Marion Delorme est ..., elle vient de ..., elle parle ....

c. Mike Pennel est ..., il vient de ..., il parle ....

d. Lars Eriksson est ..., il vient de ..., il parle ....

e. Eleni Aggelopoulos est ..., elle vient de ..., elle parle ....

f. Mikuláš Gašparovič est ..., il vient de ..., il parle ....

À vous !

1. Présentez votre voisin/voisine : nom, prénom, nationalité, ville d'origine, langues parlées...
2. Avec deux voisins/voisines, jouez la scène de la réception.

③ DOMMAGE...

De :	Carla.fabiani@europa.eu.int
A :	Luc Lebrize <Luc.Lebrize@diplomatie.gouv.fr>
CC:	
Date :	21/03/06 14:51
Objet :	RE : Je suis à Bruxelles demain

Bonjour Luc,
Je suis désolée. Demain, je ne suis pas là. Je pars en mission au Danemark (vous connaissez bien Copenhague, non ?). Après, je vais en Suède, au Portugal et peut-être aux Pays-Bas...
Dommage...
À bientôt !
Carla

Chère Carla,
Vous allez bien ? Demain, je suis à Bruxelles. J'ai un rendez-vous à la Commission. Vous êtes au bureau ?
Amitiés,
Luc

1. Cochez les phrases justes.
a. Luc répond à Carla. ☐   b. Carla répond à Luc. ☐
c. Carla va au Danemark. ☐   d. Carla va à Bruxelles. ☐

2. Entourez sur la carte de la page 18 les pays où Carla part en mission.

GRAMMAIRE

Les prépositions de pays et de villes

PAYS						VILLE
Féminin (-e final)		**Masculin (pas de -e final)**		**Pluriel (-s final)**		à Paris
la France	en France	le Luxembourg	au Luxembourg	les Pays-Bas	aux Pays-Bas	à Londres
la Finlande	en Finlande	le Portugal	au Portugal	les États-Unis	aux États-Unis	à Berlin...
l'Allemagne	en Allemagne	Attention : l'Iran	en Iran			

1. Repérez sur la carte de la page 18 les pays de l'Union européenne.
Trouvez, pour chaque pays, l'article défini qui correspond (le, la, l', les).

2. Complétez avec la préposition qui convient.
a. Massimo De Ventura travaille ... Rome, ... Italie.
b. Marietta Kosir est ... Slovénie.
c. John Furness va ... Lisbonne, ... Portugal.
d. Les Dupanel vont ... Danemark, puis ... Suède.
e. Sheila est ... Rotterdam, ... Pays-Bas.
f. Karl travaille ... Luxembourg.

GRAMMAIRE

Partir	Aller	La négation
Je pars	Je vais	Vous êtes à Bruxelles demain ?
Tu pars	Tu vas	→ Non, je **ne** suis **pas** à Bruxelles demain.
Il/Elle/On part	Il/Elle/On va	Il est à Paris ?
Nous part**ons**	Nous allons	→ Non, il **n'**est **pas** à Paris.
Vous part**ez**	Vous allez	
Ils/Elles part**ent**	Ils/Elles vont	

● **Répondez aux questions à la forme négative.**

a. Vous partez en mission à Stockholm ?   b. Il va bien ?

c. Ils vont à Rome ?   d. Elle travaille à Strasbourg ?

e. Il est allemand ?   f. Vous parlez français ?

MANIÈRES D'ÉCRIRE

Écrire un courriel ou une lettre

Pour commencer	Pour finir	Regretter
Bonjour/Bonsoir,	Meilleures salutations,	Je regrette.
Madame,	Bien à toi/à vous,	Je suis désolé(e).
Monsieur,	Cordialement,	Dommage !
Cher Luc,	Amitiés,	
Chère Carla,	Je t'embrasse,	

● **Quelles formules (pour commencer et pour finir) choisissez-vous pour écrire une lettre à :**

a. votre très bon ami Pierre.   b. un homme que vous ne connaissez pas.

c. votre chef (vous lui dites « vous »).   d. Sarah, une très bonne collègue (vous lui dites « vous »).

À vous !

1. **Posez des questions à votre voisin/voisine.**
   Vous êtes allemand ? – Vous venez de Londres ? – Vous travaillez à Paris ?
   – Vous partez souvent en mission ? Etc.

2. **Sur le modèle du courriel de la page 15, écrivez à votre voisin/voisine.**
   Votre voisin/voisine vous répond.
   ● **Choisissez les pays où vous partez en mission sur la carte de l'UE page 18.**

En situation

❶ **À l'accueil d'une institution**
a. Présentez-vous à l'accueil.
b. Remplissez une fiche et demandez un badge.

❷ **Dans une salle de conférences**
a. Présentez-vous à l'entrée de la salle de conférences.
b. Présentez-vous à d'autres participants à la conférence.

❸ **Dans une réception**
a. Saluez un(e) collègue.
b. Présentez un(e) collègue.
c. Posez des questions sur la nationalité, le pays, la ville d'origine.

MANIÈRES DE SALUER
Salutations et présentations

1. On serre la main pour dire bonjour.

2. On donne sa carte de visite pour se présenter.

3. Le baisemain, c'est du passé !

4. On présente un homme à une femme.

5. On fait la bise à ses collègues tous les matins.

6. On présente le moins élevé dans la hiérarchie au plus élevé.

Et chez vous, c'est comment ?

*i*nfos

COUP D'ŒIL SUR L'UNION EUROPÉENNE

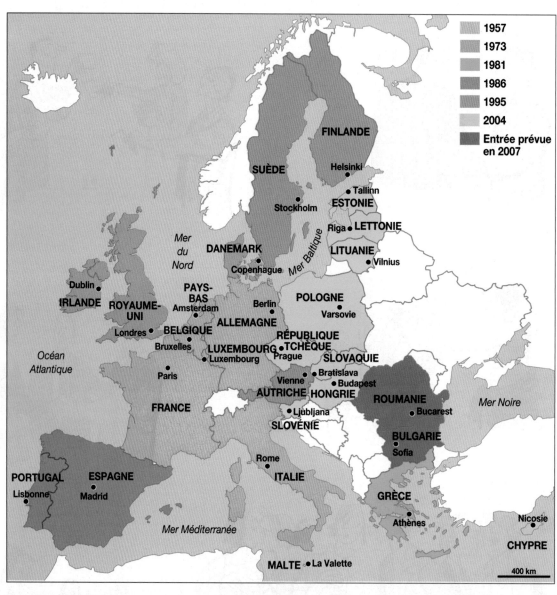

Un peu d'histoire

1950	Traité de Paris	Communauté européenne du charbon et de l'acier (CECA)
1957	Traités de Rome	Communauté économique européenne (CEE ou Marché commun) et Communauté européenne de l'énergie atomique (CEEA)
1985	Accords de Schengen	Libre circulation des personnes
1986	Acte unique européen	Le marché unique
1992	Traité de Maastricht	La Communauté économique européenne (CEE) devient l'Union européenne (UE)
1997	Traité d'Amsterdam	Vers des institutions modernisées
2001	Traité de Nice	D'une Europe à 15 à une Europe à 27
2002	Passage à l'Euro	
2004	L'Europe à 25	
2007	L'Europe à 27	

Testez-vous ···➤

1 Compréhension orale 🎧

● Cochez la réponse correcte.

1. **Hans Heller travaille :**
   a. en Allemagne. ☐   b. en France. ☐   c. en Italie. ☐

2. **Conchita Delgado parle :**
   a. espagnol, italien et allemand. ☐
   b. français, anglais et suédois. ☐
   c. espagnol, anglais et suédois. ☐

3. **Carla Sinerelli est :**
   a. espagnole. ☐   b. italienne. ☐   c. autrichienne. ☐

2 Structures de la langue

● Complétez avec le mot qui convient :

a. Vous avez ... passeport, s'il vous plaît ? *(un – une – des)*

b. Marie Pellerin est ... ? Non, elle est belge. *(françaises – français – française)*

c. Demain, nous partons ... Espagne pour une conférence. *(aux – en – au)*

d. Vous êtes allemand ? Et vous ... où ? *(habitez – habitent – habite)*

3 Compréhension écrite

De :	Pete Maxwell
A :	
CC:	
Date :	14/06/2006 13:05
Objet :	Absence

Madame, Monsieur,
Je suis en mission à Vilnius, en Lituanie. Les badges pour les délégués sont à l'accueil. La salle de conférences est au niveau six. Liina Altvee, une collègue, est à votre disposition bureau 24, niveau cinq (Tél. 01 42 91 38 20).
Bonne journée et à bientôt !

Pete Maxwell

● Vrai ou faux ?

	V	F
a. Pete Maxwell est là pour la conférence.	☐	☐
b. Liina Altvee est à Vilnius.	☐	☐
c. Le bureau de Liina est au niveau cinq.	☐	☐
d. 01 42 91 38 20 est le numéro de téléphone de Pete.	☐	☐

4 Expression orale

a. Présentez-vous (nom, prénom, nationalité, ville, pays d'origine, fonction, langues parlées).

b. Posez 4 questions à votre voisin.

c. Présentez votre voisin au groupe.

5 Expression écrite

● Répondez au message suivant.

Bonjour,
Je m'appelle Sofia Vladescu. Je suis chargée d'organiser votre mission en Roumanie. Je suis désolée, mais je n'ai pas votre nationalité, votre fonction exacte et votre adresse professionnelle. Vous parlez l'anglais et l'allemand ? C'est important pour la conférence.
Merci et à bientôt !

Sofia Vladescu

Qui sont-ils ? Que font-ils ?

1 IL EST SYMPATHIQUE !

Gilles PASQUIER
Fonctionnaire

Carlo BACCINI
Expert international

Zyta GILOWSKA
Interprète

Anikó SZABÓ
Diplomate

Samuel FRANCISQUE
Attaché culturel

Ute NENNING
Journaliste

1. **Observez les photos, lisez les phrases et trouvez de qui on parle.**
   Exemple : Il est assez âgé et presque chauve, il porte une moustache
   et il est très souriant. C'est Carlo Baccini.

   a. Elle est grande et mince, elle a les cheveux courts. Elle a l'air plutôt sympathique. C'est ...

   b. Il a les cheveux blancs. Il est très élégant et il a l'air sérieux. C'est ...

   c. Elle est jeune. Elle a les cheveux longs et elle porte des lunettes. C'est ...

   d. Il est jeune, brun et il a une petite barbe. Il a l'air gentil. C'est ...

   e. Elle est petite et blonde et elle est très souriante. C'est ...

2. **Relisez les phrases et complétez le tableau.**

Verbes pour décrire	Caractéristiques morales	Caractéristiques physiques	Parties du corps et objets
Il est	*souriant*	*grand*	*moustache*
...	...	...	...

GRAMMAIRE

C'est... / Ce sont...

C'est Carlo Baccini.	C'est Ute Nenning.
C'est **un** diplomate.	Ce sont **des** diplomates.
C'est **une** journaliste.	Ce sont **des** journalistes.

1. *C'est* ou *ce sont* ? Reliez.

   • des amis.

   • une collègue italienne.

   C'est
   • des Allemands.

   Ce sont
   • Arnaud Maribeau ?

   • des fonctionnaires.

2. **Interrogez votre voisin/voisine sur un membre du groupe.**
   C'est qui ? – C'est... – C'est une journaliste ? – Oui/non,
   c'est un/une...

VOCABULAIRE

Caractéristiques physiques

grand ≠ petit
gros ≠ mince
jeune ≠ âgé/vieux
brun/blond/roux/chauve
joli/beau ≠ laid

Caractéristiques morales

sympathique ≠ antipathique
intelligent
autoritaire
exigeant
gentil
amusant ≠ sérieux
souriant
intéressant ≠ ennuyeux

● **Rayez ce qui est faux !**

Il est âgé.
Il a une barbe.
C'est un jeune homme souriant.
Il est blond.
C'est un homme élégant.
Il est antipathique.

Elle est souriante.
Elle est jeune.
C'est une jeune femme blonde.
Elle porte des lunettes.
Elle a les cheveux courts.
Elle a l'air autoritaire.

GRAMMAIRE

Genre et nombre des adjectifs

Masculin singulier	Masculin pluriel	Féminin singulier	Féminin pluriel
brun	bruns	brune	brunes
grand	grands	grande	grandes
souriant	souriants	souriante	souriantes
sympathique	sympathiques	sympathique	sympathiques
Attention !			
ennuyeux	ennuyeux	ennuyeuse	ennuyeuses
roux	roux	rousse	rousses
gentil	gentils	gentille	gentilles
gros	gros	grosse	grosses
vieux	vieux	vieille	vieilles
beau	beaux	belle	belles

● **Complétez.**

a. L'assistante est sérieuse.   L'assistant ... .   Les assistantes ... .
b. Il est jeune et autoritaire.   Elle ... .   Elles ... .
c. Le ministre est compétent.   La ministre ... .   Les ministres ... .
d. Il est vieux et laid.   Elle ... .   Ils ... .

MANIÈRES DE DIRE

Caractériser quelqu'un

C'est un homme brun.
C'est une femme jeune.
Il est beau.
Elle est autoritaire.

Elle est britannique.
Il a une moustache.
Elle porte des lunettes.
Elle a l'air gentille.

● **Regardez à nouveau les photos de la page 20 et continuez à décrire les personnages.**
  C'est ...

À vous !

1. Faites le portrait physique et moral d'un membre du groupe et demandez au groupe de deviner qui c'est.

2. Faites le portrait physique et moral d'une personnalité connue (homme politique, artiste...).
   Le groupe vous pose des questions pour deviner qui c'est. Répondez par « oui » ou « non ».
   Exemple : C'est un homme ? – Il est brun ? – Il est sympathique ?

---

❷ QUI FAIT QUOI ?

LA LETTRE INTERNATIONALE   Semaine du 6 au 10 mars 2006

SOMMAIRE

▮ L'ÉVÈNEMENT
Le sommet du G8 **p. 6**
L'Irak **p. 12**

▮ ACTUALITÉ
La sécurité : Schengen ou pas ? **p. 17**
Qui sont les eurodéputés ? **p. 25**

▮ IDÉES
Entretien avec Irène Bérélovitch **p. 32**

DOSSIER
Le nucléaire p. 50

LES AUTEURS

Luis Martinez
Luis Martinez est eurodéputé. Il est chargé des problèmes écologiques.

Clotilde Wérine
Clotilde Wérine est journaliste. Elle travaille à RFI et à *La libre Belgique*. Elle s'intéresse aux questions européennes.

Irène Bérélovitch
Irène Bérélovitch est directrice de recherche à l'Université catholique de Louvain. Elle étudie les changements politiques dans le monde.

Matti Pakinen
Matti Pakinen est le Commissaire européen à l'énergie. Il est spécialiste de l'énergie nucléaire.

• **Qui fait quoi ? Reliez.**

a. Qui s'occupe de l'énergie nucléaire ?

b. Qui étudie les questions européennes ?

c. Qui est eurodéputé ?

d. Qui est spécialiste des changements politiques dans le monde ?

e. Qui est directrice de recherche ?

f. Qui est commissaire européen ?

g. Qui s'intéresse aux problèmes écologiques ?

h. Qui est journaliste ?

• Matti Parkinen
• Clotilde Wérine
• Irène Bérélovitch
• Luis Martinez

PHONÉTIQUE

 1. **Écoutez et répétez les expressions. Notez le sigle en face de l'institution.**

a. Organisation des Nations Unies

b. Union européenne

c. Organisation du traité de l'Atlantique Nord

d. Organisation des Nations Unies pour l'éducation, la science et la culture

e. Banque centrale européenne

2. **Prononcez !** O.M.C. ; UNICEF ; H.C.R. ; OTAN ; O.S.C.E.

MANIÈRES DE DIRE

Parler des responsabilités professionnelles

C'est un commissaire européen.
Il est commissaire européen.
Il travaille **dans** la diplomatie.
Elle travaille **au** Haut Commissariat aux Réfugiés.

Il s'intéresse **à**…
Elle s'occupe **de**…
Elle est responsable **de**…
Elle est chargée **de**…
Il est spécialiste **de/en**…

 • **Écoutez et complétez le tableau.**

	Son nom	Sa profession ou sa fonction (ce qu'il est)	Ses responsabilités (ce qu'il fait)	Son institution ou son organisation (là où il travaille)
a.	Alain Bordin	Attaché culturel	Responsable de la programmation culturelle	Centre Culturel français de Helsinki
…	…	…	…	…

GRAMMAIRE

Les prépositions *à* et *de*

à + le = au
de + le = du
à + la
de + la
à + l'
de + l'
à + les = aux
de + les = des

Je suis **au** Conseil de l'Europe.
Vous êtes chargé **du** programme culturel.
Il travaille **à la** Banque centrale.
Nous sommes responsables **de la** sécurité.
Elle travaille **à l'**UNESCO.
Tu t'occupes **de l'**environnement.
Ils s'intéressent **aux** changements politiques.
Elle est responsable **des** questions européennes.

• **Complétez avec la préposition qui convient.**

a. Hervé Lewaere travaille … Cour de Justice. *(f)*

b. Léa Blanc est reponsable … Office des statistiques. *(m)*

c. Angela Stanzer est … Parlement européen. *(m)*

d. Kevin Chamberlain s'occupe … questions internationales. *(f. pl)*

VOCABULAIRE

Des professions et des fonctions

un fonctionnaire
un diplomate
un ambassadeur
un commissaire
un conseiller
un conseiller technique/commercial/culturel
un attaché

un chef de cabinet/de délégation/de division
un chargé de mission
un directeur
un directeur adjoint
un assistant
un journaliste
un interprète
un traducteur

• **Complétez avec :** *fonctionnaires – assistant – attaché – chargé de mission – conseillère – journaliste.*

a. Ces sont des … internationaux.

b. C'est le … pour la Francophonie.

c. C'est l'… de François Zeller.

d. C'est la … du commissaire.

e. C'est la … de TV5.

f. C'est l'… culturel de l'ambassade.

GRAMMAIRE

Le féminin des noms et des adjectifs

un attaché	une attachée
un assistant	une assistante
un fonctionnaire	une fonctionnaire
un directeur adjoint	une directrice adjointe
un premier conseiller	une première conseillère

- **Complétez avec des mots choisis dans la liste ci-dessus.**

a. Monsieur O'Flaherty a … ou une assistante ?

b. Mon mari est … international.

c. Le directeur est suédois et … est portugaise.

d. Madame Dorval est … ou … ?

À vous !

De :	« Paul Richter » paul.richter@cec.eu.int
A :	Henrotte@idrt.ucl.ac.be
CC:	
Date :	mercredi, 03 novembre 2006 10 :39
Objet :	nouvelle personne contact

Monsieur,

Mon nom est Paul Richter. Je travaille depuis le 1er novembre au Secrétariat général de la Commission. Je suis le nouvel assistant du directeur général. Je remplace Laurent Dubois et je suis votre nouvel interlocuteur.

Voici mes coordonnées :
Paul Richter
Commission européenne
Secrétariat général
B-1049 Bruxelles/ Brussel
Tél : (32) 2 29 68 717
Téléc. (32) 2 29 21 503

Sincères salutations,

Paul Richter

- **Sur ce modèle, écrivez un courriel pour vous présenter et présenter vos fonctions.**

③ UNE PAUSE... 🎧

PATRICIA : Patrick Stevens, il travaille où, maintenant ?

OLGA : Il est à Genève. Il est dans un service de presse… Au HCR, je crois.

PATRICIA : Ah bon ! Qu'est-ce qu'il fait ?

OLGA : Il dirige le service.

PATRICIA : Au fait, la femme de Patrick, elle travaille aussi à Genève ?

OLGA : Oui, elle est consultante aux Nations Unies. Mais ils habitent à Lausanne.

PATRICIA : Et… dis-moi, tu connais la nouvelle directrice ?

OLGA : Oui, elle assiste à la réunion, c'est la brune avec des lunettes.

PATRICIA : Ah bon ! Et elle est comment ?

OLGA : Compétente mais très antipathique…Bon, la pause est terminée, tu viens ou tu restes ici ?

🎧 1. **Vrai ou faux ?**

	V	F
a. Patrick Stevens travaille au HCR.	☐	☐
b. Il est journaliste.	☐	☐
c. Sa femme travaille à Lausanne.	☐	☐
d. Elle travaille au Nations Unies.	☐	☐
e. La nouvelle directrice est sympathique.	☐	☐
f. Les deux collègues sont en réunion.	☐	☐

2. **Présentez à l'oral les trois personnes de la situation.**

Monsieur Stevens : ...

Madame Stevens : ...

La nouvelle directrice : ...

GRAMMAIRE

L'interrogation

Où	Patrick Maranet, il habite où ?
Quand	Tu pars quand à Bruxelles ?
Comment	La chargée de mission, elle s'appelle comment ?
Qui est-ce	Le dame avec des lunettes, qui est-ce ?
Qu'est-ce que...	Qu'est-ce que tu fais au Parlement européen ?
Qu'est-ce qu'...	Qu'est-ce qu'il fait au Parlement européen ?
Qui est-ce qui ...	Qui est-ce qui connaît la nouvelle directrice ?

• **Observez l'exemple et trouvez les questions.**

Vous habitez où ?   *J'habite 10, rue de Verdun.*

a. ...   Samedi.

b. ...   Pierre Mallet.

c. ...   Je travaille à la Commission européenne.

d. ...   Je suis commissaire européen.

GRAMMAIRE

Faire	**Connaître**	**Venir**
Je fais	Je connais	Je viens
Tu fais	Tu connais	Tu viens
Il/Elle/On fait	Il/Elle/On connaît	Il/Elle/On vient
Nous faisons	Nous connaissons	Nous venons
Vous faites	Vous connaissez	Vous venez
Ils/Elles font	Ils/Elles connaissent	Ils/Elles viennent

• **Faites des phrases comme dans l'exemple.**

Madrid / venir / à / ? / vous → Vous venez à Madrid ?

a. Carla Ponti / ? / connaître / elle

b. réunion / venir / la / ? / tu / à

c. faire / Parlement européen / ? / vous / qu'est-ce que / au

d. connaître / pas / ? / directeur général / Maria Arregui / le / ne

e. réunion / à / la / venir / Georges / ?

f. ils / le / faire / week-end / qu'est-ce que ... / ?

MANIÈRES DE DIRE

Amorcer la conversation
Au fait…
À propos…
Dis-donc…
Dis-moi/dites-moi…

Demander la profession de quelqu'un
Qu'est-ce qu'il fait ?
Quelle est sa profession ?

Poser des questions sur quelqu'un
Qui est-ce ?/C'est qui ?
Il travaille où ?
Ils habitent où ?
Qu'est-ce qu'il fait ?
Il est comment ?
Elle est de quelle nationalité ?
Vous avez des nouvelles d'Édouard ?

• **Reliez.**

1. Dites-moi, le grand brun avec la moustache, qui est-ce ?
2. Qu'est-ce qu'il fait ?
3. Il est de quelle nationalité ?
4. Ah bon ? Et il travaille où ?
5. Et il est comment ?

• a. Il est suisse.
• b. Au Conseil de l'Europe, à Strasbourg.
• c. Exigeant mais très sympathique !
• d. Il est traducteur-interprète.
• e. C'est Claude Warynski.

À vous !

1. Lisez les fiches.
2. Rédigez un court texte de présentation d'une de ces personnes pour un Who's Who.
3. Imaginez des conversations entre deux de ces personnes qui font connaissance.
4. Rédigez votre propre fiche. Un autre élève va l'utiliser pour vous présenter au groupe.

FICHE A

NOM : ....Delmotte
PRÉNOM : ......François
NATIONALITÉ : ....Français

PROFESSION : ...Diplomate
FONCTION : Ambassadeur
ORGANISATION : Ambassade de France au Brésil

LANGUES PARLÉES : portugais, anglais, espagnol

FICHE B

NOM : ....Ramos
PRÉNOM : ......Isabel
NATIONALITÉ : ....Espagnole

PROFESSION : ....Secrétaire
FONCTION : Assistante du délégué général
ORGANISATION : UNESCO (Paris)

LANGUES PARLÉES : anglais, français, allemand

FICHE C

NOM : ....Nenning
PRÉNOM : ......Ute
NATIONALITÉ : ....Allemande

PROFESSION : ...Journaliste
FONCTION : Attachée de presse
ORGANISATION : Ministère de la Culture (Berlin)

LANGUES PARLÉES : français et anglais

FICHE D

NOM : ....Line
PRÉNOM : ......Henson
NATIONALITÉ : ....Néerlandaise

PROFESSION : ....Avocate
FONCTION : Directrice du service de documentation
ORGANISATION : Cours de justice européenne (Luxembourg)

LANGUES PARLÉES : anglais, français, italien

En situation

1. Vous êtes en poste à l'étranger. Vous écrivez un courriel à un ancien collègue de bureau et vous lui décrivez vos nouveaux collègues (informations sur la fonction, le physique, le caractère…).
2. Vous appelez un ancien collègue de bureau qui est en poste à l'étranger. Vous lui demandez des nouvelles de son travail, de ses collègues…

MANIÈRES DE JUGER
Les stéréotypes

1. Les Allemands sont travailleurs.
2. Les Français sont des mangeurs de grenouilles.
3. Les Anglais n'ont pas d'humour.
4. Les Lituaniens sont timides et réservés.
5. Les Italiens parlent beaucoup.
6. Les Hongrois ont une langue impossible à prononcer.

Et vous, comment vous voyez-vous ?

i nfos

LES INSTITUTIONS EUROPÉENNES

• La Cour de justice des Communautés européennes

• Le siège de la Commission européenne

Le Conseil européen
• 27 chefs d'État et de gouvernement
+ • Le Président de la Commission européenne
La Présidence change tous les six mois.

Le Conseil de l'Union européenne
• 27 ministres (un ministre par État membre)
+ • un secrétaire général (Haut représentant pour la politique étrangère et de sécurité commune – PESC)

La Commission européenne
• 1 président
• 27 commissaires
• 20 directions générales

Le Parlement européen
• 1 président
• 14 vice-présidents
• 732 eurodéputés
• 7 groupes politiques

• Le Parlement européen à Strasbourg

La Cour de justice des Communautés européennes
• 27 juges
• 8 avocats généraux
• 6 chambres

★ Qui oriente la politique de l'UE ?
→ Le Conseil européen

★ Qui propose ?
→ La Commission européenne

★ Qui décide ?
→ Le Conseil de l'Union européenne et le Parlement européen

★ Qui exécute ?
→ La Commission européenne

★ Qui contrôle ?
→ La Commission européenne et la Cour de justice des Communautés européennes

TV5MONDE Vous pouvez aussi consulter le site suivant :
http://www.tv5.org/europe

Testez-vous ···················

1 Compréhension orale 🎧

• Écoutez et complétez la fiche.

INSTITUT DE SONDAGE VÉRIX
La pratique des langues dans les organisations internationales

---

FICHE 1	Date : 29.07.06	

NOM ET PRÉNOM : .... NATIONALITÉ : ....

ORGANISATION : .... VILLE : ....

FONCTION : .... LANGUES PARLÉES : ....

---

2 Structures de la langue

• Complétez avec les mots qui conviennent.

a. ... une collègue. *(C'est – Ce sont)*

b. La ... est ... *(traducteur – traductrice ; compétent – compétente)*

c. Je suis responsable ... sécurité ... Parlement européen. *(du – de la – de l' ; à la – à l' – au)*

d. Il ... le chef de la délégation. *(connais – connaît)*

e. Vous ... des recherches sur les changements politiques ? *(fais – faites – font)*

3 Compréhension écrite

• Lisez ce portrait et classez les informations.

Isabel Ramos est espagnole. Elle est jeune, grande et mince. Elle a des cheveux longs et bruns.
Elle est attachée de presse à l'OCDE à Paris. Elle est chargée de la communication avec les journalistes.
Elle est très sérieuse et très exigeante dans son travail mais elle est aussi très gentille.

| Nom : ...
| Nationalité : ...
| Profession : ...
| Responsabilités : ...
| Organisation : ...
| Ville : ...
| Caractéristiques physiques : ...
| Caractéristiques morales : ...

4 Expression écrite

• Faites les portraits des personnes suivantes. Attention : faites les accords si nécessaire.

a. Patricia Fernandez – français – économiste – Parlement européen –
   chef de service – sympathique – sérieux.

b. Adeline Godet – belge – Bruxelles – anglais, flamand, allemand – traducteur –
   directeur du service de traduction – Commission européenne.

5 Expression orale

• Utilisez les informations de l'exercice de compréhension écrite. L'ambassadeur et le premier
conseiller parlent de Patricia Fernandez et de Adeline Godet. Imaginez leur conversation.

Vous venez d'arriver ?

① DES NOUVELLES DE BRUXELLES

Bruxelles, le 3 octobre 2006

Chère Sylvie,

Nous sommes enfin en Belgique ! C'est un beau pays. La ville est agréable et les gens sont accueillants. Le poste est vraiment très intéressant. Comme nous sommes dans le même service du Parlement européen, je déjeune avec Marc tous les jours. Je me promène beaucoup pour visiter la ville car je ne suis pas au bureau l'après-midi. Par contre, Marc arrête de travailler assez tard. En général, il rentre entre 19 et 20 heures.

Le samedi ou le dimanche, nous allons souvent au restaurant (ils sont vraiment excellents), au théâtre ou au musée. Le soir, pendant la semaine, nous restons plutôt à la maison car nous nous levons très tôt le matin ! Ici, on commence à travailler à 8 heures ! Marc n'aime pas trop Bruxelles, il préfère Genève, mais moi j'adore ! Nous rentrons à Bordeaux au mois de décembre.

A très bientôt et un grand bonjour aux collègues !
Cordialement,
Christine

1. Répondez aux questions :

a. Qui écrit ?	**b.** Quoi ?	**c.** À qui ?
d. D'où ?	**e.** Quand ?	**f.** Pour dire quoi ?

MANIÈRES D'ÉCRIRE

Écrire un courriel, une carte, une lettre

une carte, une lettre
un/une en-tête
une date
un objet
un expéditeur
un destinataire
une formule d'appellation
une formule de politesse
une signature

2. Relisez le document et complétez le dialogue avec les réponses de Sylvie :

MARIE : Allô ? Bonjour Sylvie, c'est Marie. Ça va ?

SYLVIE : …

MARIE : Ça va… Tu as des nouvelles de Marc et de Christine ? Ils sont où maintenant ?

SYLVIE : …

MARIE : La ville est comment ?

SYLVIE : …

MARIE : Et le poste ?

SYLVIE : …

MARIE : Et ils travaillent où ?

SYLVIE : …

MARIE : Alors, ils préfèrent Genève ou Bruxelles ?

SYLVIE : …

MANIÈRES DE DIRE

Apprécier, caractériser un lieu...

...positivement

J'aime/j'adore l'Espagne.
Je préfère Oslo à Stockholm.
C'est un très beau pays.
La région est magnifique.
C'est une ville calme et agréable.
La capitale est très animée.
Les gens sont ouverts et accueillants.

...négativement

Je n'aime pas beaucoup Amsterdam.
Je déteste le Danemark.
Le pays n'est pas très intéressant.
C'est une région sans intérêt.
C'est une ville très bruyante et désagréable.
La ville est triste et ennuyeuse.
Les gens ne sont pas très ouverts.

1. **Reliez.**

1. Je déteste Mexico,
2. J'adore Genève,
3. Je préfère Londres à Cambridge,
4. Je n'aime pas beaucoup Salzbourg,

a. c'est beaucoup plus animé !
b. c'est petit et les gens ne sont pas très ouverts.
c. c'est une ville très bruyante !
d. c'est une ville calme et agréable.

2. **Caractérisez les trois villes suivantes et/ou caractérisez la ville où vous travaillez.**

Rome

Amsterdam

Barcelone

VOCABULAIRE

Les mois de l'année		Les jours de la semaine	Les moments de la journée
janvier	juillet	lundi	le jour
février	août	mardi	le matin
mars	septembre	mercredi	midi
avril	octobre	jeudi	l'après-midi
mai	novembre	vendredi	le soir
juin	décembre	samedi	la nuit
		dimanche	

 • **Écoutez et complétez.**

Agenda international,

Bonjour, voici l'agenda international pour les mois de ..., ..., ... 2007.

... : conférence de la Francophonie à Dakar, Sénégal.

... : sommet alter-mondialiste à Johannesburg.

Les chefs d'État des pays de l'OCDE se rencontrent à Paris ... .

Et la ... prochaine : interview d'Abdou Diouf sur la diversité linguistique.

GRAMMAIRE

Les indicateurs temporels

Hier/aujourd'hui/demain

La semaine dernière/cette semaine/la semaine prochaine

Le 3 décembre, je suis à Madrid.

Le matin, je travaille **tôt**.

À midi, je ne déjeune pas.

Je pars **entre** 12 h **et** 13 h 45/**entre** midi **et** deux heures moins le quart.

L'après-midi, je me promène.

Je rentre à cinq heures et demie.

Je suis à la maison **vers** 19 h 30/**vers** 7 heures et demie.

Je pars **tard** le soir.

Je suis à Paris **en** février/**au** mois de février.

Attention : **Le mardi** (en général), je ne travaille pas.

Mardi (prochain), je vais à Riga.

Au revoir. **À mardi** !

1. **Tout le monde le sait : les fonctionnaires ne travaillent pas beaucoup ! Complétez le témoignage de Frédérik.**

Je travaille très tôt ... matin. Je pars de la maison ... 6 h 30 ... 7 h. Je suis au bureau ... 8 h. ... midi, je déjeune à la cantine et ... après-midi, je fais toujours une pause ... 16 h. Pour moi c'est important, car j'arrête de travailler assez tard ... soir. ... vendredi, je suis à la maison à 15 h. Chez nous, c'est tout à fait normal !

2. **Posez des questions à votre voisin/voisine sur sa journée de travail.**
Exemple :
– *Le matin, je me lève à 7 heures. Et vous/toi ?*
– *À midi, je déjeune à la cantine. Et vous/toi ?*
– *Le vendredi, j'arrête de travailler à 18 heures. Et vous/toi ?*
– *Le samedi soir, je reste à la maison. Et vous/toi ?*

GRAMMAIRE

Les verbes en -er
Pour quelques verbes en -er, -e et -é deviennent -è.

Préférer	**Se promener**	**Se lever**
Je préfè**re**	Je me promè**ne**	Je me lè**ve**
Tu préfè**res**	Tu te promè**nes**	Tu te lè**ves**
Il/Elle/On préfè**re**	Il/Elle/On se promè**ne**	Il/Elle/On se lè**ve**
Nous préférons	Nous nous promenons	Nous nous levons
Vous préférez	Vous vous promenez	Vous vous levez
Ils/Elles préfè**rent**	Ils/Elles se promè**nent**	Ils/Elles se lè**vent**

Les verbes pronominaux

S'appeler	Je **m'**appelle Laure Epstein.
Se promener	Tu **te** promènes à Tallinn.
Se lever	Il/Elle/On **se** lève tôt.
S'intéresser à	Nous **nous** intéressons à la politique.
S'occuper de	Vous **vous** occupez de la réunion ?
Se parler	Ils/Elles **se** parlent beaucoup pendant la pause.

• **Complétez le dialogue en mettant les verbes à la forme qui convient.**

CLÉMENCE : Dites-moi Pedro, je ... (*s'intéresser*) beaucoup aux habitudes de mes collègues étrangers. Les Espagnols ... (*se lever*) en général à quelle heure le matin ?

PEDRO : Ça dépend. Moi par exemple, je ... (*se lever*) entre 7 h et 7h 30.

CLÉMENCE : Vous ... (*préférer*) partir tôt de la maison ?

PEDRO : Oui, je ... (*se promener*) toujours un peu avant d'aller au bureau.

CLÉMENCE : À Barcelone, c'est certainement très agréable !

À vous !

• **Vous êtes en poste dans une nouvelle ville. Écrivez une lettre à un(e) ami(e).**

Caractérisez la ville, parlez de votre journée, de vos activités…

Attention de bien présenter la lettre (date, formule d'appellation…)

❷ VOUS ÊTES LIBRE JEUDI ?

HANS POCKES					
Votre semaine du 13 au 20 février					
Lundi 13	Mardi 14	Mercredi 15	Jeudi 16	Vendredi 17	Samedi 18
8	8	8 Cours de français	8 Cours d'anglais	8	8
9 Réunion de service	9	9	9	9	9
10	10 Conférence Richard Leblond	10	10	10	10
11	11	11	11	11	11
12	12	12	12 Table ronde compétitivité et protection de l'environnement	12 Déjeuner délégation allemande	12
13 Séminaire PAC	13	13	13	13	13
14	14 Groupe de travail : sécurité alimentaire	14 Présentation du plan financier	14	14	14
15	15	15	15	15	15
16	16	16	16	16 Réunion des chefs de départements	16 Cinéma
17	17	17	17 Formation informatique	17	17
18 Réception Ambassade de Suisse	18 Conférence de presse	18	18	18	18
19	19	19	19	19	19
20	20 Opéra	20 Dîner avec Marie Monier	20 Théâtre	20 Départ Strasbourg	20

1. **Trouvez des solutions ! Regardez l'agenda ci-dessus et répondez à l'oral.**
C'est possible ou ce n'est pas possible cette semaine ? Si oui, quand ?

a. Un cours de russe, le matin, de 8 h à 9 h. b. Un déjeuner de travail avec un collègue italien.

c. Un dîner avec Ludwig. d. Un déjeuner en famille au restaurant.

e. Une réunion avec les secrétaires entre 14 h et 15 h.

2. **Lisez les textos reçus par Hans Pockes, observez son agenda et répondez.**

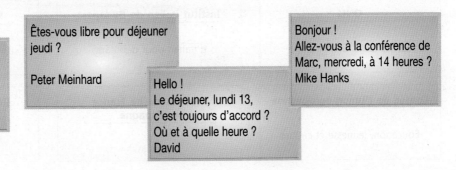

Salut !
Quand vas-tu à Strasbourg cette semaine ?
Michel

Êtes-vous libre pour déjeuner jeudi ?

Peter Meinhard

Hello !
Le déjeuner, lundi 13, c'est toujours d'accord ?
Où et à quelle heure ?
David

Bonjour !
Allez-vous à la conférence de Marc, mercredi, à 14 heures ?
Mike Hanks

GRAMMAIRE

L'interrogation avec l'intonation
Vous êtes Igor Chavirine ?

L'interrogation avec « est-ce que »
Est-ce que vous êtes Igor Chavirine ?

L'interrogation avec l'inversion du sujet
Êtes-vous Igor Chavirine ?

Il part quand ?

Quand est-ce qu'il part ?

Quand part-il ?

Il va où ?

Où est-ce qu'il va ?

Où va-t-il ?

L'interrogation avec « quel »

Nous sommes quel jour ?
Il est quelle heure ?
Vous avez quels rendez-vous demain ?
Vous faites quelles formations cette semaine ?

Quel jour sommes-nous ?
Quelle heure est-il ?
Quels rendez-vous avez-vous demain ?
Quelles formations faites-vous cette semaine ?

1. Transformez pour poser la question avec « est-ce que » et avec l'inversion du sujet.

a. Il est directeur de recherche ?

b. Elle va à Berlin la semaine prochaine ?

c. Vous habitez où ?

d. Nous avons les documents ?

2. Complétez avec : *quel, quelle, quels, quelles.*

a. À ... heure arrivez-vous à Londres ?

b. ... ministres participent à la conférence ?

c. Les invités sont de ... nationalité ?

d. ... âge as-tu ?

e. Avec ... collègues viens-tu ?

VOCABULAIRE

Travailler ensemble

une conférence internationale sur...
une rencontre
une réunion
un groupe de travail
une table ronde
une conférence de presse
une conférence sur...
une présentation de/sur...
une formation en...
un cours de...
un petit-déjeuner/déjeuner/dîner de travail
une réception

1. Choisissez le terme qui convient :

a. À 8 heures, j'ai un ... *(petit-déjeuner, déjeuner, dîner)* de travail avec les collègues hongrois.

b. L'après-midi, j'ai un ... *(groupe de travail, cours, réception)* d'espagnol.

c. Mercredi soir, je suis invité à une ... *(conférence internationale, réception, formation)* à l'ambassade de Slovénie.

d. Demain, je suis en ... *(table ronde, réception, réunion)* toute la journée.

e. En janvier, il y a une ... *(présentation, conférence internationale, séminaire)* sur les droits de la femme à l'ONU.

2. Insérez les mots qui conviennent : *conférence – groupe de travail – déjeuner de travail – réception*

ONU	Institut italien de Budapest	Musée d'Art moderne
...	...	...
sur les droits de l'Homme	d'italien pour débutants	sur la peinture contemporaine

Conseil de l'Union européenne	Ambassade de France en Espagne	Restaurant « L'élégant »
...	...	...
Éducation, jeunesse et culture	du 14 juillet	ministère des Finances

MANIÈRES DE DIRE

Fixer un rendez-vous

On déjeune ensemble vendredi ?

Vous êtes libre mardi matin ?

La semaine prochaine, c'est possible ?

Tu as un moment dans l'après-midi ?

On fixe un rendez-vous pour le mois prochain ?

Répondre

Avec plaisir. À quelle heure ?

Désolé(e), mardi matin je suis pris. Mercredi matin plutôt ?

Oui bien sûr. Quel jour ?

Oui, peut-être vers 16 h. C'est possible pour toi ?

Non, c'est impossible : je suis aux États-Unis !

● **Remettez dans l'ordre.**

a. Paula, vous avez un moment cette semaine ?

b. Alors à mardi !

c. Je suis désolée, jeudi matin, c'est impossible, je suis en réunion. Mardi matin plutôt ?

d. Vers 9 h 30, c'est possible pour vous ?

e. Oh là là… Cette semaine, c'est difficile… Quel jour ?

f. Mardi oui, à quelle heure ?

g. Jeudi matin.

h. Parfait. Mardi à 9 h 30. Merci.

VOCABULAIRE

Les nombres

  20 vingt, vingt et un, vingt-cinq
  30 trente, trente-sept
  40 quarante, quarante-trois
  50 cinquante, cinquante-cinq
  60 soixante, soixante-six
  70 soixante-dix, soixante et onze
  80 quatre-vingts, quatre-vingt-un
  90 quatre-vingt-dix, quatre-vingt-dix-neuf
 100 cent, cent un, cent trente-deux
 300 trois cents, trois cent vingt-trois
1000 mille
1998 mille neuf cent quatre-vingt-dix-huit
2007 deux mille sept

● Reportez-vous à la page 18. Votre voisin/voisine vous demande les dates d'entrée dans l'UE de certains pays. Vous lui répondez.

Exemple : Autriche → 1995 ; Espagne → …

MARIA		NADJA	
Lundi		Lundi	
8		8	
9	Rendez-vous Parlement	9	Réunion de service
10		10	
11		11	
12		12	
13		13	
14		14	
15	Réunion budget	15	
16		16	
17		17	
18		18	Cours d'informatique
19		19	
20	Dîner avec Paul et Laurence	20	

À vous !

1. Regardez l'agenda de Maria et celui de Nadja. Discutez pour trouver pour elles :

   – un moment pour déjeuner ou dîner ensemble ;

   – un moment pour travailler ensemble.

2. Utilisez vos agendas et prenez rendez-vous avec votre voisin/voisine :

   – pour un petit déjeuner de travail ;

   – pour une réunion l'après-midi ;

   – pour un dîner ;

   – autre…

3 À LA CANTINE 🎧

Un monsieur seul cherche une place.

BRUNO FANTINI : Excusez-moi, c'est libre ?

YVES SAUVESTRE : Oui oui, bien sûr, je vous en prie ! Vous travaillez dans le bâtiment B ?

BRUNO FANTINI : Oui, au service de la communication. Je viens d'arriver.

YVES SAUVESTRE : Ah bon. Vous êtes seul ou en famille ?

BRUNO FANTINI : Seul, pour l'instant. Mais ma femme et mes enfants vont arriver le 30 septembre. Et vous ?

YVES SAUVESTRE : Moi ? Je suis célibataire… Alors, vous aimez Bruxelles ?

BRUNO FANTINI : Difficile à dire. Pour l'instant, je découvre.

YVES SAUVESTRE : Qu'est-ce que vous faites exactement ?

BRUNO FANTINI : Je suis chargé des relations avec le public.

YVES SAUVESTRE : Intéressant. Je m'appelle Yves Sauvestre, voici ma carte. Quand votre épouse va arriver, venez donc dîner à la maison. Je vais inviter mes collègues et deux ou trois amis.

BRUNO FANTINI : C'est gentil ! Bon…, alors au revoir et… merci pour l'invitation !

YVES SAUVESTRE : Avec plaisir, mais au fait…, vous êtes… ? Je n'ai pas votre carte…

BRUNO FANTINI : Ah ! Pardon ! Voilà. Je m'appelle Bruno Fantini.

🎧 **1. Vrai ou faux ?**

	V	F
a. Bruno Fantini travaille à Bruxelles.	☐	☐
b. Bruno Fantini connaît Yves Sauvestre.	☐	☐
c. Bruno Fantini est célibataire.	☐	☐
d. Yves Sauvestre va inviter Bruno Fantini à dîner.	☐	☐

🎧 **2. Écoutez à nouveau la conversation et répondez aux questions.**

a. Le collègue d'Yves Sauvestre, qui est-ce ?   b. Il travaille dans quel bâtiment ?

c. Sa famille va arriver quand ?   d. Il travaille dans quel service ?

e. Qu'est-ce qu'il fait exactement ?   f. Il connaît bien Yves Sauvestre ?

GRAMMAIRE

Le passé récent et le futur proche

Le passé récent **Venir de + infinitif**	Le présent	Le futur proche **Aller + infinitif**
Je viens de déjeuner.	Je déjeune.	Je vais déjeuner.
Ils viennent d'arriver.	Ils arrivent.	Ils vont arriver.
La réunion vient de commencer	La réunion commence.	La réunion va commencer.

1. **Mettez les verbes au passé récent ou au futur proche.**

a. Où est Monsieur Fourati ?
Il est encore à la cafétéria. Il … *(arriver)* à 14 heures.

b. Marina est encore là ?
Non, je suis désolé, elle … *(partir)* !

c. Quel est le programme de la réunion de lundi matin ?
Lundi, nous … *(parler)* de l'organisation de la semaine.

d. Tu connais Arturas Adamkus ?
Le collègue lituanien ? Non pas encore. Il … *(arriver)* ce matin !

2. **Et vous, qu'est-ce que vous allez faire samedi et dimanche ?**
…

OBJECTIF DIPLOMATIE

GRAMMAIRE

Les adjectifs possessifs

mon badge	mes badges	notre badge	nos badges
ton collègue	tes collègues	votre collègue	vos collègues
son ami	ses amis	leur ami	leurs amis

ma collaboratrice	mes collaboratrices
ta maison	tes maisons
sa conférence	ses conférences

Attention ! Une assistante → **Mon** assistante   Une épouse → **Mon** épouse

• **Répondez aux questions.**

a. C'est votre ami ? → Oui, c'est …

b. Vos amis habitent Francfort ?

c. Sa conférence est longue ?

d. Votre collaboratrice est luxembourgeoise ?

e. Ton assistante est trilingue ?

f. Vos réunions sont intéressantes ?

PHONÉTIQUE

 • **Écoutez et répétez.**

a. Elle s'appelle comment ?

b. Qu'est-ce qu'il fait ?

c. Il habite à Barcelone ?

d. Il est quelle heure ?

MANIÈRES DE DIRE

Parler de sa famille

Je suis célibataire.
Vous êtes marié(e) ?
Il/elle est divorcé(e).
Il est veuf/elle est veuve.
Roberto et sa femme sont séparés.
Ils sont pacsés.
Il a une compagne.

Elle a un compagnon.
Je n'ai pas d'enfants.
J'ai deux enfants, un fils et une fille.
Je suis déjà grand-mère/grand-père.
J'ai des petits-enfants : un petit-fils et une petite-fille.
Mon mari est diplomate.
Mon épouse/ma femme travaille.

• **Reliez.**

1. Vous êtes marié ?
2. Vous avez des enfants ?
3. C'est votre femme ?
4. Elisa et Alex sont mariés ?
5. Il est divorcé ?
6. C'est votre petite-fille ?

a. Oui, j'ai deux filles.
b. Eh oui, je suis déjà grand-mère !
c. Non, mais ils sont pacsés.
d. Non, il est veuf.
e. Non, je suis encore célibataire.
f. Non, c'est ma compagne.

À vous !

🎧 • Écoutez la conversation au consulat et complétez le formulaire ci-dessous.

RÉPUBLIQUE FRANÇAISE
MINISTÈRE DES AFFAIRES ÉTRANGÈRES

cerfa

N° 13-0021

FORMULAIRE DE DEMANDE DE VISA DE COURT SÉJOUR/TRANSIT
(formulaire gratuit)

N° |_|_|_||_|_|_|_|_|_|_|_|

1. NOM

2. AUTRES NOMS (NOM A LA NAISSANCE, ALIAS, PSEUDONYME,NOMS PORTÉS ANTÉRIEUREMENT)

3. PRÉNOM(S)   4. SEXE (*) M ☐ F ☐

5. DATE ET LIEU DE NAISSANCE   J   M   A   A   6. PAYS

7. NATIONALITÉ(S) ACTUELLE(S)   NATIONALITÉ D'ORIGINE

8. SITUATION DE FAMILLE : a) (*) CÉLIBATAIRE ☐ MARIÉ(E) ☐ SÉPARÉ(E) ☐ DIVORCÉ(E) ☐ VEUF(VE) ☐

b) CONJOINT : NOM
AUTRE(S) NOM(S), PRÉNOM(S)
DATE ET LIEU DE NAISSANCE   J   M   A   A   NATIONALITÉ(S)
SI VOTRE CONJOINT VOYAGE AVEC VOUS ET EST INSCRIT SUR VOTRE DOCUMENT DE VOYAGE, COCHER LA CASE SUIVANTE ☐

c) ENFANTS : NE REMPLIR LA RUBRIQUE "ENFANTS" QUE SI CEUX-CI VOYAGENT AVEC VOUS ET SONT INSCRITS SUR VOTRE DOCUMENT DE VOYAGE

NOMS, PRÉNOMS	DATE DE NAISSANCE J M A	LIEU DE NAISSANCE	NATIONALITÉ(S)

En situation

1. **Vous rencontrez un nouveau collègue à la cantine. Il vient d'arriver...**
   • Présentez-vous.
   • Posez des questions sur son identité, sa nationalité, sa fonction, son pays, sa ville d'origine…
   • Caractérisez la ville où vous travaillez.
   • Parlez de votre journée de travail, de vos activités.
   • Posez des questions sur sa famille.
   • Avec vos agendas, fixez un rendez-vous pour déjeuner.

2. **Écrivez des textos :**
   • Écrivez à votre nouveau collègue pour fixer un rendez-vous pour aller au cinéma.
   • Le collègue répond.
   • Fixez un rendez-vous pour aller à l'opéra.
   • Le collègue répond.

MANIÈRES DE TRAVAILLER
Gérer son temps

1. Commencer à travailler à 7 h, c'est très agréable. On finit plus tôt le soir.

2. Au bureau, faire plusieurs choses en même temps, c'est normal…

3. À midi, une demi-heure de pause suffit : un sandwich, une bière… et on reprend le travail !

4. Dans les pays chauds, on fait la sieste. D'ailleurs, les magasins sont fermés jusqu'à 17 h.

5. Dans les ministères, après 17 h, il n'y a plus personne !

6. Le week-end commence le vendredi à 14 h !

Et chez vous, c'est comment ?

nfos 1

BIENVENUE À BRUXELLES

• Bruxelles, la nuit, Marie-Françoise
Plissart et Musées de la Ville de Bruxelles.

Ce que vous pourrez manger :
– des moules et des frites ;
– les chicons au gratin ;
– les gaufres,
_ du stoemp avec du pain de
viande.

• Manneken-Pis,
membre de la fanfare du Meyboom,
Musées de la Ville de Bruxelles.

La capitale belge est considérée comme la première capitale diplomatique mondiale.

Bruxelles est avant tout synonyme d'Europe. En 1958, Bruxelles accueille déjà le siège de la CEE. (Communauté Économique Européenne). Aujourd'hui, on y trouve la plupart des institutions européennes : le Parlement européen, le Conseil de l'Union européenne, la Commission européenne, le Comité économique et social et le Comité des Régions.

Située au cœur de l'Europe, Bruxelles est une capitale cosmopolite pleine de vie. On y compte plus de 180 nationalités. Les Bruxellois ont une longue tradition d'accueil et d'hospitalité. Le promeneur peut encore entendre parler le dialecte local, le Brusselleir, et voir des folklores uniques, par exemple le Meyboom : cette fête se déroule le 9 août depuis 1213 et est classée au patrimoine mondial de l'Humanité.

De la Grand'Place où se trouve l'Hôtel de Ville à l'Atomium, la ville du Manneken Pis, qui symbolise la liberté, a gardé un charme unique. Les monuments Art déco et Art nouveau attirent de nombreux amoureux du patrimoine et de la culture. De nombreuses expositions internationales et animations rythment la vie de Bruxelles qui est aussi la ville de la bande dessinée, du jazz, de l'Art Déco et de l'Art Nouveau, de la mode…

Aller à Bruxelles, c'est déjà prendre le risque d'y revenir !

Freddy THIELEMANS
Bourgmestre de la Ville de Bruxelles
Ancien Membre du Parlement Européen

• Tapis de fleurs sur la Grand-Place,
Myriam Devriendt et Musées de la Ville
de Bruxelles.

Ce que vous pourrez rapporter :
– des chocolats ;
– des spéculoos ;
– de la bière ;
– de la dentelle ;
– des bandes dessinées ;
– des objets art déco.

TV5MONDE Vous pouvez aussi consulter le site suivant :
http://www.tv5.org/bruxelles

Testez-vous ·····················➤

1 Compréhension écrite

• Lisez la lettre.

> *Chère Marianne,*
>
> *J'aime beaucoup Strasbourg. C'est une ville très animée, la région est magnifique et les gens sont ouverts et accueillants. Je commence à travailler assez tôt le matin, vers 8 h / 8 h 30. À midi, je déjeune avec mes nouveaux collègues au restaurant du Parlement. Ils sont vraiment sympathiques ! Le soir, j'arrête de travailler à 16 h 30. Demain, je vais aller au cinéma avec Cécile, ma voisine. C'est une jeune femme très intéressante. Comme moi, elle adore Strasbourg ! Elle est encore seule. Son mari va arriver en décembre. À bientôt !*
> *Amitiés,*
> *Janina*

• Vrai ou faux ?

	V	F
a. Strasbourg est une ville très calme.	☐	☐
b. Les collègues de Janina sont antipathiques.	☐	☐
c. Le soir, Janina arrête de travailler tôt.	☐	☐
d. Cécile aime beaucoup Strasbourg.	☐	☐
e. Cécile est célibataire.	☐	☐

2 Structures de la langue

• Complétez avec les mots qui conviennent.

a. Ma femme … *(préfère, préférer, préfèrent)* Genève à Luxembourg.

b. … *(Au, En, À)* avril, je pars avec mes collègues à Strasbourg.

c. Dis-moi Attila, … *(quelle, quels, quel)* jour sommes-nous aujourd'hui ?

d. Où sont les délégués slovaques ? Ils sont encore dans un taxi, ils … *(viennent d'arriver, vont arriver, sont arrivés)* dans 15 minutes.

e. Vous allez au restaurant aujourd'hui ? Oui, je déjeune avec … *(mon, ma, mes)* assistante.

3 Compréhension orale 🎧

• Écoutez le document et notez les informations sur une page d'agenda.

4 Expression orale

• Vous rencontrez un nouveau collègue dans un café.
• Vous parlez de la ville où vous travaillez, de votre semaine de travail, de vos activités le soir et le week-end, de votre famille, etc.
• Vous fixez un rendez-vous pour aller au théâtre (précisez le jour, l'heure, le lieu).

5 Expression écrite

1. Nous sommes lundi matin. Éric Dupuis écrit quatre textos pour fixer un rendez-vous avec :

   a. un collègue (un rendez-vous professionnel)   b. son chef (un rendez-vous professionnel)

   c. sa femme (un rendez-vous privé)   d. un ami (un rendez-vous privé)

2. Le collègue d'Éric Dupuis n'est pas libre pour le rendez-vous proposé. Il lui écrit un courriel pour proposer une autre date (jour et heure).
   Attention à la présentation du document : date, formule d'appellation, formule de politesse…

C'est de la part de qui ?

1 JE VOUDRAIS PARLER À GÉRARD LAVERGNE 🎧

ORGANISATION MONDIALE DU COMMERCE **FICHE TÉLÉPHONIQUE**

NOM _____

PRÉNOM _____

Institution _____

N° de téléphone _____

Objet de l'appel _____

Personne demandée _____

Message _____
_____
_____
_____
_____

LE STANDARDISTE :	World Trade Organization, Good afternoon. Organisation mondiale du Commerce, bonjour !
HABIBA FEIDT :	Bonjour, je voudrais parler à M. Lavergne… Gérard Lavergne.
LE STANDARDISTE :	C'est de la part de qui ?
HABIBA FEIDT :	Habiba Feidt, du ministère belge de l'Équipement et des Transports .
LE STANDARDISTE :	Veuillez patienter un instant, s'il vous plaît. […] Ne quittez pas, je vous passe son assistant.
L'ASSISTANT :	Madame Feidt ? Je suis désolé mais Monsieur Lavergne est en réunion. Vous voulez laisser un message ?
HABIBA FEIDT :	Oui… il peut me rappeler à mon bureau ?
L'ASSISTANT :	Bien sûr ! Il a votre numéro ?
HABIBA FEIDT :	Non, c'est le 04 227 08 63. Pour la Belgique, il doit composer le 00 32.
L'ASSISTANT :	C'est noté, il vous rappelle vers 17 h.
HABIBA FEIDT :	Je vous remercie, au revoir.

🎧 1. Écoutez et remplissez la fiche que son assistant va donner à Monsieur Lavergne.

🎧 2. Écoutez et complétez.

a. Je voudrais … à M. Lavergne. **b.** Veuillez … un instant ! **c.** Vous voulez … un message ?
d. Est-ce qu'il peut … à mon bureau ? **e.** Pour la Belgique, il doit … le 00 32.

GRAMMAIRE

Les verbes opérateurs

Pouvoir	Devoir	Vouloir
Je peux	Je dois	Je veux
Tu peux	Tu dois	Tu veux
Il/Elle/On peut	Il/Elle/On doit	Il/Elle/On veut
Nous pouvons	Nous devons	Nous voulons
Vous pouvez	Vous devez	Vous voulez
Ils/Elles peuvent	Ils/Elles doivent	Ils/Elles veulent

Elle **peut** rappeler plus tard ? Je **dois** travailler très tôt demain matin.
Nous **voulons** parler à Monsieur Lavergne.

• **Complétez avec *devoir*, *vouloir* ou *pouvoir* à la forme qui convient.**
Excusez-moi Maria, je dois partir à l'aéroport, est-ce que je … utiliser votre téléphone, je … appeler un taxi. Je ne … pas téléphoner de mon bureau parce qu'il y a une réunion. Je suis absent trois jours, vous … prendre mes messages ? Si on … me joindre, mon numéro de portable est le 06 13 45 87 34. Je vous appelle demain si je … .

VOCABULAIRE

Le téléphone

Quelques verbes	**Quelques noms**
téléphoner à quelqu'un	le téléphone fixe/le portable
téléphoner à Paris/de Paris	une cabine téléphonique/un téléphone public
être au téléphone/en communication	une carte téléphonique
appeler quelqu'un	un répondeur/une boîte vocale
décrocher/raccrocher	une communication (téléphonique)
répondre au téléphone	un coup de téléphone/un appel
	un numéro de téléphone/de portable
	un annuaire téléphonique
	un/une correspondant(e)

1. Reliez les mots et les objets.

a. un téléphone public   b. un annuaire   c. une carte téléphonique

d. un téléphone fixe   e. un portable   f. un répondeur

2. Reliez.

1. Avec un portable,

2. Pour chercher un numéro de téléphone,

3. Quand ça ne répond pas,

4. Dans la rue,

a. on peut téléphoner d'un téléphone public.

b. on peut laisser un message sur le répondeur.

c. on peut téléphoner de partout.

d. on peut consulter l'annuaire.

GRAMMAIRE

Les pronoms personnels compléments directs et indirects

Pronoms compléments directs	**Pronoms compléments indirects**
Regarder quelqu'un ou quelque chose	**Parler à quelqu'un**
Il regarde **Élise**. → Il **la** regarde.	Il parle à **Jeanne**. → Il **lui** parle.
Il regarde **l'agenda**. → Il **le** regarde.	Il parle à **ses collègues**. → Il **leur** parle.

me, m'	Il **me** connaît/**m'**appelle.		me, m'	Elle **me** parle/**m'**écrit.
te, t'	Elle **te** parle/**t'**aime.		te, t'	Il **te** téléphone/**t'**appelle.
le, la, l'	Elle **le** regarde.		lui	Je **lui** écris.
nous	Ils **nous** invitent.		nous	Ils **nous** expliquent.
vous	Il **vous** téléphone.		vous	Je **vous** montre.
les	Je **les** déteste.		leur	Elle **leur** dit bonjour.

• **Complétez les dialogues avec un pronom direct ou indirect.**

a. – Vous connaissez Helios et Patrica ?

– Bien sûr, je ... connais depuis longtemps !

b. – Tu peux téléphoner au journaliste du Monde, s'il te plaît ?

– Oui, je ... téléphone immédiatement !

c. – Vous voulez bien me rappeler ?

– Je ... rappelle dans dix minutes !

d. – Vous aimez vos nouvelles fonctions ?

– Non, Je ... déteste !

e. – Le chef de cabinet parle à ses conseillers ce matin ou cet après-midi ?

– Cet après-midi. Il ... parle à deux heures et demie, je crois.

1 Compréhension orale 🎧

• Écoutez le document sonore et la question. Cochez la case correspondant à la bonne réponse.

1re TÂCHE

☐ A. Jeudi prochain dans une salle du 6e étage.

☐ B. Lundi 8 mars dans une salle du 6e étage.

☐ C. Lundi 18 mars dans une salle du 7e étage.

☐ D. Jeudi 18 mars dans une salle du 7e étage.

2e TÂCHE

☐ A. La pause café est supprimée par manque de temps.

☐ B. L'atelier sur les relations Nord-Sud est reporté à demain.

☐ C. L'atelier sur la Commission européenne a lieu au 1er étage, salle 102.

☐ D. L'atelier sur la Commission européenne a lieu au 2e étage, salle 202.

2 Structures de la langue

• Cochez la case correspondant à la bonne réponse.

1re TÂCHE

La prochaine réunion des ministres des Affaires étrangères a lieu à Manchester,…

☐ A. à   ☐ B. en

☐ C. au   ☐ D. à la

…Royaume-Uni.

2e TÂCHE

J'ai rendez-vous demain avec mon collègue slovaque du ministère des Finances, mais je ne…

☐ A. connais   ☐ B. sais

☐ C. veux   ☐ D. peux

…pas à quelle heure. Pouvez-vous lui téléphoner ?

3e TÂCHE

J'ai rendez-vous avec Madame Luton demain. Pouvez-vous…

☐ A. l'   ☐ B. lui

☐ C. le   ☐ D. la

…appeler pour confirmer l'heure du rendez-vous ?

4e TÂCHE

M. Laaris est chef de cabinet. Il travaille…

☐ A. dans une ambassade.   ☐ B. dans un ministère.

☐ C. dans un centre culturel. ☐ D. dans une entreprise.

5e TÂCHE

Nous voyons demain le conseiller technique du ministre des Transports.

☐ A. Pouvez-vous…   ☐ B. Aurez-vous…

☐ C. Avez-vous…   ☐ D. Savez-vous…

…préparer un dossier détaillé sur la situation des transports en Europe ?

VOCABULAIRE

Le téléphone

Quelques verbes	Quelques noms
téléphoner à quelqu'un	le téléphone fixe/le portable
téléphoner à Paris/de Paris	une cabine téléphonique/un téléphone public
être au téléphone/en communication	une carte téléphonique
appeler quelqu'un	un répondeur/une boîte vocale
décrocher/raccrocher	une communication (téléphonique)
répondre au téléphone	un coup de téléphone/un appel
	un numéro de téléphone/de portable
	un annuaire téléphonique
	un/une correspondant(e)

1. **Reliez les mots et les objets.**

   a. un téléphone public   b. un annuaire   c. une carte téléphonique

   d. un téléphone fixe   e. un portable   f. un répondeur

2. **Reliez.**

1. Avec un portable,   a. on peut téléphoner d'un téléphone public.

2. Pour chercher un numéro de téléphone,   b. on peut laisser un message sur le répondeur.

3. Quand ça ne répond pas,   c. on peut téléphoner de partout.

4. Dans la rue,   d. on peut consulter l'annuaire.

GRAMMAIRE

Les pronoms personnels compléments directs et indirects

Pronoms compléments directs	**Pronoms compléments indirects**
Regarder quelqu'un ou quelque chose	**Parler à quelqu'un**
Il regarde **Élise**. → Il la regarde.	Il parle à **Jeanne**. → Il lui parle.
Il regarde **l'agenda**. → Il le regarde.	Il parle à **ses collègues**. → Il leur parle.

me, m'	Il me connaît/m'appelle.		me, m'	Elle me parle/m'écrit.
te, t'	Elle te parle/t'aime.		te, t'	Il te téléphone/t'appelle.
le, la, l'	Elle le regarde.		lui	Je lui écris.
nous	Ils nous invitent.		nous	Ils nous expliquent.
vous	Il vous téléphone.		vous	Je vous montre.
les	Je les déteste.		leur	Elle leur dit bonjour.

• **Complétez les dialogues avec un pronom direct ou indirect.**

a. – Vous connaissez Helios et Patrica ?
   – Bien sûr, je ... connais depuis longtemps !

b. – Tu peux téléphoner au journaliste du Monde, s'il te plaît ?
   – Oui, je ... téléphone immédiatement !

c. – Vous voulez bien me rappeler ?
   – Je ... rappelle dans dix minutes !

d. – Vous aimez vos nouvelles fonctions ?
   – Non, Je ... déteste !

e. – Le chef de cabinet parle à ses conseillers ce matin ou cet après-midi ?
   – Cet après-midi. Il ... parle à deux heures et demie, je crois.

1 Compréhension orale 🎧

• Écoutez le document sonore et la question. Cochez la case correspondant à la bonne réponse.

1re TÂCHE

☐ A. Jeudi prochain dans une salle du 6e étage.

☐ B. Lundi 8 mars dans une salle du 6e étage.

☐ C. Lundi 18 mars dans une salle du 7e étage.

☐ D. Jeudi 18 mars dans une salle du 7e étage.

2e TÂCHE

☐ A. La pause café est supprimée par manque de temps.

☐ B. L'atelier sur les relations Nord-Sud est reporté à demain.

☐ C. L'atelier sur la Commission européenne a lieu au 1er étage, salle 102.

☐ D. L'atelier sur la Commission européenne a lieu au 2e étage, salle 202.

2 Structures de la langue

• Cochez la case correspondant à la bonne réponse.

1re TÂCHE

La prochaine réunion des ministres des Affaires étrangères a lieu à Manchester,…

☐ A. à   ☐ B. en

☐ C. au   ☐ D. à la

…Royaume-Uni.

2e TÂCHE

J'ai rendez-vous demain avec mon collègue slovaque du ministère des Finances, mais je ne…

☐ A. connais   ☐ B. sais

☐ C. veux   ☐ D. peux

…pas à quelle heure. Pouvez-vous lui téléphoner ?

3e TÂCHE

J'ai rendez-vous avec Madame Luton demain. Pouvez-vous…

☐ A. l'   ☐ B. lui

☐ C. le   ☐ D. la

…appeler pour confirmer l'heure du rendez-vous ?

4e TÂCHE

M. Laaris est chef de cabinet. Il travaille…

☐ A. dans une ambassade.   ☐ B. dans un ministère.

☐ C. dans un centre culturel.   ☐ D. dans une entreprise.

5e TÂCHE

Nous voyons demain le conseiller technique du ministre des Transports.

☐ A. Pouvez-vous…   ☐ B. Aurez-vous…

☐ C. Avez-vous…   ☐ D. Savez-vous…

…préparer un dossier détaillé sur la situation des transports en Europe ?

3 Compréhension écrite

• Lisez le document, la question et les réponses. Cochez la case correspondant à la bonne réponse.

> *À l'attention des participants au colloque sur la Francophonie*
>
> Une réception est organisée ce vendredi 29 mars en l'honneur des délégations présentes. Nous aurons le plaisir de vous accueillir à partir de 18 h, dans les salons de la Résidence de la délégation générale du Québec.
>
> Merci de confirmer au plus vite votre présence à l'accueil ou auprès des responsables de l'organisation du colloque.

Que va-t-il se passer vendredi ?

- ☐ A. Les délégations présentes organisent une réception.
- ☐ B. La délégation générale du Québec est invitée à une réception.
- ☐ C. La réception a lieu en l'honneur de la délégation du Québec.
- ☐ D. Les délégations présentes sont invitées à une réception.

ARCHIVES	LISTE DE DIFFUSION
🕐 Archives audiovisuelles	🕐 Matériel pédagogique
🕐 Bourses	🕐 Médaille
🕐 Conférences et manifestations	🕐 ONG
🕐 Articles à la vente, cadeaux	🕐 Documents de voyage
🕐 Correspondants	🕐 Perspectives commerciales
🕐 Demandes de renseignements	🕐 Emploi à l'ONU
🕐 Dons à l'ONU	🕐 Photographies
🕐 Drapeaux	🕐 Programme de stages
🕐 Droits d'auteur	🕐 Publications
🕐 École internationale des Nations Unies	🕐 Radio
🕐 Enregistrements sonores	🕐 Restaurant des délégués
🕐 États membres	🕐 Emblème des Nations Unies

Vous recherchez des informations pour la scolarité de vos enfants, vous allez consulter la rubrique :

- ☐ A. École internationale des Nations Unies.
- ☐ B. Correspondants.
- ☐ C. Conférences et manifestations.
- ☐ D. Programme de stages.

Entraînement au TCF-RI

SCÉNARIO 1

> Vous partez à l'étranger pour une conférence.
> Imaginez le thème de cette conférence, le lieu, la ville, le pays, l'identité des délégués et de leurs amis et jouez le scénario suivant.

Plantez le décor !

Une conférence

Organisation/Institution	Pays	Ville	Date	Thème
. . .	. . .	. . .	. . .	. . .

Des délégués et leurs amis

Nom . . .	Nationalité . . .	Fonction . . .	Langues parlées . . .	Caractère . . .
Prénom . . .	Situation de famille . . .	Organisation/Institution . . .	Loisirs . . .	Autres . . .

Élaborez

* une carte de visite
* un planning pour votre semaine à l'étranger
* un message d'absence pour votre ordinateur
* un message d'absence pour votre répondeur au bureau/à la maison
* un document avec le thème, le lieu, la date de la conférence, la liste des délégués
* les badges pour les délégués

Cherchez

* des informations sur les restaurants, les sorties dans la ville où a lieu la conférence

À vous !

AVANT DE PARTIR

* Envoyez un courriel aux délégués que vous connaissez pour dire quand vous arrivez.

  Vous recevez un message d'absence.
  Appelez-les au bureau.

  Vous recevez une réponse positive/négative.
  Répondez.

SUR LE LIEU DE LA CONFÉRENCE

* Présentez-vous à l'accueil.
  Vous obtenez votre badge.

* Dans les couloirs, vous rencontrez un autre délégué.

Vous connaissez bien le délégué	Vous connaissez un peu le délégué	Vous ne connaissez pas du tout le délégué
Demandez : – de ses nouvelles ; – des nouvelles de sa famille ; – des nouvelles de son travail ; …	Demandez : – de ses nouvelles ; – des nouvelles de son travail ; – des nouvelles d'un collègue ; …	Présentez-vous. Parlez : – de la ville où a lieu la conférence ; – de votre rythme de travail ; – de vos loisirs.

* Présentez la personne que vous venez de rencontrer à un autre délégué

APRÈS LA CONFÉRENCE

* Vous décidez à trois d'aller déjeuner, dîner, d'aller au théâtre, au cinéma, au musée…
  Convenez d'un rendez-vous à l'aide de votre agenda.

* À l'hôtel, écrivez un courriel/un texto ou téléphonez à un collègue qui est resté au bureau et racontez votre journée.

À VOTRE RETOUR

* À votre retour chez vous, écoutez vos messages sur votre répondeur.

  Rappelez les personnes/amis qui ont appelé.

  Parlez de votre séjour, de la ville, des personnes que vous avez rencontrées.

Vous avez trouvé facilement ?

1 UN NOUVEAU BUREAU 🎧

VINCENT PERROT : Allô Adrien, c'est Vincent Perrot. Alors, cette installation à Sofia, comment ça se passe ?

ADRIEN COLBAT : Oh, je ne suis là que depuis une semaine. J'ai passé mon temps à me présenter, rencontrer des gens… J'ai tout de même réussi à installer mon bureau.

VINCENT PERROT : Ce vieux bureau inconfortable !

ADRIEN COLBAT : Tu ne vas pas le reconnaître ! C'est vraiment une nouvelle pièce : j'ai un poste informatique complet à côté de mon bureau. Il y a des étagères à gauche de l'entrée et une petite table à droite. Bien sûr, j'ai changé le fauteuil.

VINCENT PERROT : Et sur les murs, tu as mis des photos ?

ADRIEN COLBAT : Non, pas encore. J'attends un peu pour la décoration. Il y a seulement une grande carte de l'Union européenne au-dessus de la table… Et puis, j'ai mis la porcelaine de Chine sur le petit meuble entre les deux fenêtres. Comme ça, c'est agréable et fonctionnel… Quand viens-tu me voir à Sofia ?

VINCENT PERROT : Je ne sais pas… Aménage d'abord ton appartement !

🎧 **1. Vrai ou faux ?**

	V	F
a. Vincent Perrot est à Sofia.	☐	☐
b. Vincent Perrot connaît le bureau d'Adrien Colbat.	☐	☐
c. Adrien Colbat a totalement transformé son bureau.	☐	☐
d. Maintenant le bureau est inconfortable.	☐	☐

🎧 **2. Écoutez à nouveau et dites où se trouve(nt) :**

a. les étagères.　　b. le poste informatique.　　c. la porcelaine de Chine.

d. la carte de l'UE.　　e. la petite table.　　f. le petit meuble.

GRAMMAIRE

Mettre	**Savoir**	**Attendre**
Je mets	Je sais	J'attends
Tu mets	Tu sais	Tu attends
Il/Elle/On met	Il/Elle/On sait	Il/Elle/On attend
Nous mettons	Nous savons	Nous attendons
Vous mettez	Vous savez	Vous attendez
Ils/Elles mettent	Ils/Elles savent	Ils/Elles attendent
J'ai mis	J'ai su	J'ai attendu

• **Complétez le dialogue avec le verbe qui convient.**

– Viktor, où met-on la table informatique, tu le … ?

– On la … à côté du bureau, à droite.

– Et les téléphones, ils les … où ?

– Ils ne … pas. L'ambassadeur a dit : « Pour les téléphones, on … ! »

GRAMMAIRE

Il y a

Il y a un arbre devant la fenêtre de mon bureau.

Il y a des arbres sur la place.

Il n'y a pas de parking sur la place.

Qu'est-ce qu'il y a dans la voiture ?

C'est/ce sont (rappel)

Dans le bâtiment principal, il y a un hall, c'est le hall d'accueil.

Il y a de nombreuses tables dans cette salle, ce sont les tables de la cantine.

● **Complétez le dialogue avec :** *il y a – qu'est-ce qu'il y a – c'est – ce sont.*

– À l'ambassade, ... 12 ou 13 bureaux. Le grand bureau, à gauche, ... le bureau de l'ambassadeur. Le bureau à côté, ... le bureau de sa secrétaire.

– Et les bureaux en face ? Qu'est-ce que c'est ?

– ... les bureaux des attachés. À droite, ... le bureau de l'attaché de Police. À gauche, ... le bureau de l'attaché de Défense.

– Et là, ... ?

– Là, ... une salle de réunion.

– Et ... une salle de conférences ?

– Non, pas ici. ... une salle de conférences à l'Institut français.

VOCABULAIRE

Le mobilier de bureau

un bureau	un meuble	un grand bureau
une table	un meuble de classement	un bureau fonctionnel
une table informatique	un coffre	une table ronde/carrée/ovale
un fauteuil	une lampe	un meuble moderne
une chaise	un ordinateur	un fauteuil ancien
une étagère	un téléphone	une chaise confortable
une bibliothèque	un tapis	un projecteur
	une plante verte	un écran

● **Observez le dessin et donnez son nom à chaque objet du bureau.**

MANIÈRES DE DIRE

Situer dans l'espace

La table est à **droite** de la porte et le bureau à **gauche**.
La plante verte se trouve **entre** le coffre et la fenêtre.
Le dossier bleu est **dans** l'armoire.
Le tapis est **sous** le bureau.
La lampe est posée **sur** la table.
La carte est placée **au-dessus de** la table.
La chaise se trouve **au-dessous de** la carte.
La table de réunion est **au milieu de** la pièce.
La statue est **au centre de** la place.
Le ministère est **en face du** musée.
Le parking est **derrière** ou **devant** l'ambassade ?

• **Complétez avec :** *à côté de – dans – sur – sur – au-dessus de – devant.*

Karsten,

– Les dossiers pour la réunion de demain sont ... l'étagère de gauche.

– Mettez un exemplaire pour chaque participant ... la table ... chaque chaise.

– Vérifiez que le projecteur est bien ... la salle et que l'écran est accroché ... la table.

– Enfin, pouvez-vous mettre une bouteille d'eau minérale ... chaque dossier ?

Merci, à demain.

GRAMMAIRE

Les prépositions et les adverbes de lieu

– Le tapis est **sous** le bureau ?	– Oui, il est **dessous**.
– Le numéro est **au-dessus de** la porte ?	– Oui, il est **au-dessus**.
– Les meubles sont **dans** le bureau ?	– Oui, ils sont **dedans**.
– Le palais est **en face de** l'église ?	– Oui, il est **en face**.
– Les chaises sont **devant** le bureau ?	– Oui, elles sont **devant**.

1. Observez le dessin page 59 et répondez aux questions.
   La lampe est sous le bureau ?
   → *Non, elle n'est pas dessous, elle est dessus.*

   a. La plante verte est à droite de la table ?

   b. La photo est à côté de la fenêtre ?

   c. Le fauteuil est devant le bureau ?

   d. Les dossiers sont dans le meuble de classement ?

   e. Les livres sont sur l'étagère ?

2. **Complétez en utilisant l'adverbe ou la préposition.**

   Salut Sophia !

   Tu vas trouver sans difficultés. Quand tu entres *(dans/dedans)* le bureau, *(à gauche/à gauche de)*, il y a une étagère. *(Sur/dessus)* l'étagère, il y a une grosse boîte grise avec des dossiers *(à côté/à côté de)*. Un des dossiers est rouge. Le document que tu cherches est *(sous/dessous)*, *(dans/dedans)* une enveloppe verte.

À vous !

1. On va refaire votre bureau. Précisez par courriel comment vous souhaitez l'aménager.

2. Votre voisin/voisine décrit oralement son bureau et vous le dessinez. Ensuite, vous lui donnez des conseils pour le réaménager.

② AU MINISTÈRE FRANÇAIS DES AFFAIRES ÉTRANGÈRES

De :	« Bérangère Lebrize » < Berangere.Lebrize@diplomatie.gouv.fr >
A :	< Anna.Figueroa@oecd.org >
CC:	
Date :	mercredi, 2 mars 2005 9.30
Objet :	Notre rendez-vous du 4 mars 2005

Madame,

Suite à notre entretien téléphonique de ce jour, je vous confirme notre rendez-vous du 4 mars, 11 heures, à la DGCID.
Cette direction générale du ministère se situe au 244 boulevard Saint-Germain, dans le 7e arrondissement. Si vous venez en métro, prenez la ligne 12 et descendez à la station Rue du Bac. Présentez-vous à l´accueil, à gauche lorsque vous entrez dans le bâtiment. Vous devez présenter une pièce d'identité et l'agent de sécurité vous remet une carte magnétique. Vous allez ensuite dans la cour, vous la traversez et vous entrez dans le bâtiment B. Prenez l'ascenseur jusqu'au cinquième étage. Mon bureau est le 5455. Il se trouve à gauche de l'ascenseur, en face de la photocopieuse.
À bientôt.
Meilleures salutations,

Bérangère Lebrize

Chargée de mission
Ministère des Affaires étrangères
DGCID/ Direction générale de la Coopération internationale et du développement

1. **Cochez la bonne case.**

	V	F
a. Bérangère Lebrize écrit à Anna Figueroa.	☐	☐
b. Les deux femmes se connaissent très bien.	☐	☐
c. Elles viennent de se téléphoner.	☐	☐
d. Anna Figueroa travaille à l'UNESCO.	☐	☐
e. Bérangère Lebrize propose un rendez-vous à Anna Figueroa.	☐	☐
f. Le rendez-vous a lieu une semaine après.	☐	☐

2. **Répondez aux questions.**

a. À quelle station de métro doit-on descendre pour aller à la DGCID ?

b. Dans quel bâtiment se trouve le bureau de Bérangère Lebrize ?

c. À quel étage ?

d. Que doit-on traverser ?

e. On doit prendre l'ascenseur ou un escalier ?

f. En face de quoi se trouve le bureau de Bérangère Lebrize ?

GRAMMAIRE

Prendre
Je prends
Tu prends
Il/Elle/On prend
Nous prenons
Vous prenez
Ils/Elles prennent

J'ai pris

Descendre
Je descends
Tu descends
Il/Elle/On descend
Nous descendons
Vous descendez
Ils/Elles descendent

Je suis descendu au 1er étage.
J'ai descendu l'escalier.

● **Complétez le dialogue.**
– On ... la ligne 2 ?
– Moi, en général, je ... la ligne 6 et je ... à la station Nation.
– Ah bon ! Nous, nous ... plutôt la 2.
– Mais à quelle station ...-vous ?
– Nous ... aussi à Nation !

VOCABULAIRE

L'immeuble
un bâtiment
un immeuble
une tour

une entrée
un hall

un rez-de-chaussée
un sous-sol
un étage

un escalier
une marche
un ascenseur

un parking
un garage

Reliez.
1. Le garage se trouve
2. L'agent d'accueil travaille
3. Le bureau du ministre est
4. C'est un escalier de

a. au rez-de-chaussée.
b. 150 marches.
c. au premier étage, à gauche.
d. au sous-sol (– 2).

MANIÈRES DE DIRE

S'orienter dans un immeuble.
La cantine se trouve au sous-sol.
Le parking se situe derrière le bâtiment B.
Il y a un ascenseur à l'entrée principale.
On prend l'ascenseur ?
Prenez la première porte à gauche.
Montez au quatrième étage.
Descendez au sous-sol.
Traversez le hall d'entrée.
Vous sortez du bureau et vous allez à gauche.

● **Complétez avec le verbe qui convient.**
a. Pour la cantine, vous devez ... au sous-sol.
b. Pour aller dans mon bureau, c'est simple : ... la cour.
c. Où ... le parking, s'il vous plaît !
d. ... le couloir à droite, après l'ascenseur.
e. Je ... au douzième étage.
f. La cafétéria ... au dernier étage.

VOCABULAIRE

Les nombres ordinaux
le premier, la première (1er, 1re)
le/la deuxième (2e)
le/la troisième (3e)
le/la quatrième (4e)
le/la cinquième (5e)

le/la sixième (6e)
le/la septième (7e)
le/la huitième (8e)
le/la neuvième (9e)
le/la dixième (10e)

le/la vingtième (20e)
le/la vingt et unième (21e)
le/la cinquantième (50e)
le/la soixante et onzième (71e)
le/la centième (100e)

● **Écrivez en toutes lettres.**
a. La IXe symphonie.
b. Le 92e Tour de France.
c. Les XXVe Jeux Olympiques.
d. Le 60e festival d'Avignon.

GRAMMAIRE

Les démonstratifs : adjectifs et pronoms

	Adjectifs (avec un nom)	Pronoms (à la place d'un nom)
Masculin singulier	ce bâtiment	celui-ci, celui-là
Féminin singulier	cette porte	celle-ci, celle-là
Masculin pluriel	ces immeubles	ceux-ci, ceux-là
Féminin pluriel	ces maisons	celles-ci, celles-là

Ce bâtiment est ancien, celui-ci/celui-là est moderne. **Attention :** ce bâtiment, cet immeuble

● **Complétez le dialogue avec un adjectif ou un pronom démonstratif.**

– Alors voilà, prenez … rue à gauche.

– Pardon. … ou … ?

– Celle qui descend. Vous voyez … pont ?
Traversez-le.

Ensuite suivez … avenue jusqu'à … grand rond-point.

– Le rond-point de l'Europe ?

– Non pas … , le rond-point Schumann.

À vous !

1. **Expliquez à votre voisin/voisine comment se rendre à votre bureau.**

2. **Un de vos amis veut suivre avec vous le cours de français. Vous lui écrivez un texto pour lui expliquer dans quel bâtiment et dans quelle salle se déroule ce cours.**

❸ À GAUCHE OU À DROITE ? 🎧

MANFRED : Pardon, Madame… Je cherche la rue des Feuillantines…

UNE PASSANTE : Ah, je regrette, je ne sais pas, je ne suis pas d'ici !

MANFRED : Pardon Monsieur, savez-vous où se trouve la rue des Feuillantines ?

UN PASSANT : Attendez… Ah oui, je vois… Vous êtes à pied ou en voiture ?

MANFRED : À pied.

LE PASSANT : Bon, alors descendez l'avenue de Saxe jusqu'à la rue de Sèvres. Ensuite, vous tournerez à gauche et vous irez jusqu'au boulevard du Montparnasse. Suivez ensuite le boulevard jusqu'à la station de RER Port-Royal. Là, tournez à gauche. Vous arriverez sur le boulevard Saint-Michel. Sur le boulevard, prenez la deuxième à droite, c'est la rue du Val de Grâce, puis la deuxième à gauche. Vous y êtes. C'est un peu compliqué, mais… Il y a une station de taxis place de Breteuil, si vous voulez.

MANFRED : Et en métro ?

LE PASSANT : En métro ? Vous pouvez prendre la ligne 10, direction gare d'Austerlitz, ça vous fait 6 stations de Ségur à Cluny, vous changez à Cluny et…

MANFRED : Ce n'est pas très pratique… Bon, allez, j'y vais à pied. Merci !

LE PASSANT : Je vous en prie !

🎧 1. **Vrai ou faux ?**

	V	F
a. La passante explique à Manfred où se trouve la rue des Feuillantines.	☐	☐
b. Manfred va rue des Feuillantines à pied.	☐	☐
c. Dans la rue de Sèvres, il faut tourner à droite.	☐	☐
d. Il y a une station de métro place de Breteuil.	☐	☐
e. En métro, c'est très pratique.	☐	☐

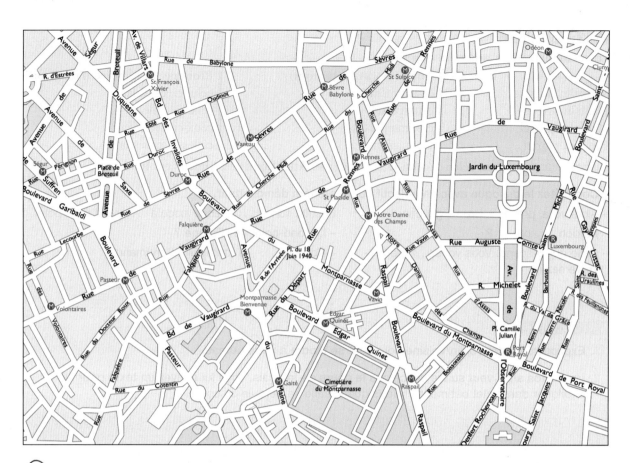

2. Observez le plan et trouvez la rue des Feuillantines. Écoutez à nouveau le dialogue et dessinez l'itinéraire que Manfred doit suivre à pied.

GRAMMAIRE

Le futur simple

Arriver	Finir	Mettre	Être	Avoir
J'arriverai	Je finirai	Je mettrai	Je serai	J'aurai
Tu arriveras	Tu finiras	Tu mettras	Tu seras	Tu auras
Il/Elle/On arrivera	Il/Elle/On finira	Il/Elle/On mettra	Il/Elle/On sera	Il/Elle/On aura
Nous arriverons	Nous finirons	Nous mettrons	Nous serons	Nous aurons
Vous arriverez	Vous finirez	Vous mettrez	Vous serez	Vous aurez
Ils/Elles arriveront	Ils/Elles finiront	Ils/Elles mettront	Ils/Elles seront	Ils/Elles auront

Attention !

Aller : J'irai, tu iras, il/elle/on ira, nous irons, vous irez, ils/elles iront.

Pouvoir : Je pourrai, tu pourras, il/elle/on pourra, nous pourrons, vous pourrez, ils/elles pourront.

Faire : Je ferai, tu feras, il/elle/on fera, nous ferons, vous ferez, ils/elles feront.

● **Transformez au futur simple.**

Tout à l'heure, je vais aller au centre Georges Pompidou. Je vais prendre le métro, c'est rapide et direct. Je finis de travailler à cinq heures et je vais arriver à Beaubourg vers 18 h 30. Je vais visiter l'exposition de photo. Vers 19 h 30, je vais dîner rapidement dans un café des Halles et puis je vais aller voir le dernier film de Pedro Almodovar au Quartier latin. Là, je ne vais pas prendre le métro, je vais traverser la Seine par le pont Saint-Michel.

Demain, …

VOCABULAIRE

La ville

le centre-ville	un carrefour	un jardin
un arrondissement	un rond-point	une station de métro
un quartier	une place	un arrêt de bus
une rue	un quai	une station de taxi
une avenue	un pont	une gare
un boulevard	un square	

1. Entourez les mots de la ville que vous connaissez et complétez cette liste avec votre voisin.

Se déplacer à pied, en voiture, en taxi, en bus, en métro

Dans la rue
- aller/continuer tout droit
- prendre à gauche
- tourner à droite
- traverser un fleuve
- longer un fleuve
- suivre la direction de…
- aller jusqu'au feu rouge

Dans le métro
- prendre la ligne 2 (pour 4 stations)
- prendre la ligne 2 jusqu'à République
- changer à la station Invalides
- aller jusqu'au terminus
- descendre à la station Bastille

2. M. Ullmann a rendez-vous à la Cour des comptes, 12, rue Alcide de Gasperi. Regardez l'itinéraire sur un plan de Luxembourg et dites par où il doit passer.

3. Mme Tihhonova est à la gare centrale et a rendez-vous avec Mme Yanopoulos. Regardez l'itinéraire sur un plan de Bruxelles et renseignez-la.

Banque européenne d'investissement
Jean-Claude ULLMANN
Inspecteur des fraudes
100, bd Konrad Adenauer
L-2950 Luxembourg
+352 4398-1
jc.ullmann@bei.org

Commission européenne
Direction générale de l'interprétation
Melina YANOPOULOS
Chef d'unité
Rue de Mot/ De Motstraat 24
Bruxelles/Brussels
BE-1040
tél : 00 32 2 296 22 91
fax : 00 32 2 296 60 23
m.yanopoulos@cec.eu.int

GRAMMAIRE

Les pronoms y et en (expression de lieu)
- Où est **la place Bellecour** ? – Vous y êtes !
- Qu'est-ce qu'on met **dans le coffre** ? – On y met les dossiers confidentiels.
- Vous travaillez **à la Cour de justice** ? – C'est exact. J'y travaille.
- Vous venez **de la conférence** ? – Oui, j'en viens.
- Il revient quand **du sommet de Valparaiso** ? – Il en est revenu hier.

1. Répondez librement.
- a. Vous allez à l'aéroport à six heures ou à sept heures ?
- b. Vous revenez d'Italie lundi ou mardi ?
- c. Vous retournez à Bruxelles pour deux ou trois semaines ?
- d. Ce poncho vient du Pérou ?
- e. Vous venez de la conférence de l'AIEA ?
- f. Vous restez à New York deux ou trois jours ?

2. Posez des questions à votre voisin/voisine.
Vous allez souvent à Luxembourg ?

MANIÈRES DE DIRE

Demander le chemin	Indiquer le chemin
Je peux vous demander un renseignement ?	C'est tout près d'ici.
Excusez-moi, je cherche…	C'est très loin, vous savez !
Pouvez-vous m'indiquer où se trouve… ?	Vous y allez à pied ou en métro ?
C'est dans quelle direction ?	Je vous explique…
Je ne trouve pas…	C'est dans le quartier mais je ne sais pas où exactement.
Vous connaissez… ?	Je suis désolé, je ne connais pas cette rue…
	Je suis désolé, je ne suis pas d'ici…

PHONÉTIQUE

Le e muet

On ne prononce pas le e final (sauf pour les mots : le, je, te, de…).

La dernière syllabe phonétique est plus longue et se termine par un son de consonne.

 1. Écoutez et répétez.

a. Madame Straub est allemande.
   [am]   [ãd]

b. C'est une personne sympathique et élégante.
   [yn]   [ɔn]   [ik]   [ãt]

Le son [e]

 2. Écoutez et répétez les phrases suivantes.

a. Vous voulez parler ?

b. Les délégués vont aller au café.

c. J'ai déjà téléphoné !

d. L'entrée est au rez-de-chaussée.

 3. Écoutez à nouveau et notez les mots dans lesquels vous entendez le son [e].

À vous !

1. **Un passant vous arrête dans la rue et vous demande de lui indiquer son chemin. Jouez la scène à deux.**

2. **Vous êtes dans un café avec un ami. Vous l'invitez à dîner la semaine prochaine. Vous lui expliquez comment venir chez vous.**

   Pensez à :
   – introduire le thème (exemple : Au fait, tu es libre un soir, la semaine prochaine ?) ;
   – terminer la conversation (vous pouvez vous dire au revoir ou parler d'autre chose).

En situation

1. **Vous décrivez votre nouveau bureau dans un courriel à un ancien collègue.**

2. **Vous aidez votre collègue à décider s'il doit prendre le métro, un bus ou bien sa voiture.**

   Vous devez :
   – décider où vous êtes et où il veut aller ;
   – décider des itinéraires ;
   – décider quelle est la meilleure solution.

MANIÈRES DE VIVRE
Espace public, espace privé

1. Laisser la porte de son bureau ouverte, c'est plus convivial !
2. Au travail, l'endroit le plus important, c'est la cafétéria : on y rencontre tout le monde !
3. C'est normal d'entrer dans le bureau d'un collègue sans frapper.
4. Dans un bureau confortable (avec des plantes et des objets personnels), on peut beaucoup mieux travailler.
5. Partager le bureau avec deux, trois collègues, c'est tellement plus sympathique !
6. D'un côté, il y a le travail, de l'autre, la vie privée : on n'invite pas ses collègues à la maison !

Et chez vous, c'est comment ?

i•nfos

BIENVENUE À PARIS

Paris, ville lumière, capitale des arts où se mêlent histoire et modernisme.

• Notre-Dame et la Seine

• Le Centre Georges Pompidou

• Montmartre et le Sacré-Cœur

Allez voir Notre-Dame, chef d'œuvre de l'art gothique.
Visitez ses grands musées : le Louvre, le musée d'Orsay…
Remontez les Champs-Elysées, admirez l'Arc de Triomphe.
Montez en haut de la tour Eiffel.

Visitez aussi le Paris moderne
Le Centre Georges Pompidou.
L'Arche de la Défense.
Allez voir les Colonnes de Buren au Palais Royal.
Allez à l'Opéra Bastille.
Allez assister à un match de football ou à un concert au stade de France.

Et puis, promenez-vous
à Montmartre,
au Quartier latin,
sur les quais de la Seine.

Paris, ville internationale
L'UNESCO, Organisation des Nations Unies pour l'éducation, la science et la culture
L'OCDE, Organisation pour la coopération et le développement économique
L'OIF, Organisation internationale de la Francophonie

Vous y aimerez
• La gastronomie
• La mode
• Les parfums

TV5MONDE Vous pouvez aussi consulter le site suivant :
http://www.tv5.org/paris

Testez-vous ·····························➤

1 Compréhension écrite

• Lisez le texte et complétez.

> Notre organisation se trouve à l'angle de deux grands boulevards. Vous devez prendre la ligne U1 et descendre à la station « Kaisermühlen, Vienna International Center ». Pour entrer, vous devez présenter vos papiers. Puis, traversez la cour jusqu'au bâtiment principal. Dans le hall, allez tout droit et prenez le couloir jusqu'à la cafétéria. Là, prenez l'ascenseur jusqu'au sixième étage. Le Centre de documentation est en face du distributeur de boissons, entre la bibliothèque et le secrétariat.

a. Localisation de l'institution : ...

b. Accès par les transports urbains : ...

c. Mesures de sécurité : ...

d. Trouver le bâtiment : ...

e. Trouver l'ascenseur : ...

f. Trouver le bureau : ...

2 Compréhension orale 🎧

• Reproduisez en grand le plan, écoutez le document et nommez les pièces sur le plan.

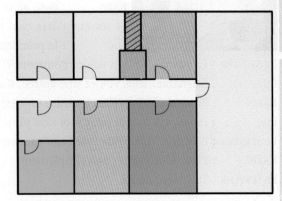

3 Structures de la langue

1. **Mettez les phrases au futur.**

   a. La Grand Place ? Vous ... *(suivre)* la rue Baron jusqu'à la rue Ravenes. Là, vous ... *(tourner)* à gauche et vous ... *(descendre)* la première rue à droite.

   b. Demain je ... *(prendre)* un autre chemin et nous ... *(choisir)* le trajet le plus court.

   c. Tu ... *(attendre)* tes amis dans le hall et vous ... *(aller)* ensemble au cinéma.

2. **Complétez avec la bonne expression.**

   a. Tu préfères ... *(ce/cette/cet)* bureau ou ... *(celui-là/celle-là)*.

   b. Le bureau ... *(deux cent quarantième/deux cent quarante)*, c'est au ... *(deuxième/deux)* étage.

   c. Non, je ne vais pas à l'aéroport. J'... *(en/y)* viens.

   d. ... *(C'est/Ce sont)* tes dossiers ... *(sur/dessus)* le bureau.

4 Expression écrite

• Vous avez invité des amis dans votre nouvel appartement. Vous leur écrivez pour leur expliquer le chemin.

5 Expression orale

• Des collègues vous téléphonent car ils ne savent pas comment arriver à l'hôtel Novotel. Certains sont en métro, d'autres en voiture, d'autres en RER. Jouez la scène à plusieurs.

NOVOTEL PARIS LES HALLES

■ **Métro :** Châtelet.
 Lignes 1 et 7 : *Sortie Place Sainte-Opportune*
 Lignes 4 : *Sortie Rue de la Lingerie*
 Ligne 14 : *Sortie n° 10*

■ **RER :** Châtelet-Les Halles
 Lignes A, B et D. *Sortie Forum des Halles,*
 Porte Berger.

■ **Voitures :** Paris centre, les quais,
 Hôtel-de-Ville, place du Châtelet,
 rue de Rivoli, rue des Halles.

Vous déjeunez où ?

1 AU RESTAURANT

KARIN	: C'est très agréable ce restaurant, vous venez souvent ?
LUC	: Assez… oui, surtout pour les déjeuners de travail, c'est calme et la cuisine est excellente.
LE SERVEUR	: Madame, Monsieur, bonjour. Vous avez choisi ?
KARIN	: Euh… J'hésite… Le « canard du chef » qu'est-ce que c'est ?
LE SERVEUR	: C'est un magret de canard aux épices, servi avec des petits légumes.
KARIN	: Bon, alors pour moi le canard du chef, s'il vous plaît.
LE SERVEUR	: Très bien Madame, et vous Monsieur ?
LUC	: Je prendrai une entrecôte, s'il vous plaît.

LE SERVEUR : La viande, vous la voulez comment ?

LUC : Saignante. Vous voulez une entrée, Karin ?

KARIN : Non merci, je préfère prendre un dessert ! Et comme boisson ? Moi, je ne bois pas de vin.

LUC : Pas de vin à midi pour moi non plus… Vous pouvez nous apporter de l'eau, s'il vous plaît ?

LE SERVEUR : Bien sûr. Vous voulez de l'eau gazeuse ou plate ?

KARIN : Plate. Une carafe, tout simplement.

LE SERVEUR : Très bien, merci.

1. Vrai ou faux ?

	V	F
a. Le restaurant est calme mais la cuisine n'est pas très bonne.	☐	☐
b. Karin prend du poisson.	☐	☐
c. Luc aime la viande très cuite.	☐	☐
d. Luc et Karin boivent de l'eau gazeuse.	☐	☐

2. Notez la commande pour la table de Karin et Luc.

Au train jaune

Numéro de table :

Nom du serveur :

Commande :

MANIÈRES DE DIRE

Accueillir
Bonjour Monsieur, vous avez réservé à quel nom ?
Cette table, ça vous va ?

Prendre une commande
Vous avez choisi ?/ Qu'est-ce que je vous sers ?
Qu'est-ce que vous prenez comme entrée ?
Et comme boisson ?/ Qu'est-ce que vous buvez ?
La viande, vous la voulez comment ?
Je vous conseille/recommande…

Être accueilli
Nous avons réservé au nom de…
Cette table, c'est parfait, merci.

Commander
Garçon, la carte s'il vous plaît !
D'abord/pour commencer, je prends…
Ensuite, je voudrais/j'aimerais…
La viande ? Saignant(e)/À point/Bien cuit(e).
Qu'est-ce que vous nous recommandez ?
Avec quoi est servi… ?

Demander l'addition
Garçon, l'addition s'il vous plaît !

• **Remettez le dialogue suivant dans l'ordre.**

a. Oui, nous allons prendre deux plats du jour.

b. Oui, très bien. Merci.

c. À point, s'il vous plaît.

d. Une bière et un quart de vin rouge.

e. Vous avez choisi ?

f. Alors deux plats du jour. Et comme boisson ?

g. Le faux filet, vous le voulez comment ?

h. Voici votre table, ça vous va ?

GRAMMAIRE

Boire	**Servir**
Je bois	Je sers
Tu bois	Tu sers
Il/Elle/On boit	Il/Elle/On sert
Nous buvons	Nous servons
Vous buvez	Vous servez
Ils/Elles boivent	Ils/Elles servent
J'ai bu	J'ai servi

• **Que disent-ils ? Faites des phrases en utilisant le verbe entre parenthèses.**
Le serveur demande si le client a fait son choix (choisir) → *Vous avez choisi ?*

a. Le serveur prend la commande. *(servir)*

b. Le client fait son choix. *(prendre)*

c. Le serveur demande ce que boit le client. *(boire)*

d. Le serveur demande ce que le client prend comme entrée. *(prendre)*

e. Le client demande des précisions sur un plat. *(servir)*

f. Le serveur demande aux clients ce qu'ils boivent avec le poisson. *(boire)*

VOCABULAIRE

Manger au restaurant

Les repas	**Pour commencer...**	**Une garniture**
un petit-déjeuner	un apéritif	du riz, des pâtes
un déjeuner (de travail)	une entrée/un hors-d'œuvre	des légumes
un dîner	une soupe	un assaisonnement
Les types de restaurants	une salade	de l'huile
un restaurant (gastronomique)	**Un plat principal**	du vinaigre
une brasserie	un poisson	**Une boisson**
un café	des fruits de mer	un alcool
un bistrot	une viande	du vin
La carte	une volaille	une bière
un menu	**Pour finir...**	de l'eau
un plat du jour	du fromage	un café
une suggestion	un dessert	un thé
une formule		un digestif

1. **À l'aide du vocabulaire ci-dessus, décrivez un repas traditionnel dans votre pays** : ce qu'on mange, ce qu'on boit et dans quel ordre.
   D'abord, on boit un apéritif, ensuite on prend une entrée, puis...

2. **Interrogez votre voisin/voisine sur les plats suivants et complétez le tableau. Continuez l'exercice avec d'autres plats que vous connaissez (vous pouvez vous servir de la carte de la page 72).**
   Tu connais le « waterzoi » ? C'est une entrée ou un dessert ?

Plats	Je connais	Je ne connais pas	Entrée	Plat principal	Dessert
Le waterzoi					
Les crêpes					
Les tapas					
Le foie gras					
Le goulasch					
La crème caramel					

GRAMMAIRE

Préciser une quantité
beaucoup de poisson/beaucoup d'huile
un peu de soupe/un peu d'eau
un morceau de fromage/viande
une tranche de pain
une bouteille de/un verre de vin
une carafe/un verre d'eau
plusieurs sortes de fromages

Ne pas préciser la quantité (l'article partitif)
du pain/de la viande/de l'huile/des petits pois

Je ne veux pas…
de pain/de viande/d'huile/de petits pois

Attention !
un café ou du café, un fromage ou du fromage…
mais des frites, des pâtes, des légumes…

1. **Quelles sont vos habitudes alimentaires ? Interrogez votre voisin/voisine.**
   Vous mangez beaucoup de pain ? Vous buvez du vin pendant le repas ?

2. **Complétez avec l'article qui convient (attention à la négation de ces articles).**
   a. – Vous voulez … fromage ?
      – Non merci. Je ne prends pas … fromage.
      – Je peux vous proposer un très bon dessert : … mousse au chocolat.
      – Je suis désolé, mais je ne prends jamais … dessert.
   b. – Je voudrais … vin blanc.
      – Je suis désolé, Monsieur. Nous n'avons pas … vin.
      – Alors, … bière ?
      – Non monsieur, nous ne servons pas … alcool.
      – Alors, je vais boire … eau minérale.

PHONÉTIQUE

Les liaisons

 1. **Écoutez et répétez.**
   a. Vous connaissez mes amis allemands ?
   b. C'est un grand interprète.
   c. J'ai deux adresses électroniques.
   d. Les Hongrois ont d'autres habitudes que nous.

 2. **Notez les liaisons que vous entendez. Quels sons entendez-vous ?**

À vous !

1. **En vous servant de la carte ci-contre, composez :**
   • un menu diététique (un repas de régime) ;
   • un menu végétarien (un repas sans viande) ;
   • un menu gastronomique (un repas de fête).

2. **En vous servant de la carte ci-contre, jouez une scène dans un restaurant (n'oubliez pas la serveuse ou le garçon).**
   • Deux collègues déjeunent ensemble à la pause de midi.
   • Des fonctionnaires francophones invitent leurs homologues étrangers à dîner dans un restaurant gastronomique.

Restaurant
Au pont de l'Europe

Escargots de Bourgogne	Riz
Pâté de campagne	Pâtes
Salade niçoise	Frites
Soupe de poissons	Gratin de pommes de terre
Carpaccio de saumon	Légumes de saison
❖	❖
Truite au bleu	Fromage de chèvre
Coquilles Saint-Jacques	Roquefort
Saumon aux herbes	Camembert
Moules marinières	Brie
❖	Gruyère
Entrecôte	❖
Côtes d'agneau	Mousse au chocolat
Piccata milanese	Tarte maison
Tournedos maître d'hôtel	Fraises chantilly
Coq au vin	Crème caramel
Blanquette de veau	Crêpes au Grand Marnier
Poulet rôti	

2 REPAS-EXPRESS.COM

REPAS EXPRESS

Coffrets et plateaux repas pour professionnels et particuliers 7 jours sur 7 / 8 h 00 à 22 h 00

Pour vos réunions, colloques et conférences, pensez au plateau repas !

CONDITIONS ET PRIX
- Commande le jour même
- Pas de minimum de commande
- Prix indiqués en TTC
- Plateaux et coffrets livrés avec vaisselle, couverts, serviettes et petits pains individuels

Forfait de livraison :
- Bruxelles : gratuit • Banlieue : nous consulter

POUR COMMANDER :
Téléphone : 00 32 25 03 46 49
Télécopie : 00 3225 03 33 77
Internet : www.repas-express.com

Plateau Express

Tarif par personne
EUR 19,59 TTC

– Salade de crevettes
– Entrecôte grillée
– Gratin de pommes de terre
– Mousse au chocolat

Plateau Végétarien

Tarif par personne
EUR 23,80 TTC

– Salade de haricots verts et tomates séchées
– Gratin d'aubergines
– Salade de fruits exotiques

Plateau Prestige

Tarif par personne
EUR 29,30 TTC

– Foie gras de canard
– Demi langouste au citron vert
– Sélection de fromages
– Sorbet et macarons

Plateau Entreprise

Tarif pour 6 personnes
EUR 92,95 TTC

– 44 bouchées salées
– 6 petites quiches lorraines
– 6 petits soufflés au fromage
– 8 mini-sandwichs au jambon fumé
– 18 bouchées sucrées

1. **Observez le document et cochez la bonne réponse.**

1. « Repas express » est :
☐ a. un forum de discussion sur la gastronomie.
☐ b. la page d'accueil d'un restaurant.
☐ c. une société qui livre des repas à domicile.

2. Les services sont proposés :
☐ a. du lundi au vendredi.
☐ b. tous les jours.
☐ c. du lundi au samedi.

3. Le plateau « Végétarien » est un plateau :
☐ a. avec du poisson.
☐ b. avec de la viande.
☐ c. sans viande et sans poisson.

4. Le plat principal du plateau « Express » est :
☐ a. de la viande.
☐ b. des légumes.
☐ c. du poisson.

2. **Vrai ou faux ?**

	V	F
a. La livraison en banlieue est gratuite.	☐	☐
b. On peut commander par téléphone.	☐	☐
c. Les plats sont livrés sans pain.	☐	☐
d. Les serviettes sont comprises dans le prix.	☐	☐

MANIÈRES DE DIRE

Dire que l'on aime/que l'on n'aime pas

J'aime bien...
J'ai un faible pour...
J'aime beaucoup...
J'adore...
} le/la/les

Je préfère le poisson à la viande.

Je n'aime pas beaucoup...
Je n'aime pas...
Je n'aime pas du tout...
Je déteste...
} le/la/les

• Classez les plats proposés dans le document repas-express.com.

J'aime	Je n'aime pas beaucoup	Je déteste	Je n'ai jamais mangé
...	...	...	...

GRAMMAIRE

Les pronoms toniques

J'ai commandé un menu « Express ». **Moi aussi.**

Je ne mange jamais de viande. **Moi non plus.**

« non » et « si »

J'aime les crevettes. **Moi, non.**

Je n'aime pas les crevettes. **Moi, si.**

1. **Répondez aux questions en utilisant les expressions ci-dessus.**

    a. J'adore le poisson. Et vous ?

    b. Je ne bois jamais d'apéritif. Et vous ?

    c. J'ai beaucoup travaillé cette semaine. Et vous ?

    d. Je n'aime pas les desserts. Et vous ?

2. **Interrogez votre voisin/voisine à propos de ses goûts.**

    Qu'est-ce que vous aimez comme plat ? J'aime le cognac. Et vous ? Je déteste les moules. Et vous ?

MANIÈRES DE DIRE

Commander un repas à domicile

Le client

J'aimerais commander le…

C'est pour 6 personnes.

Est-ce que vous livrez en banlieue/dans le quartier ?

Vous livrez de quelle heure à quelle heure ?

Quels sont les tarifs/les délais/les zones de livraisons pour… ?

Ce sont des prix hors taxes ?

La livraison est comprise dans le tarif ?

Je peux payer par carte/par chèque ?

L'employé

Vous êtes déjà client ?

Quelles sont vos coordonnées ?

Vous avez choisi quel plateau/coffret/formule/plat ?

C'est pour combien de personnes ?

Vous voulez la livraison pour quand ?

Le délai de livraison est de…

Vous voulez payer comment ?

• **Trouvez les questions que posent le client ou l'employé pour demander les informations suivantes.**

	Le client	L'employé
a. Délai de livraison		
b. Mode de paiement		
c. Nombre de personnes		
d. Type de produit commandé/proposé		
e. Heure(s) de livraison		

VOCABULAIRE

La vaisselle

une assiette plate/à soupe/à dessert

une fourchette

un couteau

une cuillère à soupe/une cuillère à café

un verre à eau/à vin

une tasse à café/à thé

une soucoupe

une serviette

un plateau

une salière/une poivrière

une panière/un panier à pain

1. **Dites ce qui est nécessaire (quelles pièces de vaisselle) pour :**

    a. manger un steak

    b. manger une soupe

    c. manger une mousse au chocolat

    d. manger du fromage

    e. boire du vin

    f. boire du café

2. **Imaginez le type de vaisselle, couverts et autres objets pour la table servis avec chaque plateau et coffret proposés par « Repas express » page 73.**

À vous !

1. **Vous êtes en réunion et vous faites une pause repas.**

   a. Discutez avec vos collègues pour choisir votre coffret à partir des produits proposés par « Repas Express » page 73.

   b. Téléphonez pour passer votre commande et demander la livraison.

   c. Remplissez un bon de commande sur Internet sur un site de votre choix.

❸ UNE INVITATION À DÎNER

De :	marcperr@diplobel.org
A :	maris.goudele@ec.europa.eu
CC:	
Date :	vendredi 21 avril 2006 10 :17
Objet :	invitation à dîner

Cher Maris,
Vous êtes libre jeudi ou vendredi prochain ? Gabrielle et moi serions heureux de vous inviter à dîner à la maison. Cette fois, vous n'avez plus d'excuse, vous ne pouvez pas refuser !
Je serai absent jusqu'au 25 mais vous pouvez m'appeler sur mon portable.
Bien amicalement,
Marc

1. **Lisez le courriel et répondez aux questions.**

   a. C'est une invitation officielle ou une invitation privée ?

   b. Est-ce que Marc a déjà invité Maris ?

   c. Est-ce que c'est une invitation au restaurant ?

   d. Maris doit-il répondre par courriel à l'invitation ?

 ### C'ÉTAIT UNE EXCELLENTE SOIRÉE

Situation n° ...

MARC : Asseyez vous Maris. Faites comme chez vous !

GABRIELLE : Qu'est-ce que je vous sers comme apéritif ?
Un porto, un whisky, un verre de vin blanc ?

MARIS : Je veux bien du porto, s'il vous plaît.

MARC : Moi aussi, je prendrai un doigt de porto.

MARC : Alors à votre santé !

TOUS : À la vôtre !

Plus tard...

GABRIELLE : Nous pouvons passer à table !

Situation n° ...

MARIS : Il est tard. Je dois malheureusement vous quitter.

GABRIELLE : Déjà ! C'est dommage...

MARIS : Je suis vraiment désolé. C'était une excellente soirée. Tout était parfait. Encore merci et à bientôt !

Situation n° ...

MARIS : Gabrielle ! Vous cuisinez comme un chef !

GABRIELLE : Ah ! Le chef, c'est Marc !... Alors, cette paella, vous en reprenez un peu ?

MARIS : Oui, merci, avec plaisir. Elle est excellente. Vraiment !

GABRIELLE : Vous êtes sûr ? Quand vous viviez en Espagne, vous en mangiez souvent, non ? Vous devez être un connaisseur...

MARIS : Oui, et je peux vous dire que pour la paella, Marc est un vrai professionnel.

MARC : Merci, Maris. C'est une recette de famille. Vous savez, ma grand-mère était espagnole...

Situation n° ...

MARIS : Bonsoir Marc !

MARC : Bonsoir Maris ! Mais, entrez donc ! Vous avez trouvé facilement ?

MARIS : Oui, mais je suis parti un peu tard du bureau. Je suis vraiment désolé d'être en retard !

MARC : Ce n'est pas grave. Venez, le salon est par là.

MARC : Bonsoir Gabrielle. Tenez, c'est pour vous !

GABRIELLE : Oh, merci, il ne fallait pas !

🎧 **2. Écoutez les 4 situations.**
   Donnez à chacune le titre qui convient : *Accueil – Apéritif – À table – Fin de soirée*

🎧 **3. Vrai ou faux ?**

	V	F
a. Comme apéritif, Maris prend un verre de vin blanc.	☐	☐
b. Maris n'a pas aimé la soirée.	☐	☐
c. Le cuisinier, c'est Marc.	☐	☐
d. Maris est arrivé en retard.	☐	☐

GRAMMAIRE

Le pronom « en »

Tu cherches **du** travail ?	Oui, j'**en** cherche. Non je n'**en** cherche **pas**.
Vous prenez **de la** salade ?	Oui, nous **en** prenons. Non, nous n'**en** prenons **pas**.
Ils boivent **de l'**eau minérale ?	Oui, ils **en** boivent. Non, ils n'**en** boivent **pas**.

Tu veux **un** fruit ?	Oui, j'**en** veux **un**. Non, je n'**en** veux **pas**.
Vous prenez **une** entrée ?	Oui, j'**en** prends **une**. Non, je n'**en** prends **pas**.
Il cherche **des** informations ?	Oui, il **en** cherche. Non, il n'**en** cherche **pas**.

| Vous avez **beaucoup** de travail ? | Oui, j'**en** ai **beaucoup**. |
| Tu as **plusieurs** adresses électroniques ? | Oui, j'**en** ai **plusieurs**. |

| Tu veux **du** vin ? | Oui, j'**en** veux bien **un peu**. |
| N'oublie pas de prendre **des** baguettes ! | Oui, je vais **en** acheter **une ou deux**. |

• **Répondez librement.**

   a. Vous mangez du fromage ?

   b. Dans votre pays, on boit beaucoup de bière ?

   c. Il y a beaucoup de restaurants dans votre quartier ?

   d. Vous avez une bouteille d'eau minérale dans votre sac ?

   e. Vous faites une pause cette après-midi ?

MANIÈRES D'ÉCRIRE

Inviter quelqu'un – Accepter ou refuser une invitation

Inviter
À l'occasion de…/Pour fêter…, je serais/nous serions heureux(se) de vous inviter à dîner/à déjeuner/à passer un week-end à…
Nous comptons sur vous pour…
Pour confirmer, veuillez appeler au… ou envoyer un courriel.

Accepter
Merci/je vous remercie pour votre aimable invitation…
J'accepte avec plaisir/volontiers votre invitation…
Je suis/nous sommes libres le… à…

Refuser
Merci/Je vous remercie pour votre aimable invitation mais…
Je suis désolé(e)/je regrette, mais je ne peux pas venir/il m'est impossible de venir…

1. **Rédigez une invitation à dîner par courriel destinée à votre voisin/voisine.**

2. **Demandez-lui de rédiger une réponse positive ou une réponse négative à votre message.**

MANIÈRES DE DIRE

Accueillir quelqu'un
Bonjour/Bonsoir !
Mais je vous en prie, entrez donc !
Soyez les bienvenus !
Vous avez trouvé facilement ?
Je peux vous débarrasser ?

S'excuser
Excusez-moi d'être en retard, mais…

Offrir quelque chose - Remercier
Tenez, c'est pour vous !
Merci, c'est gentil, il ne fallait pas !

Entrer en contact
Vous connaissez Henrik/nos voisins ?
Je crois qu'on ne se connaît pas encore…
Nous nous sommes déjà rencontrés quelque part, n'est-ce pas ?

Proposer
Prenez place./Installez-vous./Faites comme chez vous.
Qu'est-ce que je vous sers ?/Qu'est-ce que vous prenez comme apéritif ?
À votre santé !/À la vôtre !/À la tienne !
Vous voulez bien passer à table ?
Vous reprendrez bien un peu de rôti ?

Accepter
Volontiers/Avec plaisir, c'est très bon/ excellent/ délicieux !
Oui, mais juste par gourmandise.
Puisque vous insistez…

Refuser
Non merci, je ne bois jamais de/je ne mange pas de…
C'est très bon, mais j'en ai déjà pris deux fois.
Sans façon.

Prendre congé
Nous devons malheureusement rentrer/vous quitter.
Le repas était excellent.
Nous avons passé une soirée très agréable/très sympathique.
Encore merci de votre accueil.
Merci d'être venus.

1. **Que dites-vous…**
   a. pour souhaiter la bienvenue à quelqu'un ?
   b. pour proposer de prendre le manteau à quelqu'un ?
   c. pour offrir un apéritif à quelqu'un ?
   d. pour refuser de reprendre d'un plat ?
   e. pour faire des compliments sur la soirée ?

2. **Imaginez d'autres moments de la soirée et jouez les dialogues.**
   a. Gabrielle accueille un couple d'invités qui est très en retard. Ils s'excusent.
   b. Dans le salon, Maris retrouve les autres invités, Eva et Luc. Il connaît bien Eva, ils travaillent dans le même bureau. Il ne connaît pas Luc. On se présente.
   c. Les invités prennent l'apéritif.
   d. Les invités passent à table. Gabrielle sert un gratin de poisson comme plat principal. Certains acceptent, d'autres refusent d'en reprendre.
   e. Les invités rentrent chez eux.
   Etc.

L'imparfait

Pour décrire une situation

Avant, il y **avait** une cantine. C'était bon et le cadre **était** très agréable.

Pour exprimer une habitude

L'année dernière, je **mangeais** tous les jours à la cantine.

Avoir	Être	Parler	Attention !
J'avais	J'étais	Je parlais	Nous mangeons
Tu avais	Tu étais	Tu parlais	→ Je mangeais
Il/Elle/On avait	Il/Elle/On était	Il/Elle parlait	→ Nous mangions
Nous avions	Nous étions	Nous parlions	Il faut
Vous aviez	Vous étiez	Vous parliez	→ Il fallait
Ils/Elles avaient	Ils/Elles étaient	Ils/Elles parlaient	

1. Transformez en utilisant l'imparfait.

Maintenant, je fais beaucoup la cuisine. Je n'aime pas acheter des plats préparés ou faire livrer des pizzas. Je trouve que c'est plus cher et, en plus, ce n'est pas très bon. J'achète beaucoup de livres de recettes et j'invite souvent mes amis à dîner chez moi. Ils aiment bien les plats que je prépare.

Avant, ...

2. Parlez de vos habitudes dans le passé. Utilisez des expressions comme *souvent, tous les jours, chaque semaine...*

Pendant les vacances, je mangeais tous les jours au restaurant...

Quand j'étais enfant, j'adorais les desserts...

À vous !

1. Rédigez plusieurs invitations : pour un barbecue, pour un dîner privé, pour un cocktail officiel.

2. Jouez une scène au téléphone avec votre voisin/voisine à partir des courriels suivants :
Courriel a. : Vous acceptez l'invitation.
Courriel b. : Vous annulez le déjeuner de travail.

Courriel (a)

De :	Barbara.legranvallet@yahaoo.com
A :	Gilles.Normand@aisp.fr
CC:	
Date :	16/07/06 14 : 30
Objet :	Invitation à dîner

Cher Gilles,
Ça nous ferait plaisir de vous inviter à dîner
un soir de la semaine prochaine.
Appelez-nous si vous êtes libre !
À bientôt,
Barbara et Michel

Courriel (b)

De :	e.wood@postservice.org
A :	georgeslafaille@eurosoc.be
CC:	
Date :	06/08/12 9 : 30
Objet :	Déjeuner de travail

Cher collègue,
Merci d'avoir accepté mon invitation à déjeuner.
À jeudi prochain, donc...
Cordialement,
Elisabeth Wood

En situation

1. Vous invitez à dîner deux collègues francophones que vous avez rencontrés lors d'une conférence à Bruxelles. (Vous les vouvoyez.)
a. Écrivez un courriel pour les inviter.
b. Discutez à deux du menu à proposer.
c. Jouez à plusieurs la scène de la soirée.

MANIÈRES DE TABLE
Boire et manger

Pour un repas de travail...

1. Avant de parler de thèmes professionnels, il faut parler d'autre chose.
2. Ne pas boire d'alcool à table est un manque de politesse.
3. Si on vous invite au restaurant, il faut rendre l'invitation.

Pour une invitation privée...

4. On doit arriver exactement à l'heure prévue.
5. On n'offre jamais de chrysanthèmes à la maîtresse de maison.
6. Il faut se servir plusieurs fois de chaque plat.

Et chez vous, c'est comment ?

i nfos

BIENVENUE À STRASBOURG

Ville carrefour sur les bords du Rhin, Strasbourg a toujours eu un rôle commercial important. Ville d'humanisme et de tolérance, c'est aujourd'hui une métropole ouverte sur l'Europe et le monde.

• La cathédrale

• Le quartier de la Petite France

• Le Parlement européen

• Le palais des Droits de l'Homme

Ce que vous pouvez rapporter :

– de la charcuterie ;
– du kougelhopf ;
– du pain d'épice ;
– des « bredele » (petits gâteaux que l'on mange pour Noël) ;
– des vins d'Alsace et de la bière.

TV5MONDE Vous pouvez aussi consulter le site suivant :
http://www.tv5.org/actufiches
Rubrique : institutions

L'histoire de Strasbourg, capitale européenne, est en grande partie due à sa position sur le Rhin, entre le monde latin et le monde germanique et à son histoire mouvementée entre la France et l'Allemagne.

Strasbourg a toujours été la ville de la rencontre et du dialogue entre les cultures et entre les religions. C'est à Strasbourg que GUTENBERG s'est réfugié et a inventé l'imprimerie au XVe siècle. C'est à Strasbourg que CALVIN fut accueilli. C'est à l'université de Strasbourg qu'ont étudié GOETHE ou METTERNICH et qu'ont enseigné Louis PASTEUR, Marc BLOCH, le Prix Nobel Albert SCHWEITZER, etc.

Aujourd'hui, symbole de paix et de réconciliation après les conflits du XXe siècle, riche de son patrimoine architectural et culturel (le centre historique est classé au patrimoine mondial de l'UNESCO), deuxième ville diplomatique de France, Strasbourg a des relations fortes avec l'Europe et accueille de nombreuses institutions et organismes de coopération européenne et internationale (Conseil de l'Europe, Cour Européenne des Droits de l'Homme, Parlement Européen, etc.). Ces Institutions prolongent la tradition de dialogue, d'ouverture internationale, de curiosité pour les autres cultures et de respect des différences. L' « Europe de Strasbourg » est celle du cœur et de la culture, une Europe des Droits de l'Homme et de la tolérance.

Les Universités strasbourgeoises accueillent près de 50 000 étudiants dont 20 % sont d'origine étrangère et 2 500 chercheurs. Strasbourg est ainsi aujourd'hui une ville cosmopolite, prête à s'investir toujours plus au service de la construction de l'Europe et de la paix.

Fabienne KELLER
Maire de Strasbourg

Testez-vous ·····································▶

1 Compréhension orale 🎧

• Qui parle : le client ou le garçon ? Cochez la bonne réponse.

	Le client	Le garçon
Situation 1	☐	☐
Situation 2	☐	☐
Situation 3	☐	☐
Situation 4	☐	☐
Situation 5	☐	☐
Situation 6	☐	☐

2 Structures de la langue

1. **Complétez avec le partitif qui convient.**
   Dans la pizza « reine », il y a … fromage, … champignons, … sauce tomate et … jambon mais il n'y a pas … olives.

2. **Complétez avec le verbe entre parenthèses à l'imparfait.**
   Quand nous … *(organiser)* des séminaires, on … *(servir)* les repas sur place. Il y … *(avoir)* 4 menus différents et les participants … *(choisir)* leur menu le matin. Le traiteur … *(faire)* le service. C'… *(être)* très agréable !

3. **Répondez librement en utilisant le pronom « en ».**
   a. Vous avez une table préférée ?
   b. Vous buvez de l'alcool ?
   c. Vous emportez beaucoup de dossiers ?

3 Compréhension et expression écrites

• Lisez le document et complétez le menu avec les plats cités.

Hier soir, nous sommes allés au restaurant. Nous avons décidé de prendre le menu à 15 euros.

Il y avait du foie gras, mais Anne-Marie a pris une salade et moi, j'ai mangé du pâté de canard.

Comme plat principal, Anne-Marie voulait du saumon grillé mais il n'y en avait plus. Alors, elle a pris une entrecôte et moi, j'ai mangé du bœuf bourguignon.

Je n'ai pas résisté : j'ai commandé un plateau de fromage.

Le dessert pour moi, c'était une tarte aux pommes. Anne-Marie a choisi un sorbet. Il y avait aussi des crêpes et de la mousse au chocolat mais nous avons pensé que c'était trop lourd.

> *Menu à* 15 €
>
> • **Entrées** •
>
> • **Poissons** •
>
> • **Viandes** •
>
> • **Desserts** •

4 Expression orale

• **Répondez à ces invitations. Si vous refusez, donnez des explications.**
   a. Venez passer le week-end à la campagne !
   b. Venez nous voir en Hongrie. Vous pouvez habiter à la maison.
   c. Allez, on va manger japonais !
   d. Nous donnons une réception pour le mariage de notre fille.

Vous êtes bien logé ?

1 JE CHERCHE UNE MAISON À LOUER 🎧

M. NIEBOVSKI	: Bonjour.
AGENT IMMOBILIER	: Bonjour Monsieur. Entrez. Prenez place. Qu'est-ce que je peux faire pour vous ?
M. NIEBOVSKI	: Eh bien… je suis fonctionnaire international. À partir de septembre, je vais travailler à la Cour des comptes, ici à Luxembourg. Alors je cherche un logement à louer.
AGENT IMMOBILIER	: Ah bon ? Vous n'aurez pas de logement de fonction ?
M. NIEBOVSKI	: Non, malheureusement.
AGENT IMMOBILIER	: Je comprends. Vous cherchez donc une location. Pour combien de personnes ?
M. NIEBOVSKI	: Nous sommes cinq.
AGENT IMMOBILIER	: D'accord… Et vous souhaiteriez avoir un appartement en ville ? Ou plutôt une maison avec un jardin ?
M. NIEBOVSKI	: Avec les enfants, il nous faut une maison située un peu à l'extérieur de la ville. Ce serait vraiment l'idéal. Mais pas trop loin du Lycée Vauban.
AGENT IMMOBILIER	: Pour cinq personnes, il faudrait compter 150-160 mètres carrés et 4 chambres, un séjour-salle à manger et puis, bien sûr, salle de bains, cuisine, etc. Vous avez besoin d'un garage ?
M. NIEBOVSKI	: Absolument. Un garage pour deux voitures et puis nous voudrions aussi un jardin, dans un quartier calme, avec beaucoup d'espaces verts.
AGENT IMMOBILIER	: D'accord. Écoutez, je vais mettre l'annonce en ligne… J'ai aussi un catalogue, consultez-le maintenant si vous voulez et si une maison vous plaît, vous pourriez la visiter ce soir ou demain.

🎧 **1. Vrai ou faux ?**

	V	F
a. M. Niebovski aura un logement de fonction.	☐	☐
b. Il veut acheter une maison.	☐	☐
c. Il a besoin d'un appartement de 150 mètres carrés environ.	☐	☐
d. Il souhaite un grand garage.	☐	☐
e. L'employée va diffuser la demande de M. Niebovski sur Internet.	☐	☐

🎧 **2. Complétez la fiche qui sera mise en ligne.**

AGENCE IMMOBILIÈRE LOCATEX-LUXEMBOURG

Demande de location

- Type d'habitation : ....
- Nombre de personnes : ....
- Surface : ....
- Nombre de pièces : ....
- En centre-ville ☐   • En banlieue ☐   • À la campagne ☐
- Dépendances (garage, parking, cave, etc.) : ....
- Date d'emménagement souhaitée : ....

Demandes spécifiques : ....
....
....
....

VOCABULAIRE

Pour acheter ou louer
une agence immobilière
un agent immobilier
un site immobilier
une rubrique « de particulier à particulier »
une petite annonce
une offre/une recherche de location

Qui achète, qui loue ?
un logement à vendre/en vente
un locataire
un propriétaire

Attention !
Le locataire loue au propriétaire.
Le propriétaire loue au locataire.
un logement à louer/en location

Les types de logement
un immeuble
une résidence
un logement de fonction
un appartement de 3 pièces (un trois-pièces)
un studio
un duplex
un meublé
une maison individuelle/un pavillon
une résidence secondaire

Les conditions de location
signer un contrat de location/un bail
payer un loyer, des charges (le gaz, l'eau, l'électricité)

 ● **De quel type de logement parlent-ils ? Écoutez et complétez.**

Exemple : a *un studio*

▓ un appartement à louer   ▓ un duplex   ▓ un deux-pièces

▓ une maison sur deux niveaux   ▓ un meublé   ▓ une résidence secondaire

GRAMMAIRE

La place des pronoms compléments directs et indirects

Avec les verbes opérateurs
Ce catalogue, vous devez **le** consulter !
Cette maison, vous pouvez **la** visiter.
Vous devez **nous** payer une caution
Je peux **vous** conseiller ?
Ces pièces, vous voulez **les** transformer ?
Pouvez-vous **me/lui/nous/leur** donner l'adresse ?
Vous ne pouvez pas **la** visiter.

Avec l'impératif
Ce catalogue, consultez-**le** !
Cette maison, visitez-**la** !
Ces pièces, transformez-**les** !
Cette maison, ne **la** visitez pas !
Donnez-**moi/lui/leur/nous** l'adresse !
Allez-**y** !

1. Répondez aux questions en utilisant les pronoms compléments.

a. – Est-ce que je peux regarder les photos de l'appartement ?
– Oui bien sûr, vous … dans mon bureau.

b. – Vous voulez téléphoner à l'architecte aujourd'hui ou demain ?
– Je … tout de suite.

c. – Est-ce que je dois payer la caution maintenant ?
– Non, vous … maintenant mais après signature du contrat.

d. – Est-ce que tu peux vraiment payer cette somme à ton propriétaire ?
– Non, je … cette somme, je n'ai plus assez d'argent.

2. Donnez des conseils en utilisant les verbes à l'impératif avec les pronoms compléments.

Cette maison vous intéresse ? → (visiter) *Visitez-la !*

a. Ce contrat est illégal ? *(ne pas signer)* …

b. Tu connais le propriétaire de l'appartement ? *(téléphoner)* …

c. Ils ne peuvent pas payer le loyer de ce studio ? *(louer)* …

d. Tu as assez d'argent pour acheter ce trois-pièces ? *(acheter)* …

Poser des questions sur un logement

L'agent immobilier
Quel type de logement recherchez-vous ?
Où aimeriez-vous habiter ?
Vous souhaiteriez louer ou acheter ?
Vous préférez le moderne ou l'ancien ?
De combien de pièces avez-vous besoin ?
Avez-vous besoin d'un parking, d'une cave ?
Souhaitez-vous avoir un jardin/une terrasse… ?
Quel est votre budget ?

Le client
Que proposez-vous comme logement ?
Où est situé ce studio ?/C'est bien desservi ?
Quelle surface fait… ?/Il fait combien de m² ?
Il y a combien de pièces ?
C'est à quel étage ?
Il y a un ascenseur ? un jardin ?
L'appartement est meublé ?
Quel est le montant du loyer ?
Les charges sont comprises ?

1. Lisez les offres de location suivantes, posez des questions à votre voisin/voisine pour avoir davantage d'informations.

OFFRE N° XZ 4987
Loue 2 pièces avec cuisine, salle de bains, terrasse dans résidence au bord du lac.
Loyer 1 500 €.

OFFRE N° XT 3851
Loue appartement de 200 m² dans le sixième arrondissement.
Loyer 3 200 €, charges comprises.

OFFRE N° YX 1973
Particulier loue studio entièrement rénové situé à 5 minutes du centre-ville.

2. Posez des questions à votre voisin/voisine sur le type de logement qu'il/elle souhaiterait louer, puis rédigez une demande de location.
Particulier cherche…

GRAMMAIRE

Le conditionnel : emploi et formation

La politesse (vouloir, pouvoir…)
Je voudrais un renseignement.
Est-ce que vous pourriez me renseigner ?
Le conseil (devoir)
Vous devriez visiter cet appartement.
Le désir (aimer, vouloir…)
J'aimerais visiter le quartier.
Tu voudrais une maison moderne ?
Je préférerais une maison avec jardin.
L'imagination/l'hypothèse
Ma maison idéale aurait 30 pièces…

**Radical du futur
+ terminaisons de l'imparfait**
parler → je parlerais
Attention !
acheter → j'achèterais
aller → tu irais
être → il serait
avoir → nous aurions
faire → vous feriez
pouvoir → ils pourraient
falloir → il faudrait

1. Mettez les verbes suivants au conditionnel présent.

On … *(devoir)* construire de nouveaux quartiers pas comme les autres. Des quartiers qui … *(garantir)* la qualité de la vie des habitants et … *(respecter)* l'environnement.
Comment ? Les maisons … *(être)* en bois. Les habitants … *(aller)* acheter les légumes chez les producteurs locaux. Il y … *(avoir)* une voiture pour deux familles.

2. Préparez un questionnaire pour définir « la maison idéale », en utilisant les formules suivantes :
Vous aimeriez…, vous souhaiteriez…, vous préféreriez…, ça vous plairait de…, accepteriez-vous de…, seriez-vous d'accord pour…, il y aurait…, il faudrait…, on devrait… ?
Utilisez ce questionnaire pour interroger un autre membre du groupe.

À vous !

1. Vous allez bientôt changer de poste. Votre successeur, qui est francophone, vous appelle de l'étranger pour vous demander des renseignements sur les possibilités de logement dans la ville dans laquelle il va s'installer. Attention : vous ne le connaissez pas encore !

   Jouez ce dialogue avec votre voisin/voisine.

   • Saluez, présentez-vous, présentez l'objet de l'appel, parlez de votre activité professionnelle.

   • Posez des questions sur le type de logement recherché.

   • Parlez de la ville en général (avantages et inconvénients).

   • Échangez vos coordonnées et prenez congé.

2. Imaginez un échange de courriels sur le même thème.

② LES PETITES ANNONCES

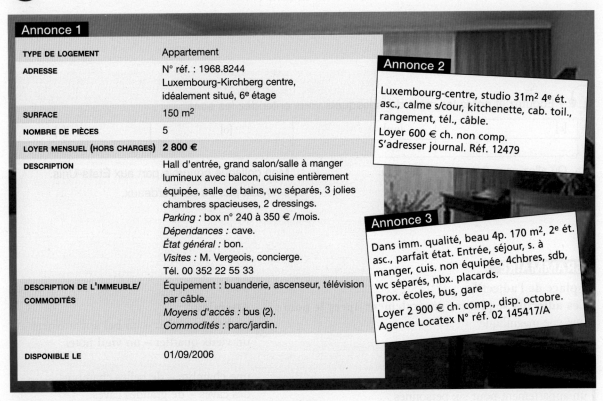

Annonce 1

TYPE DE LOGEMENT	Appartement
ADRESSE	N° réf. : 1968.8244 Luxembourg-Kirchberg centre, idéalement situé, 6e étage
SURFACE	150 m²
NOMBRE DE PIÈCES	5
LOYER MENSUEL (HORS CHARGES)	**2 800 €**
DESCRIPTION	Hall d'entrée, grand salon/salle à manger lumineux avec balcon, cuisine entièrement équipée, salle de bains, wc séparés, 3 jolies chambres spacieuses, 2 dressings. *Parking :* box n° 240 à 350 € /mois. *Dépendances :* cave. *État général :* bon. *Visites :* M. Vergeois, concierge. Tél. 00 352 22 55 33
DESCRIPTION DE L'IMMEUBLE/ COMMODITÉS	Équipement : buanderie, ascenseur, télévision par câble. *Moyens d'accès :* bus (2). *Commodités :* parc/jardin.
DISPONIBLE LE	01/09/2006

Annonce 2

Luxembourg-centre, studio 31m² 4e ét. asc., calme s/cour, kitchenette, cab. toil., rangement, tél., câble.
Loyer 600 € ch. non comp.
S'adresser journal. Réf. 12479

Annonce 3

Dans imm. qualité, beau 4p. 170 m², 2e ét. asc., parfait état. Entrée, séjour, s. à manger, cuis. non équipée, 4chbres, sdb, wc séparés, nbx. placards.
Prox. écoles, bus, gare
Loyer 2 900 € ch. comp., disp. octobre.
Agence Locatex N° réf. 02 145417/A

1. Lisez les 3 annonces et complétez le tableau suivant.

	Nombre de pièces	Informations sur la cuisine	Informations sur la salle de bains	Situation	Loyer
1					
2					
3					

2. Dans l'annonce 1, retrouvez les mots ou expressions correspondant aux phrases suivantes.

   a. On peut aller à l'appartement en bus.
   b. Il y a tout ce qu'il faut pour faire la cuisine.
   c. Les WC ne sont pas dans la salle de bains.
   d. La somme à payer chaque mois.
   e. La somme à payer pour l'électricité, l'eau…
   f. Deux petites pièces pour le rangement.

3. Observez les annonces 2 et 3 et écrivez en toutes lettres les mots correspondant aux abréviations.

VOCABULAIRE

Les pièces
une entrée
un couloir
une chambre (à coucher)
une salle à manger
un séjour/un salon
un bureau
une cuisine (équipée)
une salle de bains
des WC/des toilettes

Les extensions
une loggia
une terrasse
un balcon

Les dépendances
une cave
un sous-sol
un grenier
un garage

- **Dans quelle pièce ces phrases sont-elles prononcées ?**
a. Qu'est-ce que je vais faire à manger ?
b. Je vais travailler jusqu'à 16 heures.
c. Pourquoi cette voiture ne démarre-t-elle pas ?
d. J'ai vraiment bien dormi !
e. Alors, on prend l'apéritif ?
f. Erik, tu fais ton lit, s'il te plaît ?
g. Il fait frais ce soir, tu ne trouves pas ?
h. Mais entrez donc !

PHONÉTIQUE

 - **Écoutez et notez les mots dans lesquels vous entendez les sons :**

[ɛ]	[wa]	[o]	[u]
…	…	…	…

a. Où allez-vous ? Je vais au bureau.
b. Mon collègue hongrois part aux États-Unis.
c. Ça fait trois fois que j'appelle.
d. Il ne sait pas où est Bordeaux.

GRAMMAIRE

La place de l'adjectif

Les adjectifs se placent généralement après le nom :
une vue magnifique
des pièces spacieuses

Se placent toujours avant le nom :
1. les adjectifs numéraux et ordinaux
un appartement pour six personnes
le premier étage
2. les adjectifs *beau, joli, jeune, vieux, petit, grand, mauvais, bon, nouveau…*
une petite chambre, une jolie maison

Attention !
un beau quartier – un **bel** appartement
un vieux quartier – un **vieil** hôtel

une chambre – de **belles** chambres
des caves – de **grandes** caves

1. **Faites des phrases avec les expressions suivantes. Faites l'accord si nécessaire.**
   a. une maison (grand) avec un jardin (joli)
   b. un couloir (lumineux) avec des placards (petit)
   c. des quartiers (agréable) avec des maisons (belle)
   d. un immeuble (vieux) avec des appartements (ancien)
   e. un appartement (nouveau) avec un balcon (beau)

2. **Décrivez votre appartement à votre voisin/voisine. Votre voisin/voisine en dessine le plan et y inscrit le nom des pièces.**

MANIÈRES DE DIRE

Caractériser un logement

une maison confortable ≠ inconfortable

un appartement clair/ensoleillé ≠ sombre

une maison moderne ≠ ancienne/vieille

une rue passante/animée/bruyante ≠ calme

une cuisine spacieuse ≠ minuscule

une fenêtre bien ≠ mal placée

un appartement bien ≠ mal exposé

un aménagement très ≠ peu fonctionnel

une pièce assez grande ≠ trop petite

une résidence bien ≠ mal située

un studio en centre-ville ≠ loin de tout

un appartement bien ≠ mal desservi

1. **Complétez les phrases en utilisant les expressions ci-dessus.**

J'aime cette maison en pleine campagne mais elle est loin de tout.

a. La cuisine est minuscule, le couloir immense et les chambres trop petites ! L'appartement est …

b. C'est une maison …, elle date de 1990.

c. Il y a trois lignes de bus qui traversent le quartier, une ligne de tramway à dix minutes de la maison et une gare un peu plus loin. La maison est …

d. Notre studio donne sur la mer, il est …

e. La maison n'a pas de gaz et pas d'électricité, elle est vraiment … !

2. **Caractérisez l'appartement que vous avez décrit dans l'exercice 2, page 86.**

GRAMMAIRE

L'adverbe

L'adverbe s'emploie

avec un verbe	Je dois déménager **rapidement**. Les locations coûtent **cher**.
avec un autre adverbe	La chambre est **vraiment** très jolie.
avec un adjectif	La cuisine est **bien** aménagée.
avec une préposition	L'appartement est **très** près du centre.

Formation de l'adverbe en -ent

en général, adjectif au féminin + -ment	légère	→ légèrement
adjectifs en -ant	bruyant	→ bruyamment
adjectifs en -ent	différent	→ différemment

Attention : vraiment, absolument

• **Reformulez les phrases en utilisant un adverbe construit à partir de l'adjectif entre parenthèses.**

a. Il faut régler ce problème tout de suite. *(immédiat)*   b. Il a fait ce travail en 5 minutes ! *(rapide)*

c. Parlez sans vous énerver ! *(calme)*   d. C'est tout à fait comme ça. *(exact)*

e. Il vient me voir presque tous les jours. *(fréquent)*   f. C'est tout à fait impossible. *(absolu)*

À vous !

1. **Choisissez l'annonce 1 ou l'annonce 2 (p. 85) et téléphonez pour vous renseigner.**

2. **Vous devez quitter votre ville pour vous installer pour un ou deux ans à l'étranger et vous souhaitez louer votre appartement/votre maison. Vous écrivez un courriel à un fonctionnaire francophone qui cherche un logement pour lui proposer votre appartement/maison à louer.**

Pensez à donner une image positive de la maison (aménagement et situation par rapport aux transports en commun…), à proposer un prix pour le loyer…

❸ IL Y A UN PROBLÈME AVEC MON STUDIO ! 🎧

Hotel'apart-cité

Apart'cité Gaillard
36, rue de la Krutenau
67 000 Strasbourg
Tel 00 33 3 88 85 41 46
Courriel : gaillard@apartcité.com

Votre appartement

Tous les studios et appartements sont équipés de lits ou de canapés convertibles, d'une salle de bains, d'un espace cuisine entièrement équipé (plaques, four, réfrigérateur…), d'une TV avec chaînes satellites.

Tout le linge de maison (draps, couvertures …) est fourni (changement et ménage gratuits une fois par semaine).

Les lits sont faits à votre arrivée.

ÉQUIPEMENTS LOGEMENTS
- Four micro-ondes O
- Four grill O
- Lave-vaisselle N
- Grille-pain O
- Cafetière O
- Sèche-cheveux O
- Fer à repasser O
- Réveil O
- Coffre fort individuel N

ÉQUIPEMENTS COMMUNS
24H/24
- Fontaine d'eau O
- Distributeur de boissons ◆
- Climatisation O
- Laverie automatique ◆
- Câble ◆

SERVICES
- Service réveil O
- Service pressing ◆
- Baby sitting ◆
- Service ménage quotidien ◆
- Jardin O
- Piscine O
- Salle de sport/sauna ◆

SERVICES AFFAIRES
- Salles de réunion ◆
- Écran mural O
- Tableau O
- Matériel audiovisuel O
- Rétroprojecteur O

Gratuit : O   *Avec supplément :* ◆   *Non disponible :* N

LE RÉCEPTIONNISTE : Réception, bonsoir !

LA CLIENTE : Bonsoir ! Écoutez, ça fait trois fois que j'appelle, vous ne répondez pas et je commence à en avoir assez ! Dans votre descriptif, vous mettez que les lits sont faits tous les jours ; le mien n'est toujours pas fait ! Le sèche-cheveux dans la salle de bains ne marche pas et pour la cafetière, la mienne est introuvable ! Et en plus, il n'y a pas de lave-vaisselle ! Je choisis le studio le plus cher pour être sûre d'avoir le plus confortable. Je trouve ça assez scandaleux tout de même ! Et vous osez dire, dans votre publicité télé, que chez vous, le client est roi, que le service est plus performant que dans un hôtel classique ! Bravo !

LE RÉCEPTIONNISTE : Je… je suis vraiment désolé, Madame, je… je vous envoie quelqu'un immédiatement.

1. Observez le dépliant et cochez ce qui est vrai.

1. Hôtel'apart-cité est :
   - ☐ a. une agence immobilière.
   - ☐ b. une résidence hôtelière.
   - ☐ c. un hôtel.

2. Dans les Hôtel'apart-cité :
   - ☐ a. le linge de maison est compris dans le prix.
   - ☐ b. les appartements ne sont pas meublés.
   - ☐ c. la cuisine n'est pas équipée.

3. Dans les Hôtel'apart-cité :
   - ☐ a. il n'y a pas de télévision dans les appartements.
   - ☐ b. on peut faire la cuisine dans son appartement.
   - ☐ c. on ne peut pas faire de sport.

 2. Écoutez le dialogue et notez tous les problèmes évoqués par la cliente. À partir des informations fournies dans le dépliant, dites si ces réclamations sont justifiées ou injustifiées.

Problèmes	Justifié	Injustifié
Problème 1		
Problème 2		
Problème 3		
Problème 4		

VOCABULAIRE

Le mobilier et l'équipement de la maison

- un meuble
- un canapé
- un lit
- un fauteuil
- une chaise
- une table
- une table basse
- un buffet
- une armoire
- un placard
- une étagère
- une lampe
- un lavabo
- une baignoire
- une douche

- un sèche-cheveux
- une serviette
- un drap de bain
- des toilettes
- un évier
- un four
- une plaque
- un réfrigérateur
- un grille-pain
- un micro-ondes
- une cafetière
- un lave-vaisselle
- un sèche-linge
- une machine à laver
- du linge de maison

1. **Trouvez le mot correspondant aux définitions.**

   a. Ils servent à ranger beaucoup de choses dans la cuisine, dans l'entrée, dans une chambre…

   b. Pour dormir.

   c. On y lave les légumes, par exemple.

   d. On s'y lave les mains.

   e. On peut s'asseoir à deux ou trois dessus.

   f. Les serviettes, les draps, les nappes…

2. **Vous voulez meubler votre appartement de trois pièces. Dessinez-en le plan et, à l'aide de la rubrique « Vocabulaire », expliquez à votre voisin/voisine comment vous souhaitez l'aménager.**
   Dans le salon, je vais mettre…

GRAMMAIRE

Les pronoms possessifs

C'est mon agenda. → Cet agenda est à moi. → C'est le mien.

le mien	la mienne	les miens	les miennes
le tien	la tienne	les tiens	les tiennes
le sien	la sienne	les siens	les siennes
le nôtre	la nôtre	les nôtres	les nôtres
le vôtre	la vôtre	les vôtres	les vôtres
le leur	la leur	les leurs	les leurs

• **Notez le pronom possessif correspondant.**

a. mon studio

b. ta salle de bains

c. ton canapé

d. le studio de Hans

e. la chaise de Marcos

f. le lit de Costas

g. nos appartements

h. votre chambre

MANIÈRES DE DIRE

Réclamer/se plaindre

Je voudrais faire une réclamation…
Ça ne correspond pas à…
Ce n'est pas ce que j'ai demandé…

Exprimer son mécontentement

C'est intolérable/incroyable/ insupportable !
Vous croyez que c'est normal ?
C'est un scandale !
Vous vous rendez compte !
Je n'en peux plus !/J'en ai assez !

Menacer

Si ça continue…/Si vous ne faites rien, je vais me plaindre à…/je vais écrire à…

Expliquer un problème

Ça ne fonctionne pas.
Il manque/Impossible de trouver…
Il n'y a pas de…
C'est sale !
Il fait trop chaud/trop froid !
Il y a du bruit./C'est bruyant.

 • **Écoutez et complétez la note du réceptionniste pour chaque appel.**

Appels	Problèmes
1	
2	
3	

GRAMMAIRE

Avec...	Le comparatif	Le superlatif
un nom	Une maison a **plus/moins/autant** d'avantages **qu'**un appartement.	C'est la maison avec **le plus/le moins** de pièces.
un adjectif	Cet appartement est **plus/moins/aussi** fonctionnel **que** cette maison.	C'est **le plus/le moins** bel appartement de la résidence.
un adverbe	On aménage **plus/moins/aussi** facilement un appartement **qu'**une maison.	C'est la cuisine **la plus/la moins** mal équipée.
un verbe	L'annonce 1 m'intéresse **plus/moins/autant que** la 3.	C'est l'appartement que j'aime **le plus/ le moins**.

Attention !

C'est un **bon** quartier mais ce n'est pas **le meilleur** !

Cet agent immobilier travaille **bien** mais ce n'est pas lui qui travaille **le mieux** !

1. Observez les 3 annonces de la page 85, dites si les affirmations ci-dessous sont vraies. Lorsqu'elles ne sont pas vraies, rétablissez la vérité.

L'appartement 2 est plus grand que l'appartement 1. → *Faux : L'appartement 2 est moins grand que l'appartement 1.*

a. L'appartement 2 a plus d'équipements que l'appartement 1.

b. Le loyer de l'appartement 3 est plus élevé que le loyer de l'appartement 2.

c. L'appartement 3 est moins bien desservi que l'appartement 1.

d. L'appartement 3 est en moins bon état que l'appartement 1.

e. L'appartement 2 a moins de pièces que l'appartement 3.

2. Imaginez une conversation avec un(e) collègue : vous trouvez qu'une maison à la campagne, c'est mieux. Lui/elle préfère un appartement au centre-ville.

À vous !

• Vous avez loué un studio dans une résidence hôtelière. Vous constatez qu'il y a des problèmes au niveau des équipements et des services. Faites une liste de ces problèmes et, au moment de régler la note, vous vous plaignez à la réception. Jouez la scène à deux ou trois :

a. Le/la réceptionniste s'excuse/dit que ce n'est pas possible/pas vrai...

b. Le/la réceptionniste vous propose de ne pas payer les petits déjeuners.

En situation

1. Rédigez une petite annonce pour un studio meublé.

2. Vous cherchez un studio meublé et vous êtes intéressé(e) par cette petite annonce. Vous téléphonez à l'agence pour avoir plus de précisions. Jouez la scène à deux.

3. Vous avez visité le studio et il ne correspond pas du tout à l'annonce. Par exemple, il est mal situé, les pièces sont sombres...). Vous faites la liste de tout ce qui ne va pas (n'oubliez pas les équipements et le mobilier).

4. Vous téléphonez à nouveau à l'agence pour protester. Vous êtes très en colère.

MANIÈRES DE SE LOGER

Entre hôtels et appartements...

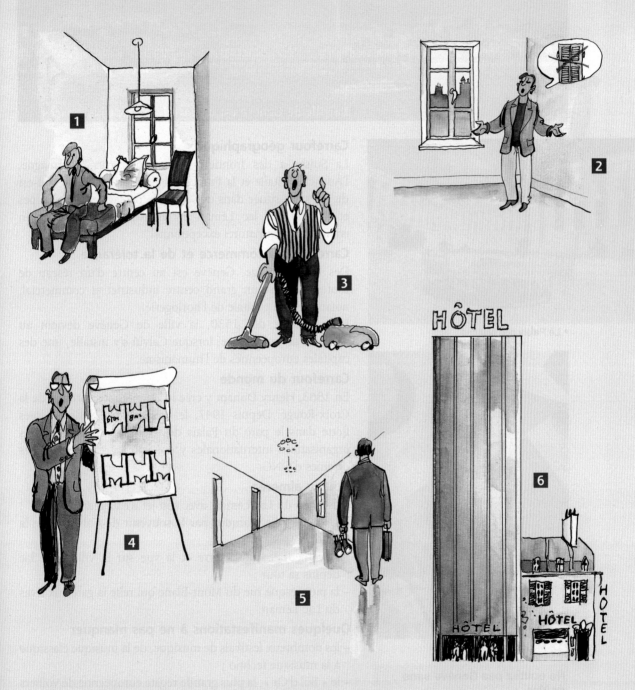

1. Une petite chambre à coucher suffit : on y dort et c'est tout.

2. Des volets, pour quoi faire ? On n'a rien à cacher !

3. Le plus important dans un hôtel, c'est la propreté !

4. Dans une maison bien conçue, les pièces ne communiquent pas entre elles : vive l'intimité !

5. Un logement de fonction doit avoir au moins 200 m² !

6. Un hôtel moderne n'a pas beaucoup de charme, mais c'est tellement plus fonctionnel !

Et chez vous, c'est comment ?

nfos

BIENVENUE À GENÈVE

La ville de Genève est un carrefour aux trois visages.

• Le Palais des Nations

• Le Musée de la Croix-Rouge

Ne quittez pas Genève sans goûter
– le fromage, qui est au centre de la gastronomie suisse (la fondue au fromage notamment) ;
– les « rösti » (galettes de pommes de terre) ;
– le chocolat.
Dégustez aussi les vins du Valais et les vins de Vaud.

Carrefour géographique
La Suisse a des frontières communes avec l'Allemagne, l'Autriche, l'Italie et la France. Genève, à l'extrémité sud-est du pays, est située dans une zone de passage entre les Alpes et le Jura. Le lac Léman et les Alpes lui donnent un environnement naturel exceptionnel.

Carrefour du commerce et de la tolérance
Dès le Moyen-âge, Genève est au centre d'un réseau de routes. Elle est un grand centre industriel et commercial, notamment la capitale de l'horlogerie.
Indépendante dès 1530, la ville de Genève devient au moment de la Réforme, lorsque Calvin s'y installe, une des capitales européennes de l'humanisme.

Carrefour du monde
En 1863, Henry Dunant y créé le Comité international de la Croix-Rouge. Depuis 1947, le drapeau des Nations Unies flotte dans le parc du Palais des Nations. De nombreuses organisations internationales y ont leur siège ainsi que des dizaines d'ONG.

Vous y aimerez
– les rives du Lac Léman, avec son jet d'eau géant ;
– la vieille ville marquée par le souvenir de Calvin et de la Réforme ;
– la cathédrale Saint-Pierre et la vue sur la ville et le lac depuis sa tour ;
– la pittoresque rue du Mont-Blanc qui relie la gare aux rives du Lac Léman.

Quelques manifestations à ne pas manquer
– les nombreux festivals de musique, de la musique classique à la musique techno ;
– le « Bol d'Or », la plus grande régate européenne de voiliers sur le lac ;
– les fêtes de Genève, le 13 août.

TV5MONDE Vous pouvez aussi consulter le site suivant :
http://www.tv5.org/geneve

Testez-vous

1 Compréhension orale

• Vrai ou faux ?

	V	F
a. L'appartement est situé à la campagne.	☐	☐
b. La cuisine est assez petite.	☐	☐
c. L'appartement est situé au quatrième étage.	☐	☐
d. Il y a deux salles de bains.	☐	☐
e. L'appartement est situé près de l'OTAN.	☐	☐

2 Structures de la langue

1. Complétez en utilisant les pronoms compléments.

   a. Ce duplex, ... à 18 heures. *(vous – pouvoir – visiter)*

   b. Ces deux studios ne sont vraiment pas chers, ... ! *(nous – acheter)*

   c. ... ! *(tu – ne pas téléphoner)* Il n'est pas encore rentré à la maison.

2. Placez correctement les adjectifs.

   a. un appartement *(grand – lumineux)*

   b. des chambres *(deux – belles)*

   c. une maison *(inconfortable – vieux)*

3. Complétez le dialogue avec un adjectif ou un pronom possessif.

   – Vous pouvez baisser le volume de ... télévision ?

   – Mais ce n'est pas ... qui fait tout ce bruit.

   – Très bien ! Alors allons voir chez les voisins si c'est ... .

   – Et la dame du troisième ?

   – C'est impossible, ... est en panne ! Vous êtes sûr que ce n'était pas la ... ?

4. Reformulez les phrases suivantes en utilisant le conditionnel.

   a. Nous souhaitons changer de chambre.

   b. Vous pouvez faire mon lit tous les jours ?

   c. Ils préfèrent loger à l'hôtel.

3 Compréhension écrite

• Comparez le texte et la petite annonce et notez les oublis et les imprécisions.

RECHERCHE DE LOCATION

Je m'appelle Pavel Sobotka, je suis fonctionnaire à la Commission européenne. Je suis célibataire et je cherche à louer un deux ou trois pièces meublé proche du centre-ville, de préférence dans le quartier du Sablon. La surface souhaitée est de 60 à 70 m² avec cuisine et salle de bains. J'aimerais également, si possible, avoir le câble et une connexion Internet. Merci de m'appeler au 06 69 87 89 74.

> Fonctionnaire européen loue deux-trois pièces 60-70 m² Sablon, cuisine, télévision, Internet. Tél. 06 69 87 89 74.

4 Expression écrite

• Votre appartement de fonction ne vous convient pas du tout. Vous écrivez un courriel au service logement de votre institution :
Vous expliquez les défauts et inconvénients de l'appartement.
Vous expliquez ce que vous aimeriez comme logement.
Vous demandez la possibilité de changer de logement.

5 Expression orale

• Vous préférez vivre en ville, à la campagne ou en banlieue ? Comparez les avantages et les inconvénients de ces différents modes de vie.
Imaginez un micro-trottoir où les personnes interrogées doivent répondre en 2 ou 3 phrases maximum à la question : Où préféreriez-vous vivre ?

Vous partez en mission ?

1 BRUXELLES-LJUBLJANA ALLER-RETOUR

De :	simona.tonelli@ec.europa.eu
A :	alix.geysel@ec.europa.eu
CC :	
Date :	21/03/06 14:51
Objet :	Préparation mission Ljubljana
Pièces jointes :	Avis de mission

Alix,

Je confirme aujourd'hui mon déplacement à Ljubljana du 8 au 11 octobre 2007. Pouvez-vous, s'il vous plaît, organiser ma mission ?
– Le vol dure environ 8 heures. J'aimerais savoir si, en prenant un vol le lundi matin de Bruxelles, je peux participer aux réunions de l'après-midi à Ljubljana. Si oui, prenez-moi un billet classe affaires, vol direct depuis Bruxelles.
– Dites-moi s'il est encore possible de réserver une chambre simple dans un hôtel près du ministère des Transports ou dans un quartier proche ?
– Contactez Madame Zdenka Potocnik au ministère (zdenka.potocnik@gov.si).
– Pouvez-vous vérifier si on vient me chercher à l'aéroport ?
– Merci de m'envoyer un courriel de confirmation avec le numéro et les horaires de vol, le nom et l'adresse de l'hôtel.

Je vous remercie d'avance de votre aide.
Simona Tonelli.

AVIS DE MISSION

NOM : .... PRÉNOM : ....
Fonction : ....
Objet de la mission : ....
Pays de destination : ....

● **VOL**
Aller de : .... à : .... Classe : ☐ éco ☐ affaires

Retour de : .... à : .... Classe : ☐ éco ☐ affaires

● **HÔTEL**
Nom : .... Catégorie : ** ☐ *** ☐ **** ☐
Ville : ....
Date d'arrivée : .... / .... / .... Date de départ : .... / .... / ....
Chambre simple : ☐ Chambre double : ☐ Nombre de nuitées : ....

● **PRESTATIONS DEMANDÉES**
Aide à l'obtention de visa : ☐ oui ☐ non   Prise en charge du transport : ☐ oui ☐ non

Prise en charge de l'hébergement : ☐ oui ☐ non   Excédent de bagages : ☐ oui ☐ non

1. Répondez aux questions.

   a. Pourquoi Simona Tonelli se rend-elle à Ljubljana ?

   b. Elle y reste combien de temps ?

   c. Quel type de billet souhaite-t-elle ?

   d. Quand souhaite-t-elle partir et d'où ?

   e. Que doit faire Alix Geysel concernant : le vol, le logement, le transport de l'aéroport au ministère.

2. Téléphonez à Simona Tonelli pour obtenir les informations qui manquent puis remplissez l'avis de mission ci-dessus. À partir de ce document, écrivez le courriel de réponse.

GRAMMAIRE
L'interrogation indirecte

« Vous prenez l'avion ? »	→ Dites-moi si vous prenez l'avion.
« Vous voulez voyager comment ? »	→ J'aimerais savoir comment vous voulez voyager.
« Avec qui partez-vous ? »	→ Pouvez-vous me dire avec qui vous partez ?
« Quand voulez-vous partir ? »	→ Dites-moi quand vous voulez partir.

• **Lisez les questions suivantes et imitez les exemples (essayez de varier les verbes introducteurs).**

a. « Vous voulez rester à Ljubljana combien de jours ? » b. « À quelle heure arrive votre avion ? »

c. « De quoi allez-vous parler dans votre intervention ? » d. « Vous logerez où ? »

e. « L'ordre de mission est signé ? » f. « Qu'est-ce que vous voulez comme hôtel ? »

MANIÈRES DE DIRE
Demander une information

Pourriez-vous me dire l'heure, s'il vous plaît ?
Vous pouvez me préciser/m'indiquer mon numéro de vol, s'il vous plaît ?
Je pourrais vous demander une liste des hôtels de la ville ?
Est-il possible de réserver maintenant ?
Savez-vous si l'avion décolle à l'heure ?
Est-ce que vous connaissez les tarifs de l'hôtel le plus proche ?
Je cherche à me renseigner sur les horaires de train.
Je voudrais une information/un renseignement/une précision sur…
Merci de me communiquer le programme définitif.

• **Demandez des informations correspondant aux situations suivantes. Plusieurs solutions sont parfois possibles.**

a. Vous voulez connaître la limite d'excédent de bagage autorisée par la compagnie aérienne.

b. Vous voulez connaître la durée du vol Ljubljana-Bruxelles et le nombre de vols par jour.

c. Vous cherchez un bon restaurant près du centre de conférences.

d. Vous ne savez pas si votre chambre d'hôtel donne sur la cour ou sur la rue.

GRAMMAIRE
Le gérondif

Formation		**Attention !**
Nous **parlons** → en **parlant**	Nous **buvons** → en **buvant**	Avoir → en **ayant**
Nous **finissons** → en **finissant**	Nous **prenons** → en **prenant**	Savoir → en **sachant**

Emploi
Je travaille et j'écoute de la musique. → J'écoute de la musique **en travaillant**.

• **Transformez les dialogues suivants en une seule phrase.**
– *Qu'est-ce que vous faites quand vous conduisez ? – J'écoute la radio → Il écoute la radio en conduisant.*

a. – Comment avez-vous trouvé ce tarif pour Budapest ? – J'ai fait une recherche sur Internet.

b. – Comment joindre la personne chargée d'organiser ma mission ? – Il faut composer le 53 12.

c. – Comment avez-vous rencontré notre nouvelle stagiaire ? – Je suis allé à Bratislava.

d. – Comment avez-vous appris le français ? – J'ai travaillé au service du protocole du ministère.

VOCABULAIRE

Prendre l'avion

un billet d'avion
l'enregistrement
une carte/porte d'embarquement
un aéroport
le décollage ≠ l'atterissage
le décalage horaire
la durée de vol

un passager, une passagère
une hôtesse, un steward
un bagage à main

voyager en classe affaires/en
classe économique
faire escale à...
être en transit
passer la douane

Prendre le train

un billet de train
un aller simple/un aller-retour
un billet à tarif réduit
une voiture
un wagon restaurant
une gare
un quai
le départ ≠ l'arrivée
un voyageur, une voyageuse
un contrôleur
voyager en 1re/2e classe
changer à.../avoir une
correspondance pour...
composter le billet
être à l'heure/avoir du retard

Loger à l'hôtel

un hôtel 1, 2, 3... étoiles
une chambre simple/double
une nuitée

- **Complétez avec le mot ou l'expression qui convient.**

a. C'est un aller simple ou un ... ?
b. Vous voulez voyager en classe ... ou ... ?
c. Il faut aller jusqu'à Stuttgart. Là, vous avez ... pour Strasbourg.
d. Vous voulez une chambre double pour combien de ... ?
e. Avant d'accéder au quai, il faut ... votre billet.

MANIÈRES DE DIRE

Confirmer sa venue/sa participation

J'ai le plaisir de vous confirmer ma participation à...
J'assisterai bien à...
Je serai présent pour...

Annoncer son arrivée

J'arriverai le... , par le vol BA 459, en provenance de...
J'arriverai en train/en TGV à la gare ...
L'arrivée est prévue à..., heure locale.

Donner des détails sur son séjour

Je vous appellerai dès mon arrivée.
Je logerai à l'hôtel...
Je me rendrai à ..., à pied/en bus/en métro/en taxi.

- **Complétez le courriel ci-contre à l'aide des expressions ci-dessus.**

De :	guy.demotte@health.fgov.be
A :	heikki.pekka@environment.fi
CC:	
Date :	xx/xx/xx xx:xx
Objet :	Conférence sur le développement durable

Cher Heikki,

J'... ma participation à la conférence sur les énergies renouvelables à Helsinki le 3 mars prochain.
J'... le mercredi 2 mars par ... SN2337 ... de Bruxelles. L'arrivée ... à 12 h 15 à Helsinki Vantaa.
Si c'est possible, je ... directement en taxi à votre bureau, au ministère.
Cordialement,

Guy

PHONÉTIQUE

 1. **Écoutez et soulignez les mots dans lesquels vous entendez le son [y].**

a. Tu as vu Bruxelles ?
b. Tu connais cet institut culturel ?
c. Tu prends le menu avec du poisson ?
d. Il est venu me voir rue de Cluny.

 2. **Écoutez et notez les mots dans lesquels vous entendez les sons :**

[œ]	[ø]
...	...

a. J'ai deux sœurs.
b. Tu veux ce menu ?
c. Ils peuvent sortir un peu.
d. Elle est veuve et vit seule.

À vous !

• **Vous partez en mission avec un collègue.**

Choisissez : la destination et l'objet de la mission, le moyen de transport, les dates de départ et d'arrivée, les horaires d'aller et de retour, la catégorie et la situation de l'hôtel.

Remplissez vos ordres de mission.

Écrivez un courriel à l'agence de voyages pour effectuer les réservations.

Appelez votre correspondant ou écrivez-lui pour lui annoncer votre venue et lui donner des informations sur votre arrivée.

② LE 60ᵉ ANNIVERSAIRE DES NATIONS UNIES

60ᵉ ANNIVERSAIRE DES NATIONS UNIES

« En ce jour du 60ᵉ anniversaire de l'Organisation des Nations Unies, il est clair que notre monde est bien différent de celui qu'habitaient ses fondateurs. L'ONU doit être le reflet de son temps et s'adapter aux problèmes qu'il présente. »

– M. KOFI ANNAN, Secrétaire général de l'ONU –
Journée des Nations Unies, 24 octobre 2005

La journaliste : Nous écoutons maintenant un extrait du discours du ministre français des Affaires étrangères prononcé à Genève, le 18 septembre 2005, à l'occasion du 60ᵉ anniversaire des Nations Unies.

Monsieur le Directeur général des Nations Unies,
Mesdames et Messieurs les Ambassadeurs,
Mesdames, Messieurs,
Chers amis,

Je suis très heureux de vous retrouver ici, à Genève, pôle mondial et européen de la diplomatie et des relations multilatérales où de nombreuses organisations agissent, réfléchissent, proposent, échangent et négocient pour la solidarité et l'avenir de la communauté internationale.

Nous sommes réunis pour célébrer le 60ᵉ anniversaire des Nations Unies. Cette organisation a été fondée en 1945 et compte actuellement 191 États membres. Elle a pour objectif de garantir la sécurité de chaque citoyen, de partager les richesses de l'univers et de rapprocher les hommes du monde entier. […]

Fin du discours.
C'est là notre mission. Rien ne pourra nous en détourner. Nous sommes en train de construire cet avenir. Nous l'appelons de nos vœux avec encore plus de force à l'occasion de cet anniversaire. Merci.

60ᵉ ASSEMBLÉE GÉNÉRALE DES NATIONS UNIES (NEW YORK) – SÉANCE INAUGURALE

Programme du 14 septembre 2005

9h00 : Discours d'ouverture du sommet par Monsieur le Secrétaire général de l'ONU
9h30 : Sommet des Nations Unies : rapports des deux co-présidents, du Secrétaire général, du chef de la délégation des États-Unis (pays hôte)
12h : Déjeuner
14h00 : Poursuite des travaux en séance plénière
17h00 : Table ronde sur les objectifs du millénaire pour le développement
20h00 : Réception offerte par le Secrétaire général
22h00 : Concert : « Ils chantent pour les Nations Unies »

Sauf indication particulière, toutes les manifestations se tiendront dans la salle des Nations

1. Écoutez le discours et répondez aux questions suivantes.

a. Qui prononce ce discours ?   b. À quelle occasion ?   c. Quand ?   d. Où ?

2. Trouvez dans le programme du 14 septembre 2005 les termes correspondant aux définitions suivantes.

a. Un débat public de plusieurs personnes sur un thème précis.

b. Une réunion mondaine.

c. Une cérémonie qui marque le début d'une réunion.

d. Une réunion où tous les membres sont présents.

e. Une rencontre au niveau le plus élevé.

f. Un texte prononcé pour introduire une manifestation officielle.

3. Nous sommes le 15 septembre 2005. Vous faites partie de la délégation de votre pays mais vous n'avez pas pu assister aux travaux du 14 septembre. Vous demandez à un autre membre de la délégation de vous raconter la journée.

VOCABULAIRE

Programme de travail et de visite

Informations pratiques
un départ de… ≠ une arrivée à...
un retour à...
une installation à…

Accueil
une inauguration/une séance inaugurale
une cérémonie/réception de bienvenue offerte par …
un discours d'ouverture

Programme de travail/touristique/culturel
une conférence/une conférence de presse/
une table ronde/un débat/une intervention
sur…
une séance de travail/un entretien avec…
une exposition/un concert/une visite/
une excursion

Clôture
un cocktail de départ/un vin d'honneur
une réception de clôture
un discours de clôture/d'adieu

1. Complétez. Plusieurs solutions sont parfois possibles.

a. … du ministère à 8 h 30 et … à l'hôtel à 19 h 30

b. … du nouveau Parlement européen

c. … du Secrétaire général de l'ONU avec la présidente du Chili

d. … en l'honneur de la délégation slovaque

2. Vous travaillez au service du protocole du ministère des Affaires étrangères de votre pays. Faites un programme de travail et de visites pour une délégation étrangère qui arrive en visite officielle.

GRAMMAIRE

Les pronoms indéfinis
Quelqu'un veut-il prendre la parole ?
Je dirai encore **quelque chose**…
Personne n'a compris son discours.
Il ne changera **rien** à son discours.
Ils sont **tous** venus à la cérémonie.
Je comprends **tout** ce que vous dites.

Les adjectifs indéfinis
Il faut garantir la sécurité de **chaque** citoyen.
Il a prononcé un **autre** discours.
Il n'est allé à **aucune** réunion.
Ils ont les **mêmes** objectifs.
Toutes ces rencontres étaient intéressantes.
Certains collègues ne vont pas venir.

• **Complétez avec l'adjectif indéfini qui convient.**

a. Ils sont tous venus à la conférence ?   Oui. … pays avaient envoyé un délégué.

b. Personne n'est venu ?   Non, … invité n'était présent.

c. Pourquoi n'ont-ils rien dit en réunion ?   Parce qu'il n'ont pas les … intérêts que nous.

d. Tu fais quelque chose samedi ?   Oui, je travaille … le week-end !

MANIÈRES DE DIRE

Prononcer une allocution de bienvenue

Saluer l'audience

Mesdames et Messieurs les…,
Madame la…, Monsieur le…,
Chers collègues, Chers amis,

Parler du lieu, de l'atmosphère

Je suis très heureux de vous retrouver dans cette belle ville de…/dans cette atmosphère sympathique, chaleureuse

Rappeler les raisons de la rencontre

Nous nous sommes réunis ce soir à l'occasion de…/dans le cadre de …/afin de célébrer/de commémorer/de rendre hommage à/au…

Annoncer le discours

J'aimerais profiter de cette occasion pour…
Le moment est venu pour…
Je serai bref…

Dire des mots de bienvenue

J'ai le plaisir/l'honneur d'accueillir/
de recevoir/d'inaugurer/de présider…
Soyez, Madame, Monsieur, les bienvenus à…
J'adresse tous mes voeux de bienvenue à…

Porter un toast

Je lève mon verre à…
Je vous invite à porter un toast à…
Je souhaite le plus grand succès à…

- **Complétez le discours suivant avec les expressions figurant dans « Manières de dire ».**

… les chefs d'État et de Gouvernement,
J'… de bienvenue aux chefs d'État et de Gouvernement qui ont le français en partage.
Nous … pour partager notre volonté d'agir pour le français.
Je … à nos travaux et espère, qu'ensemble, nous allons pouvoir répondre à tous les défis qui se présentent à nous.

MANIÈRES DE DIRE

Présenter une organisation

une organisation, un organisme, une institution, une association, une ONG
a été fondé(e) en…/créé(e) par…
a pour objectif/but/mission d'aider le/la…/de protéger le/la…/de lutter contre…/de garantir le/la…
a pour activité (principale) l'aide à…/la protection de…/la lutte contre…
est financé(e) par …
est dirigé(e)/présidé(e) par…
est composé(e) de…/compte15 États membres
est présent(e) dans 20 pays

- **Reliez.**

  a. L'activité principale de la Croix-Rouge est
  b. ONUSIDA a pour mission de
  c. L'UNICEF a pour objectif de
  d. L'Organisation mondiale de la santé (OMS)
  e. Le Conseil de l'Europe comprend

  1. lutter contre l'épidémie de VIH.
  2. 46 pays membres.
  3. a été fondée le 7 avril 1948.
  4. protéger les enfants du monde entier.
  5. l'assistance médicale et sociale.

GRAMMAIRE

Venir de – être sur le point de – être en train de

Action qui vient tout juste de se réaliser
Je viens de sortir de l'aéroport

Action en cours de réalisation
Je suis en train de survoler l'océan.
Hier matin, j'étais en train de survoler l'océan.
À 15 h, je serai en train de survoler l'océan.

Action qui va se produire immédiatement
Je suis sur le point d'atterrir à Caracas.

Marta,
Nous … atterrir à Rome.
Nous … attendre nos bagages et ce n'est pas rapide !
Franz

Marta,
L'Ambassade … téléphoner pour me donner la nouvelle adresse de la réunion. Mais je ne trouve pas la rue sur le plan.
Je … perdre mon calme !
Franz

- **Complétez les textos ci-contre avec** être sur le point de, venir de, être en train de.

À vous !

• **Une délégation francophone vient en visite officielle dans votre pays.**

a. Imaginez le profil des personnes qui font partie de cette délégation (identité, institution, fonction, raison de la visite, etc.).

b. Préparez un programme de travail et de visites pour une journée.

c. Préparez une allocution de bienvenue. N'oubliez pas :
   – de présenter votre institution ;
   – d'annoncer le programme de travail.

d. L'un d'entre vous prononce l'allocution.

③ DE NOTRE ENVOYÉ SPÉCIAL

De notre envoyé spécial à New York

14 septembre 2005

Il était neuf heures précises à New York quand le Secrétaire Général, Monsieur Kofi Annan, a prononcé son discours d'ouverture pour les célébrations du 60ᵉ anniversaire des Nations Unies. À cette occasion, tous les représentants des États membres étaient réunis dans la salle des Nations. Dans son discours, Kofi Annan a d'abord rappelé le rôle fondamental joué par l'ONU depuis 60 ans dans le maintien de la paix et de la sécurité internationales. Il a ensuite énuméré les grands défis d'aujourd'hui en mettant plus particulièrement l'accent sur l'aide au développement et à l'environnement.

Après le discours, les participants se sont montrés très enthousiastes et ont chaleureusement applaudi. Enfin, M. Kofi Annan a remercié les États membres pour les nombreuses manifestations et évènements organisés dans le monde entier en 2005 et 2006.

• **Lisez le texte ci-contre et complétez les phrases suivantes.**

a. La cérémonie d'ouverture a débuté par ....

b. Cet évènement a rassemblé ....

c. Kofi Annan a évoqué ....

d. Il a cité les différents ....

e. À la fin du discours, le public ....

MANIÈRES DE DIRE

Articuler un discours

Introduire
D'abord, pour commencer, en premier lieu

Continuer
Puis, ensuite
Par ailleurs, en outre
Également, aussi

Opposer
Mais, toutefois, pourtant, cependant

Conclure
Pour conclure, en conclusion, enfin, pour finir

• **Articulez le texte suivant en ajoutant les mots :** *également – ensuite – pour conclure – d'abord.*

Le Président de la Commission européenne a rappelé l'importance des énergies renouvelables.

Il a demandé au Commissaire à l'Énergie de renforcer la sécurité nucléaire.

Il a demandé aux pays européens de mieux contrôler leur production.

Il a répondu aux questions des commissaires.

Il a invité tous les partenaires à se retrouver dans le cadre de la semaine du développement durable.

L'imparfait et le passé composé dans un récit

Imparfait	Passé composé
Action en train de se faire, circonstances	**Action rapide et ponctuelle**
Le Secrétaire général **faisait** (= était en train de faire) son discours…	… quand, soudain, des militants altermondialistes **sont entrés** dans la salle.
Les membres de la délégation **visitaient** le quartier historique…	… soudain un orage a éclaté et les délégués **se sont installés** dans un café.

1. Recopiez les verbes des phrases suivantes dans la case qui convient.
   Il est midi. Le président descend de l'avion. Une bombe explose.

Actions en train de se faire, circonstances	Évènements
est – descend a. …	*explose* a. …

   a. La visite se passe bien. Les diplomates travaillent efficacement quand un négociateur se lève brusquement et quitte la salle.

   b. Le train a du retard. Les deux fonctionnaires regardent l'heure toutes les cinq minutes. Tout à coup, le train s'arrête en pleine campagne.

   c. La réception est agréable, les invités discutent. Au bout d'un quart d'heure, l'ambassadeur prend la parole.

   d. Tout les participants attendent l'arrivée du président. Il arrive avec une demi-heure de retard.

   • **Puis faites à chaque fois un récit au passé.**
   Il était midi et le président descendait de l'avion quand une bombe a explosé.

2. À votre tour, racontez au passé un incident qui vous est arrivé en mission, en voyage…

La négociation
une négociation – négocier
un dialogue – dialoguer
une discussion – discuter de…
une entente – s'entendre sur…
trouver un compromis sur…
trouver un accord sur…
trouver un consensus sur…
un abandon – abandonner
une rupture – rompre

une proposition – proposer
accepter/rejeter une proposition
une signature – signer un accord

Les relations internationales
l'aide humanitaire
l'aide au développement
les droits de l'Homme
la protection de l'environnement
la mondialisation
la sécurité

• **Complétez avec l'un des trois mots ou expressions proposés.**

a. Après des heures de négociation, ils ont signé un … . *(entente – consensus – accord)*

b. Le ministre a quitté la conférence : c'est la … des négociations. *(proposition – rupture – signature)*

c. 24 heures après la catastrophe, … commence à arriver dans le pays. *(la sécurité – l'aide humanitaire – la coopération)*

d. Pour mettre fin à des années de guerre, les deux pays viennent de … de paix. *(signer un accord – rejeter une proposition – trouver un compromis)*

L'expression du temps avec quand

Au présent
Quand mon collègue travaille, il ne parle à personne.

Au passé
Quand j'étais en poste à Bruxelles, j'allais souvent au théâtre.
Je lisais ton rapport quand soudain le téléphone a sonné.

Au futur
Quand je serai à Athènes, je te téléphonerai.

• **Mettez les verbes aux temps qui conviennent.**

a. Quand je … *(avoir)* les résultats de l'enquête, je t'… *(appeler)*.

b. Ils … *(déjeuner)* tranquillement quand soudain un délégué … *(se lever)*.

c. Quand je … *(être)* chez moi, je ne … *(parler)* jamais de travail.

d. Quand je ne … *(travailler)* pas encore à la Commission, je … *(rentrer)* plus tôt le soir.

À vous !

• **Vous êtes l'envoyé spécial d'une chaîne de télévision francophone.**
Vous rendez compte, en direct du forum de Saint-Pétersbourg, de la première journée de travail des ministres de l'Économie du G8. Le présentateur du journal vous pose des questions.

Écrivez maintenant un article qui rend compte du sommet pour un journal auquel vous collaborez.

> **SOMMET DU G8**
> **Saint-Pétersbourg / Juillet 2006**
>
> 09 h 30 : Arrivée et accueil des participants
> 10 h 00 : Discours d'ouverture du Président Poutine
> 11 h 00 : Conférence de presse des ministres de l'Économie du G8
> 13 h 00 : Déjeuner offert par Nikronaft
> 15 h 00 : Table Ronde : « Pour une mondialisation équitable ? »
> 20 h 00 : Concert
>
> *Dernière minute ! Les représentants de l'association « Autre Monde » entrent dans la salle et prennent la parole.*

En situation

• **Vous êtes fonctionnaire ou diplomate et vous devez accueillir une délégation étrangère.**

Avant l'arrivée de la délégation
Téléphonez à la personne chargée d'organiser la mission pour en connaître les détails pratiques.
Préparez un programme de travail et de visites pour une journée.

Pendant la visite
Faites une allocution de bienvenue.

Après la visite
Rendez compte par écrit de la mission à votre directeur général.
Parlez de la mission avec un collègue.

MANIÈRES DE SE COMPORTER
Le protocole, c'est le protocole !

1. On de doit pas venir à un cocktail en robe longue.
2. Dans un dîner officiel, l'épouse de l'hôte est assise à la gauche de l'invité.
3. Il arrive que deux hommes politiques se vouvoient en public et se tutoient en privé.
4. À l'occasion d'une visite officielle, les invités offrent des cadeaux à leurs hôtes.
5. Un dîner officiel propose un menu typique du pays d'accueil.
6. À un cocktail, il est impoli de « retenir » quelqu'un trop longtemps même si la personne a l'air intéressée par la conversation.

Et chez vous, c'est comment ?

i•nfos

L'ORGANISATION DES NATIONS UNIES

Autour de l'ONU...

■ 13 institutions spécialisées : Fonds monétaire international (FMI), Banque mondiale, etc.

■ De nombreux bureaux, organisations et fonds des Nations Unies : Haut Commissariat aux réfugiés (HCR), UNICEF, Agence internationale de l'énergie atomique (AIEA), etc.

Au total, près de 30 institutions.

Le fonctionnement de l'ONU

• **L'Assemblée générale : un lieu de représentation**
Elle se réunit en session ordinaire annuelle et en sessions extraordinaires.
Pour les votes, chaque pays membre y dispose d'une voix.

• **Le Conseil de sécurité : un lieu de décision lorsque la paix est menacée**
Il est constitué de 15 membres, dont 5 permanents (États-Unis, Russie, Chine, Grande-Bretagne, France) et 10 élus pour deux ans.
Chaque État membre du Conseil de sécurité dispose d'un droit de veto.

• **Le secrétariat : un organe d'exécution**
Il exécute les décisions de l'Assemblée générale, du Conseil de sécurité, des autres organes.
Il a des bureaux à New York, Genève, Vienne et Nairobi.
Il est dirigé par le Secrétaire général des Nations Unies.

• **La Cour internationale de justice : un organe de justice et de consultation**
15 juges élus règlent les différents entre États membres et donne aux institutions onusiennes des avis consultatifs.
Son siège est à La Haye (Pays-Bas).

TV5MONDE Vous pouvez aussi consulter le site suivant : http://www.tv5.org/actufiches

Testez-vous

Vers le TCF-RI

1 Compréhension orale 🎧

• Écoutez le dialogue et complétez l'ordre de mission.

> ***Objet de la mission :*** ....
>
> Pays de destination : ....
>
> ● **VOL**
>
> Aller le : .... Classe : ☐ éco ☐ affaires
>
> Retour le : .... Classe : ☐ éco ☐ affaires
>
> ● **HOTEL**   Catégorie : ★★ ☐   ★★★ ☐   ★★★★ ☐
>
> ● **VISA** : ☐ oui ☐ non

2 Structures de la langue

1. Mettez les verbes au passé.

La semaine dernière, les ministres de l'environnement des pays de l'OCDE ... *(se rencontrer)* en Italie. Vingt délégations ... *(être)* présentes à ce sommet et plusieurs pays non membres ... *(intervenir)* dans les discussions. Les ministres ... *(réfléchir)* sur les nouveaux problèmes et ... *(proposer)* des solutions.

2. Insérez des articulateurs du discours dans le document suivant.

Vladimir Todorov est arrivé au bureau à huit heures. Il a consulté sa messagerie. Il a eu plusieurs rendez-vous : avec un représentant de l'OSCE à 9 h, avec le chargé de mission pour la réforme de l'Etat à 10 h. À 12 h 30, M. Todorov est allé déjeuner. Il est retourné à son bureau à 14 h. À 16 h, il a dû monter chez le directeur général. Il est rentré à la maison et a dîné en famille.

3 Compréhension écrite

Action Contre la Faim (ACF) est une organisation non gouvernementale (ONG) internationale, créée en 1979. Elle a pour mission de lutter contre la faim dans le monde. Elle intervient également sur les problèmes de nutrition et de sécurité alimentaire et aussi dans les domaines de la santé et de l'accès à l'eau potable. Le siège social d'ACF est à Paris mais elle est également présente dans les autres pays développés avec d'autres sièges sociaux à Londres, à Madrid, à New York et à Montréal.

• Complétez les phrases en utilisant les informations du texte.

a. ACF existe depuis ...

b. Son rôle est de ...

c. Elle est aussi active dans ...

d. Le bureau central se trouve à ...

e. Elle possède aussi des représentations à ...

4 Expression écrite

• Présentez votre organisation ou votre institution par écrit.

5 Expression orale

• Vous quittez votre poste. Vous prononcez une petite allocution d'adieu à l'intention de vos collègues les plus proches.

Entraînement au TCF-RI

1 Compréhension orale 🎧

• Écoutez le document sonore et la question. Cochez la case correspondant à la bonne réponse.

1re TÂCHE

☐ A. Les professeurs et les étudiants.

☐ B. Les chefs d'entreprises.

☐ C. Les personnalités du monde politique.

☐ D. Les journalistes.

2e TÂCHE

☐ A. Il va annuler son voyage.

☐ B. Il va partir vendredi 13.

☐ C. Il va partir jeudi soir.

☐ D. Il va partir jeudi matin.

2 Structures de la langue

• Cochez la case correspondant à la bonne réponse.

1re TÂCHE

Je veux faire un cadeau à une amie qui adore les chocolats.

☐ A. Pourriez-vous…   ☐ B. Savez-vous…

☐ C. Voulez-vous…   ☐ D. Aimeriez-vous…

…me dire où je peux trouver un bon chocolatier ?

2e TÂCHE

La semaine dernière,…

☐ A. je vais   ☐ B. j'irai

☐ C. j'allais   ☐ D. je suis allé

…voir un excellent film de Woody Allen. *Match point* ? Tu connais ?

3e TÂCHE

Le président de la République va prononcer un discours.

« Prononcer un discours » signifie :

☐ A. lire un discours.   ☐ B. improviser un discours.

☐ C. faire un discours.   ☐ D. proposer un discours.

4e TÂCHE

Merci de bien vouloir remplir ce formulaire.

« Remplir » signifie :

☐ A. compléter.   ☐ B. commencer.

☐ C. corriger.   ☐ D. ajouter.

5e TÂCHE

On a débattu du projet de conférence sur la lutte contre la pollution.

« On a débattu » signifie :

☐ A. On a accepté.   ☐ B. On a contesté.

☐ C. On n'a pas réussi à trouver un accord sur.   ☐ D. On a parlé de.

3 Compréhension écrite

• Lisez le document, les questions et les réponses. Cochez la case correspondant à la bonne réponse.

1re TÂCHE

```
TRANS AUTO VOYAGES                          DATE 15OCTOBRE04
17 AVE DE FRIEDLAND                         REFERENCE DU DOSSIER ZLK3PB
PARIS 08
TELEPHONE :  01. 53. 85. 19. 99            BRETON/GILLES MR
FAX :        01. 45. 62. 91. 41

DELTA AIR LINES - DL 8532
MAR 16NOV            PARIS FR               NEW YORK NY          1610      1825
                     CHARLES DE GAULLE      JOHN K KENNEDY
SANS ESCALE          TERMINAL 2C            TERMINAL 3           DUREE     8:15
                                                                VOL NON FUMEUR

                     RESERVATION CONFIRMEE - U ECONOMIQUE
                     A BORD : DINER
     AF 0010         VOL OPERE PAR                   AF AIR France
                     EQUIPEMENT : AIRBUS INDUSTRIE A330-200

DELTA AIR LINES - DL 649
JEU 18NOV            NEWARK NJ              CINCINNATI OH         0945      1155
                     LIBERTY INTL          NTH KENTUCKY
SANS ESCALE          TERMINAL B            TERMINAL 3            DUREE     2:10
                                                                VOL NON FUMEUR

                     RESERVATION CONFIRMEE - U ECONOMIQUE
                     EQUIPEMENT : BOEING 737-200
```

1. Le vol DL 8532 part de Paris :
   - ☐ A. du terminal 3.
   - ☐ B. du terminal 2C.
   - ☐ C. du terminal B.
   - ☐ D. du terminal 2B.

2. Il part :
   - ☐ A. à 8 h 15.
   - ☐ B. à 18 h 25.
   - ☐ C. à 16 h 10.
   - ☐ D. à 09 h 45.

2e TÂCHE

DEMANDE D'AUTORISATION DE MISSION

M/Me/Mlle : NOM : .... PRÉNOM : ....
Objet : ....

Lieu effectif de la mission : ....
Adresse complète de la mission : ....

Frais d'inscription montant : ....
avancés par le demandeur ☐   réglés directement par bon de commande ☐
Participation à une manifestation scientifique (joindre le programme complet).

☐ train   ☐ 1re classe   ☐ 2e classe   Je bénéficie d'une réduction de .... %
☐ avion
☐ véhicule personnel/puissance fiscale (joindre une copie de la carte grise) : ....
Km aller : ....   ☐ taxi   ☐ location de voitures

1. Que doit faire la personne qui participe à un colloque ?
   - ☐ A. Joindre le titre de transport.
   - ☐ B. Joindre le programme.
   - ☐ C. Joindre le justificatif de la réduction.
   - ☐ D. Joindre une copie du permis de conduire.

2. Quelles sont les informations qui ne sont pas demandées dans ce document ?
   - ☐ A. Le moyen de transport.
   - ☐ B. L'objet de la mission.
   - ☐ C. La prise en charge de la mission.
   - ☐ D. Le lieu de la mission.

Vous avez obtenu un nouveau poste à l'étranger. Vous vous rendez dans la ville où vous allez vous installer pour prendre contact avec vos nouveaux collègues et trouver un logement.
Imaginez votre nouveau poste, l'identité des personnes que vous allez rencontrer et jouez le scénario suivant.

Plantez le décor !

Un nouveau poste à l'étranger

Organisation/Institution	Pays	Ville	Fonction	Durée du contrat
. . .	. . .	. . .	. . .	. . .

Vous, votre épouse/mari, vos nouveaux collègues

Nom . . .   Nationalité . . .   Fonction . . .   Langues parlées . . .   Caractère . . .

Prénom . . .   Situation de famille . . .   Organisation/Institution . . .   Loisirs . . .   Autres . . .

Élaborez

a. une carte de visite   **b.** la page d'accueil de deux Appart-Hôtels   **c.** quatre offres de location

d. le plan d'un appartement   **e.** la page d'accueil de deux traiteurs

Cherchez

• un plan de la ville où vous vous installez

À vous !

AVANT VOTRE DÉPART

• Demandez à vos collaborateurs d'organiser votre voyage et votre séjour.

Secrétaire 1	Secrétaire 2	Assistant 1	Vous
Réservez un vol.	Réservez un Appart-Hôtel.	Annoncez l'arrivée de votre chef par courriel.	Appelez la personne que vous allez remplacer pour prendre rendez-vous.

À VOTRE ARRIVÉE

À l'hôtel Vous vous présentez à la réception de l'hôtel et vous vous installez dans votre appartement. Il y a des problèmes… Appelez la réception.

Personne appelée	Le directeur	Le réceptionniste	Le veilleur de nuit	La femme de chambre
Problème	. . .	. . .	. . .	. . .

Dans la rue Vous vous rendez de l'hôtel à votre nouveau bureau. Demandez votre chemin à des passants.

Au bureau La personne que vous allez remplacer vous accueille, vous fait visiter le service et vous présente vos nouveaux collègues.

À la recherche d'un appartement Vous avez trouvé des annonces pour des locations. Appelez pour vous renseigner.

Appartement meublé	Appartement non meublé	Maison meublée	Maison non meublée
. . .	. . .	. . .	. . .

• Visitez les logements proposés et faites votre choix.

• Expliquez aux déménageurs où ils doivent placer les meubles.

APRÈS VOTRE INSTALLATION

• Envoyez une invitation à dîner par courriel à vos nouveaux collègues (réponses positives/négatives).

• Appelez plusieurs traiteurs et commandez un menu/un buffet.

• Accueillez vos invités et faites les présentations.

• À table, les invités abordent les thèmes suivants :

	Invité 1	Invité 2	Invité 3	Invité 4
Il parle :	du programme de sa dernière mission . . .	de la ville et de sa qualité de vie . . .	des logements à louer/ à vendre dans cette ville . . .	des restaurants de la ville . . .

• Un invité prononce un petit discours de bienvenue.

Vous êtes bien installé ?

① VIVRE ET TRAVAILLER À L'ÉTRANGER

http://www.citoyenbelgealetranger.com

| Accueil | Ajouter un site | Annonces | Expériences | Nouveautés |

Vous êtes fonctionnaire et vous aimeriez travailler à l'étranger ?
Vous y voyez un intérêt professionnel ? personnel ? matériel ?
Attention, ce n'est pas aussi simple !
Pour vous aider, des fonctionnaires qui travaillent ou qui ont travaillé à l'étranger vous parlent de leur expérience.

○ Travailler à l'étranger, ça veut dire quitter son pays, vivre loin de sa famille. Dans certains pays, la vie est parfois difficile. À mon avis, c'est un bon choix pour quelques années. Pas pour toute sa carrière. *(P. L. Délégation de l'UE en Moldavie)*

○ J'ai beaucoup aimé mes quatre années en Russie. Découvrir un pays, c'est passionnant. Mais ce n'est que mon point de vue à moi. Certains collègues ont mal vécu cette expérience. La barrière de la langue, les différences culturelles, ce n'est pas facile tous les jours ! *(G. C. Ministère des Affaires étrangères, Bruxelles)*

○ J'ai travaillé 8 ans dans une ONG. Pour moi, l'aide humanitaire était un idéal que j'ai eu la chance de réaliser. Cela a parfois été difficile mais je n'ai pas regretté mon choix. Certains fonctionnaires partent uniquement pour gagner de l'argent. Je ne les comprends pas. *(L. A. Télécom sans frontières)*

○ D'après moi, l'expatriation coûte cher. Il faut avoir un logement dans le pays où on vit et un autre en Belgique. Et puis, il y a les voyages. Ceci dit, c'est une expérience passionnante. Il n'y a pas que des inconvénients, loin de là ! *(U. H. Croix-Rouge internationale)*

○ Moi, j'ai vécu 18 ans à l'étranger. Ça vaut vraiment la peine. Mais, ça dépend du pays. Parfois, il est très difficile d'obtenir permis de séjour, visas, etc., c'est pénible. Mais partir en famille dans un pays où il y a des risques sanitaires ou des problèmes de sécurité, je trouve ça franchement dangereux. *(L. J. Commission européenne)*

Alors, vous avez bien réfléchi ? Vous avez décidé de partir ? Pour poser votre candidature, être informé sur les démarches administratives à accomplir, consultez le site **www.dgcd.be** Vous y trouverez toutes les informations nécessaires.

1. Notez les initiales de celui qui exprime chacune des opinions suivantes.

a. Il vaut mieux éviter de partir avec des enfants dans des pays difficiles. (...)

b. Travailler à l'étranger, cela veut dire qu'on doit avoir deux logements et un budget voyages important. (...)

c. On ne décide pas de partir pour des raisons financières. (...)

d. C'est difficile lorsqu'on ne comprend pas la langue du pays où on travaille. (...)

e. Être expatrié toute sa vie, non. (...)

2. Complétez le tableau.

Avantages de l'expatriation	Inconvénients de l'expatriation

PHONÉTIQUE

 • Écoutez et notez les mots dans lesquels vous entendez les sons :

[ɔ̃]	[ɑ̃]
...	...

a. Comment ? Le conseiller est en réunion ?

b. Il a une fonction dans l'administration.

c. Mon chef de délégation rentre dimanche.

d. L'ambassadeur est en Angleterre.

VOCABULAIRE

Les documents administratifs

un formulaire de demande
un passeport touristique
un passeport diplomatique
un passeport de service
un visa touristique
un visa de transit
un visa de séjour temporaire
un permis de séjour
une photo d'identité
un livret de famille
un certificat de mariage
un extrait de naissance
un arrêté de nomination

• **Notez à chaque fois de quel document il s'agit.**

a. Un document qui permet de séjourner dans un pays plus de 90 jours.

b. Un document qui précise quel poste vous allez occuper.

c. Une autorisation de séjourner dans un pays pendant trois mois.

d. Un passeport lié à votre travail.

e. Une pièce qui justifie de votre date et lieu de naissance.

f. Un document qui précise votre situation de famille.

GRAMMAIRE

L'accord des participes passés (1)

Auxiliaire être	**Auxiliaire avoir (sans complément d'objet)**	**Auxiliaire avoir (complément d'objet placé après le verbe)**
Il est arrivé en 1999.	Il a choisi de partir.	Il a regardé le dossier.
Elle est arrivée en 1999.	Elle a choisi de partir.	Elle a regardé le dossier.
Ils sont arrivés en 1999.	Ils ont choisi de partir.	Ils ont regardé le dossier.
Elles sont arrivées en 1999.	Elles ont choisi de partir.	Elles ont regardé le dossier.

Vivre

Je vis
Tu vis
Il/Elle/On vit
Nous vivons
Vous vivez
Ils/Elles vivent

J'ai vécu

• **Mettez les verbes au passé composé et faites les accords si nécessaire.**

a. Ils *(arriver)* … vers six heures.

b. Elles *(venir)* … souvent à Lausanne.

c. Ils *(vivre)* … en Indonésie de 2001 à 2005.

d. Elle *(descendre)* … pour le petit-déjeuner.

e. Ils *(être)* … malades la semaine dernière.

f. Il *(travailler)* … très sérieusement.

VOCABULAIRE

Vivre et travailler à l'étranger

partir à l'étranger
vivre à l'étranger
s'expatrier
choisir l'expatriation
rentrer de l'étranger

poser sa candidature pour un poste à l'étranger
obtenir un poste dans une organisation internationale
occuper un poste à la Commission européenne
être attiré par les carrières internationales
avoir/bénéficier d'avantages matériels

• **Reformulez les phrases suivantes en utilisant une des expressions ci-dessus.**

a. J'ai décidé de partir à l'étranger.

b. J'ai demandé un poste d'attaché de Défense en Espagne.

c. Je travaille comme expert national détaché à la Commission européenne.

d. La diplomatie m'intéresse.

e. J'ai un appartement de fonction, une voiture de fonction, etc.

MANIÈRES DE DIRE

Donner son opinion

Des expressions	Des verbes
À mon avis, ce poste est intéressant.	Je trouve que c'est très bien.
Selon notre ambassadeur, la situation est explosive.	Il pense que nous pouvons partir.
Pour lui, l'argent n'a pas d'importance.	Il a l'impression qu'il n'y a pas de problèmes.

• **Répondez librement aux questions en utilisant une des expressions ci-dessus.**

a. Un poste en Italie, c'est intéressant ?

b. Comment faut-il faire pour avoir un visa de transit ?

c. Travailler dans l'aide humanitaire, c'est difficile, non ?

d. L'expatriation coûte cher, non ?

GRAMMAIRE

Les indéfinis qui expriment la quantité

Les adjectifs indéfinis	Les pronoms indéfinis
Vous pouvez m'indiquer quelques hôtels ?	Bien sûr. J'en connais quelques-uns.
Tu as quelques brochures sur le Guatemala ?	Oui, j'en ai quelques-unes.
Tout le matériel est arrivé ?	Oui, tout est arrivé.
Tu as lu toute la documentation ?	Oui, je l'ai toute lue.
Tous les invités sont venus ?	Non, ils ne sont pas tous venus.
Toutes les ambassades sont informées ?	Oui, elles sont toutes informées.
Vous n'avez aucun visa ?	Non, je n'en ai aucun.
Tu ne connais aucune Espagnole à Strasbourg ?	Non, je n'en connais aucune.
J'ai besoin de plusieurs dossiers.	Pas de problèmes, je t'en donne plusieurs.
J'ai plusieurs informations intéressantes.	Moi aussi, j'en ai plusieurs.
Tu connais certains collègues de Dalla ?	Oui, j'en connais certains.
Vous avez certaines informations ?	Oui, j'en ai certaines.

• **Complétez les dialogues suivants.**

a. – Il y avait … fautes dans la traduction, n'est-ce pas ? – Oui, mais seulement … sans gravité.

b. – … collègues ont participé à la réunion ? – Non, seulement …, quatre ou cinq au maximum.

c. – Tous les experts sont d'accord ? – …, non. … sont franchement hostiles.

d. – Je vais prendre … jours de congé après Pâques. – Ah bon ! Combien ?

MANIÈRES DE DIRE

Préparer son expatriation

Demander des renseignements	Donner des renseignements
À qui faut-il s'adresser pour… ?	Il faut/veuillez vous adresser à…
Où faut-il faire la demande de… ?	La demande est à adresser à…
Quelle administration s'occupe de… ?	Le service du protocole prend en charge les formalités de…
Quelles sont les démarches à accomplir/ à effectuer pour… ?	Vous devez remplir un formulaire de demande de…
Quelles sont les pièces à fournir ?	Vous devez fournir une copie de…
Quels sont les délais à respecter ?	Il faut renvoyer le dossier dans un délai de 15 jours.

• **Reformulez les phrases suivantes en utilisant les expressions ci-dessus (p. 112).**

a. Il faut envoyer votre demande au consulat.

b. Vous devez nous envoyer le dossier dans trois semaines.

c. Que faut-il faire pour obtenir un permis de séjour ?

d. De quels papiers avez-vous besoin ?

e. Il nous faut un extrait de naissance et un certificat de mariage.

f. Qui s'occupe des demandes de visas ?

À vous !

1. **Vous passez une soirée entre collègues et amis. La conversation porte sur les avantages et les inconvénients des séjours à l'étranger. Jouez la scène à plusieurs.**
   Certains ont des opinions et/ou des expériences favorables. D'autres ont des opinions et/ou des expériences négatives. D'autres posent des questions.

2. **Vous venez d'obtenir un poste dans une organisation internationale. Vous adressez un courriel à un ami francophone du service du protocole de cette organisation pour lui demander des informations sur les formalités à accomplir.**
   Vous vous mettez par groupes. Un groupe écrit le courriel de demande. Un autre groupe écrit le courriel de réponse.

❷ À LA BANQUE 🎧

EMPLOYÉ : Bon, voilà ! Votre épouse et vous, vous avez maintenant un compte joint. Souhaitez-vous avoir une carte bancaire ?

CLIENT : Bien sûr. Quel type de carte est-ce que vous nous conseillez ?

EMPLOYÉ : C'est bien simple, je vous suggère la carte VISA Premier. Elle est la mieux adaptée à votre situation.

CLIENT : Nous souhaiterions avoir deux cartes de crédit. Dans ce cas, il vaut mieux avoir deux comptes en banque ? Qu'en pensez-vous ?

EMPLOYÉ : Il est tout à fait inutile d'en avoir deux. À votre place, je prendrais deux cartes pour le même compte. Mais ce n'est qu'un conseil. C'est vous qui décidez.

BRUSSELS BANK

Carte *VISA* Premier

• Dépenses importantes ?
• Garanties étendues ?
• Aide en cas d'urgence ?

C'est la carte qu'il vous faut !

❶ Il vous est possible de retirer dans les distributeurs jusqu'à 1 500 € par semaine partout dans le monde.

❷ Il faut parfois faire des dépenses exceptionnelles. Avec votre carte Visa Premier, dépensez jusqu'à 8 000 € par mois.

❸ Si vous faites des achats en ligne, ils sont sécurisés grâce au service *e-carte bleue* (gratuit).

❹ Vous bénéficiez d'un système efficace en cas de perte ou de vol de votre carte.

❺ Vous bénéficiez d'une assurance et d'une assistance médicale : nous sommes à votre service, aux quatre coins du monde.

❻ Vous avez droit à des réductions sur les services offerts par votre banque.

Alors, n'hésitez pas et suivez les conseils de la Brussels Bank : commandez votre carte en ligne ou prenez rendez-vous avec votre conseiller financier.

Votre carte sera à retirer à nos guichets dans un délai de 10 jours. Sur demande, elle peut vous être envoyée par courrier recommandé.

Vous recevrez votre code confidentiel par la poste, sous enveloppe banalisée. Soyez prudents ! Nous vous suggérons de le noter à un endroit discret.

Nous vous remercions de votre confiance !

1. **Toutes les affirmations suivantes sont fausses. Rétablissez la vérité.**

   a. Le client et son épouse ont ouvert chacun un compte.

   b. La carte Visa premier n'est pas adaptée aux besoins du client.

   c. Le client ne veut qu'une seule carte de crédit.

   d. Le client est obligé d'accepter la solution proposée par l'employé.

2. **Notez le numéro du service qui correspond à chaque situation.**

   a. On m'a volé ma carte bancaire. (. . .)

   b. Quand nous étions en Italie, nous avons retiré environ 800 € par semaine. (. . .)

   c. J'ai acheté tous ces livres par Internet. (. . .)

   d. Avec ma nouvelle maison, en mai, j'ai dépensé près de 7 000 € en meubles. (. . .)

   e. Quand Virginia a été malade au Kenya, elle a été ramenée à Londres en un temps record. (. . .)

VOCABULAIRE

La banque

une banque – un employé de banque
un guichet
un distributeur de billets – un code confidentiel
un compte bancaire
une carte bancaire
une carte de crédit
un chéquier
un chèque
de l'argent liquide
un billet de banque
une pièce de monnaie

ouvrir/clôturer un compte en banque
faire un chèque
payer par carte/en espèces
faire un virement bancaire
retirer de l'argent du distributeur
composer le code confidentiel
déposer un chèque à la banque
déposer de l'argent sur son compte
recevoir un relevé de compte
consulter son compte en ligne

• **Répondez aux questions.**

   a. Quelqu'un vous a fait un chèque. Que faites-vous ?

   b. Vous n'avez plus d'argent liquide. Où en trouver ?

   c. Vous travaillez à Bruxelles depuis peu mais vous n'avez pas de compte en banque en Belgique. Que pouvez-vous faire ?

   d. Le distributeur de billets est hors service mais la banque est encore ouverte. Que faites-vous ?

   e. Dans ce restaurant, on n'accepte pas les chèques. Comment payez-vous ?

GRAMMAIRE

Les subordonnées de condition introduites par *si* (1)

si + présent dans la subordonnée – présent ou futur dans la principale
Si tu as une carte Visa, tu peux (pourras) retirer de l'argent partout dans le monde.

si + passé composé dans la subordonnée – présent ou futur dans la principale
Si vous n'avez pas ouvert de compte, vous ne pouvez (pourrez) pas retirer de l'argent.
Attention : pas de futur après si !

• **Reliez les deux colonnes.**

   a. Si vous n'avez pas de carte de crédit

   b. Si la banque est fermée cet après-midi

   c. Si vous ne respectez pas les formalités

   d. Si je m'installe en Belgique

   e. Si vous retirez de l'argent du distributeur

   1. j'ouvrirai un compte à la Brussels Bank.

   2. il faut composer un code confidentiel.

   3. vous ne pourrez pas payer l'addition.

   4. vous aurez des difficultés à la frontière.

   5. il faudra revenir demain.

MANIÈRES DE DIRE

Conseiller de faire
Si je peux vous donner un conseil,...
Je vous conseille/suggère/recommande de...
À votre place, je prendrais...
Il vaudrait mieux prendre...

Dire de faire
Appelez la banque !
Il faut appeler la banque !
Il est urgent de téléphoner à la banque.
Vous devez téléphoner à la banque.
Il est impératif de téléphoner à la banque.

Mettre en garde
Soyez prudent !
Attention, ne notez pas votre code !
Il est prudent de ne pas noter son code.
Il ne faut pas noter votre code !
Vous feriez mieux de ne pas noter votre code.
Il vaut mieux ne donner le code à personne.

🎧 ● Écoutez le document oral et complétez les phrases en utilisant « si » et des expressions pour conseiller, mettre en garde ou dire de faire.

a. Si vous avez perdu votre carte bancaire, ... à la police.

b. ... opposition le plus vite possible.

c. ..., les sommes dépensées seront remboursées.

d. ..., les sommes dépensées seront à votre charge.

e. Si on vous vole votre carte aux heures d'ouverture des banques, ... votre agence.

f. ... au 37 38.

g. Attention, après avoir fait opposition, ... une déclaration à la police.

GRAMMAIRE

La construction des verbes

Sans préposition
Tapez le code.
J'ai une carte bancaire.
J'ai dépensé 3 000 €.
Vous devez téléphoner.

Avec une préposition
Il bénéficie de tarifs réduits.
Il s'inquiète du prix de la carte.
Il téléphone à son bureau.
Il a droit à des réductions.
Il demande 20 € à Herbert.

Avec deux prépositions
Il demande à l'employé de venir.
Il propose à Ali de partir.
Il conseille à Selma d'ouvrir
un compte.
Il dit à son assistant de répondre.

● Complétez le texte avec des prépositions si nécessaire.

Pedro et Inès veulent ouvrir ... un compte en banque. Ils demandent ... son avis ... un collègue qui leur conseille ... la Brussels Bank. Dans cette banque, les diplomates bénéficient ... nombreux avantages et ont droit ... des réductions sur un certain nombre de services. Pedro téléphone ... la banque et on lui dit ... s'adresser ... M. Vanderlude. Celui-ci s'informe ... leurs besoins et propose ... ses nouveaux clients ... ouvrir un compte joint.

À vous !

● Vous venez de prendre vos fonctions à l'OTAN. Vous voulez ouvrir un compte en banque, demander une carte bancaire, etc. Un collègue vous conseille la banque Brussels Bank et vous suggère de choisir la carte bancaire Visa Premier. Jouez la scène à deux.

Votre collègue doit justifier ses conseils : Pourquoi la Brussels Bank ? Pourquoi la carte Visa Premier ? Utilisez les informations données dans le document page 113.

❸ QU'EST-CE QUI NE VA PAS ? 🎧

Dans le cabinet du Docteur Katz, médecin généraliste à Francfort.

MÉDECIN : Bonjour Madame Dormeuil. Asseyez-vous... Vous êtes française ?

PATIENTE : Non, je suis belge. Je viens d'arriver. Mon mari travaille à la BCE. Vous parlez bien français.

MÉDECIN : C'est exact, ma mère est luxembourgeoise... Alors qu'est-ce qui ne va pas ?

PATIENTE : Oh rien de grave ! Ce week-end, j'ai pris froid. Nous étions dans la Forêt noire et l'hôtel où nous étions logés n'était pas chauffé.

MÉDECIN : Qu'est-ce que vous ressentez ? Vous avez mal à la gorge ? Vous toussez ?

PATIENTE : Oui. Je tousse beaucoup et j'ai très très mal à la gorge. En plus, j'ai mal à la tête.

MÉDECIN : Vous avez pris votre température, vous avez de la fièvre ?

PATIENTE : Non. Enfin, 37°5.

MÉDECIN : Ce n'est pas bien méchant. Je vais vous examiner. Installez-vous ici. Bien... Inspirez… expirez… Merci... Encore... Une dernière fois... Voilà, c'est terminé. Bon, alors c'est bien un gros rhume mais ça pourrait devenir plus sérieux. Je vais quand même vous prescrire des médicaments.

PATIENTE : Vous savez, je suis venue vous voir parce que je préfère éviter les complications.

MÉDECIN : Vous avez tout à fait raison. Voici votre ordonnance. Prenez ces médicaments pendant quatre ou cinq jours et ça devrait passer. Pour votre assurance maladie, vous avez la carte européenne, n'est-ce pas ?

LA CARTE EUROPÉENNE D'ASSURANCE MALADIE

Vous envisagez un séjour en Europe ? Avant votre départ, pensez à vous procurer la carte européenne d'assurance maladie.

La carte européenne d'assurance maladie est une carte individuelle et nominative qui est gratuite et valable un an.

✓ **Comment obtenir la carte européenne d'assurance maladie ?**

La carte européenne d'assurance maladie, qui n'est pas délivrée de façon automatique, peut être obtenue sur demande auprès de votre caisse d'assurance maladie.

✓ **Quelles informations contient la carte européenne d'assurance maladie ?**

– Nom, prénom, date de naissance et numéro de sécurité sociale du titulaire de la carte.
– Numéro et date d'expiration de la carte.
– Code du pays d'origine.
– Numéro d'identification de l'institution d'assurance maladie.

✓ **Dans quels pays pouvez-vous utiliser la carte européenne d'assurance maladie ?**

La carte européenne d'assurance maladie, que vous pouvez utiliser dans tous les États membres de l'Union européenne, est également valable en Islande, au Liechtenstein, en Norvège et en Suisse.

 1. Répondez aux questions.

    a. Qu'est-ce que Madame Dormeuil a fait le week-end dernier ?

    b. Pourquoi a-t-elle attrapé un rhume ?

    c. Qu'est-ce qu'elle ressent ?

    d. Que fait le médecin ?

    e. Madame Dormeuil a-t-elle de la fièvre ?

    f. Pourquoi trouve-t-elle plus prudent d'aller chez le médecin ?

2. Retrouvez dans le document l'équivalent des phrases suivantes.

    a. La carte européenne d'assurance maladie est valable dans toute l'Union européenne.

    b. Il ne faut pas payer pour obtenir cette carte.

    c. La caisse d'assurance maladie n'envoie pas systématiquement la carte européenne à tous les assurés.

VOCABULAIRE

Les parties du corps

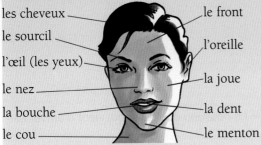

les cheveux
le sourcil
l'œil (les yeux)
le nez
la bouche
le cou
le front
l'oreille
la joue
la dent
le menton

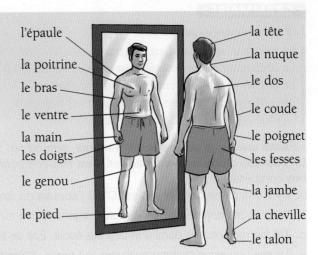

l'épaule
la poitrine
le bras
le ventre
la main
les doigts
le genou
le pied
la tête
la nuque
le dos
le coude
le poignet
les fesses
la jambe
la cheville
le talon

Les maladies/les problèmes de santé

un rhume
une grippe
une angine
tousser, éternuer
des maux de tête/une migraine
des douleurs d'estomac
vomir
une rage de dent
un malaise
une allergie
une fracture du bras/de la jambe
le/du diabète
un cancer
des problèmes cardiaques
un infarctus
de l'hypertension
une dépression nerveuse

Que faire ?

Aller chez le médecin
Appeler/faire venir le médecin
Prendre rendez-vous chez le dentiste
Aller aux urgences
Être hospitalisé
Entrer en clinique

● **Quels problèmes de santé ont les personnes suivantes ?**

a. Miguel a 17.5 de tension.

b. À cause d'un choc psychologique, Benita a de gros problèmes.

c. Sergio a mal à la gorge.

d. Si elle touche un chat, Annetta se met aussitôt à éternuer.

e. Gordon est tombé sur son bras en faisant du ski.

f. Armin ne doit pas manger de sucre.

GRAMMAIRE

Exprimer la cause

Avec des phrases complètes

Puisque tu es si fatigué, va donc te coucher !
Comme Mateo était pressé, il a pris un taxi.
Miroslav n'est pas venu travailler car il ne se sentait pas bien.
Je vais chez le médecin parce que je suis malade.

Avec des expressions

J'ai de la fièvre. C'est pourquoi je rentre à la maison.
Je n'aime pas la montagne à cause de la neige.
À la suite d'une crise cardiaque, il a été hospitalisé.
En raison du mauvais temps, le Thalys avait du retard.

● **Complétez avec la forme qui convient. Plusieurs solutions sont parfois possibles.**

a. Il a appelé les urgences … un problème cardiaque.

b. Il est rentré chez lui … il ne se sentait pas très bien.

c. … il a du diabète, il ne doit pas manger beaucoup de sucre.

d. Il a dû arrêter de travailler … un grave accident de voiture.

e. Mon collègue est en congé de maladie. … je dois aller à Bruxelles à sa place.

f. … un problème sur la route, le médecin est arrivé très tard.

GRAMMAIRE

Les subordonnées relatives

Le monsieur qui attend est américain.
La conférence qui m'intéresse est celle de l'après-midi.
Le dossier que tu cherches est dans le coffre.
La collègue que tu viens de rencontrer est espagnole.
La salle où a lieu la réunion est encore fermée.

• **Faites une seule phrase en utilisant** *qui, que* **ou** *où*.
Un nouveau conseiller vient d'arriver. Il est très compétent. → *Le nouveau conseiller qui vient d'arriver est très compétent*

a. Il y a une dame dans la voiture. C'est l'épouse du directeur.

b. Nous avons amené un collègue aux urgences. Il a eu un malaise en réunion.

c. J'ai fait mes études dans une Grande école. Elle se trouve maintenant à Strasbourg.

d. Il y avait un jeune homme avec moi, ce matin. C'était un stagiaire.

MANIÈRES DE DIRE

Demander à quelqu'un comment il va	Dire à quelqu'un comment on va
Comment allez-vous ?	Je vais très bien, merci ! Et vous-même ? Pas très bien en ce moment. Je suis très fatigué.
Où avez-vous mal ?	J'ai mal aux dents. J'ai des douleurs dans les épaules.
Vous prenez des médicaments ?	Non, je n'en prends pas. Je bois du thé bien chaud. Oui, je prends de l'aspirine trois fois pas jour.
Vous allez mieux ?	Un peu mieux, oui. Je vais beaucoup mieux. Je suis guéri.
Vous voulez voir un médecin ?	Pour l'instant, c'est inutile. On verra demain. Oui, je crois. Appelez le Docteur Rieux.
Qu'est-ce que le médecin vous a dit ?	Je dois consulter un spécialiste. Il faut faire des analyses.

• **À partir des « Manières de dire », trouvez les questions aux réponses suivantes.**

a. J'ai très mal à la tête.　　　b. Je dois rester couché.

c. Je prends des antibiotiques.　　　d. Non, j'ai l'impression d'aller de plus en plus mal.

e. Oui. Je suis inquiet. J'aimerais consulter un spécialiste.

À vous !

• Votre collègue a l'impression que vous n'allez pas bien. Il vous demande ce que vous ressentez. Il vous conseille de voir un médecin. Jouez la scène avec votre voisin/voisine.

En situation

• Des amis parlent de leurs expériences à l'étranger. Jouez la scène à plusieurs.
L'un d'eux raconte un voyage de tourisme. Un autre parle de son séjour dans un pays étranger.

Un autre raconte les problèmes administratifs qu'il a rencontrés. Quelqu'un a eu un problème de santé et a dû être rapatrié. Quelqu'un a perdu sa carte bancaire à l'autre bout du monde. Etc.

Au cours de ces conversations, il faut : poser des questions, donner son avis, donner des conseils, mettre en garde contre certains problèmes…

MANIÈRES DE S'INSTALLER
Quand tout est différent...

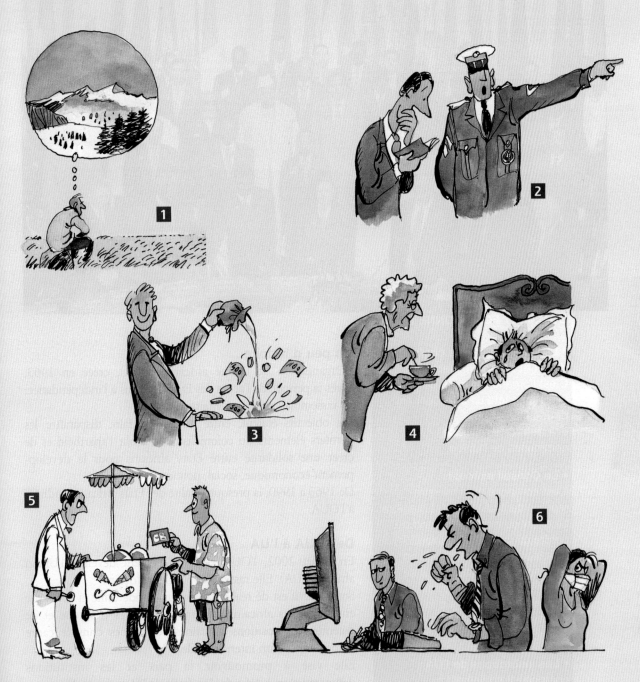

1. S'expatrier, ça provoque forcément le mal du pays.
2. S'adapter à un autre lieu, c'est aussi apprendre la langue qu'on y parle.
3. Rien ne vaut l'argent liquide !
4. Dans la plupart des cas, il est parfaitement inutile de prendre des antibiotiques !
5. Payer des sommes de 15 à 20 euros par carte bancaire est tout à fait normal.
6. Quand on est malade, il vaut mieux rester à la maison. Il ne faut pas transmettre ses microbes à ses collègues !

Et chez vous, c'est comment ?

*i*nfos

L'UNION AFRICAINE

COMMENT FONCTIONNE L'UA ?

• La Conférence des chefs d'État et de gouvernement
C'est l'organe suprême de l'Union. Elle a à sa tête un président élu pour un an.
Elle définit les politiques communes de l'Union.

• Le Conseil exécutif
Il est composé d'un ministre représentant chaque État membre. Le choix du ministre dépend de l'ordre du jour de la réunion. Il se réunit deux fois par an en session ordinaire mais peut se réunir en session extraordinaire. Il prend des décisions d'intérêt commun et assure la coordination des actions.

• Les institutions de l'UA
comportent également :
– un comité des représentants permanents ;
– des comités techniques spécialisés ;
– un Conseil économique, social et culturel ;
– un Conseil de paix et sécurité ;
– une Cour de justice.

Un peu d'histoire...

L'Organisation de l'Unité africaine (OUA), créée en 1963, après la période de l'accès des États africains à l'indépendance, ne rassemblait qu'une trentaine d'États.

Ses objectifs étaient, entre autres, de faire disparaître les derniers éléments du colonialisme, d'abolir l'apartheid et de créer une solidarité entre États africains pour le développement économique, social, politique.

De 1963 à 1990, la presque totalité des États africains a adhéré à l'OUA.

De l'OUA à l'UA

En juillet 2002, l'OUA est officiellement devenue l'Union africaine (UA). Elle rassemble 53 États africains.

Son objectif est de réaliser une plus grande unité et solidarité entre les pays africains et entre les peuples d'Afrique et de défendre les positions africaines communes dans le cadre d'une coopération internationale.

Elle vise à promouvoir la paix et les institutions démocratiques, à défendre les droits de l'Homme en Afrique...
Sur le plan économique et social, elle a aussi des objectifs très précis : relever le niveau de vie des peuples, favoriser le développement durable, promouvoir la recherche, éliminer certaines maladies...

TV5MONDE Vous pouvez aussi consulter le journal Afrique sur site suivant : http://www.tv5.org/TV5Site/info

Testez-vous ···➔

1 Compréhension orale 🎧

• Écoutez le document et répondez aux questions.
a. Quel est l'objectif du BIPD ?
b. Dans quel domaine le BIPD peut-il aider un diplomate et sa famille ?
c. Quels sont les délais pour les Européens ?
d. Quel autre service personnel le BIPD peut-il rendre au fonctionnaire ?
e. Dans quel domaine professionnel le BIPD peut-il aider le fonctionnaire ?
f. Où trouver toutes les informations sur les services proposés par le BIPD ?

2 Compréhension écrite

• Lisez le document et complétez le tableau.

CONSEILS AUX VOYAGEURS EN BOLIVIE

• Le ministère des Affaires étrangères ne peut être tenu pour responsable de problèmes rencontrés pendant le séjour. De plus, il faut savoir qu'aucun pays du monde n'est protégé du risque terroriste.

• Le visa n'est pas exigé pour les ressortissants de l'UE qui séjournent moins de 90 jours en Bolivie. Les personnes munies de passeports de service et diplomatiques doivent solliciter un visa à l'Ambassade de Bolivie de leur pays d'origine.

• Il n'y a pas de risque sanitaire particulier mais une partie du pays se situe à environ 3 000 mètres d'altitude. Votre organisme doit s'accoutumer à l'altitude. Évitez les efforts physiques pendant les premiers jours.

• Le coca est une plante traditionnelle en Bolivie. Elle est en vente libre mais il est recommandé de ne pas quitter le pays en transportant des feuilles de coca ou des produits dérivés.

Formalités pour un séjour de 90 jours maximum	...
Formalités pour les séjours diplomatiques	...
Risques sanitaires et recommandation	...
Autre risque et recommandation	...

3 Maîtrise des structures de la langue

• Complétez le texte suivant avec les mots qui conviennent : *que – que – si – aux – comme – de – de – en raison de*.

Le porte-parole du Conseil européen :

« Mesdames et Messieurs, ... la réunion prévue aujourd'hui n'a pas pu avoir lieu, c'est uniquement ... l'actualité internationale. Le président a demandé ... chefs de gouvernement ... reporter la réunion. Il veut éviter une influence des événements .... nous vivons actuellement sur les décisions ... doivent prendre les participants. ... ces décisions sont importantes, il est nécessaire d'en débattre en toute sérénité. Mesdames et Messieurs, je vous remercie ... votre attention. »

4 Expression écrite

• Vous êtes journaliste. Vous avez fait une enquête sur les motivations des fonctionnaires de votre pays qui demandent un poste à l'étranger. Vous écrivez un bref article dans lequel vous présentez les résultats de votre enquête.

5 Expression orale

• Vous travaillez au consulat de votre pays en France. Vous recevez un couple français qui souhaite faire un voyage dans votre pays. Vous leur donnez des renseignements. Jouez la scène à trois.

Où aller ? Que choisir ?

1 BONNES VACANCES !

ANTOINE DENIAUD : Bonjour ! Vous avez vu le temps qu'il fait ? De la pluie, du vent et, en plus, il fait froid ! J'en ai vraiment assez ! Si je pouvais, je partirais au soleil.

CLAUDE BILTGEN : C'est justement pour ça que je viens vous voir. J'aimerais partir en vacances. Pourriez-vous m'accorder un congé ?

ANTOINE DENIAUD : Ça dépend, vous voulez partir combien de jours ?

CLAUDE BILTGEN : Une semaine, du 27 mai au 5 juin. Ça fait 5 jours. Le lundi de la Pentecôte est un jour férié. Il me restait 15 jours de congés, j'aurais donc encore 10 jours à prendre.

ANTOINE DENIAUD : Pas de problème, vous pouvez partir. Vous allez où ?

CLAUDE BILTGEN : Si j'avais les moyens, j'irais aux Seychelles. Mais c'est hors de prix. Alors, j'hésite entre la Martinique et la Réunion.

ANTOINE DENIAUD : Si j'étais vous, j'irais en Martinique. Le climat est très agréable, les plages sont superbes et la végétation est vraiment exceptionnelle…

DEMANDE DE CONGÉS

Demande ☐ de congé statutaire
☐ de congé de récupération
☐ d'autorisation d'absence

NOM : *Deniaud*
PRÉNOM : *Antoine*
Congé du _____ au _____

Nombre de jours ouvrés : ☐

■ SOLDE DE JOURS DE CONGÉS
à la présente demande : ☐

■ NOUVEAU SOLDE : ☐

Visa du supérieur hiérarchique

Date
Signature

---

1. Écoutez le dialogue entre un fonctionnaire et son chef de service et cochez la bonne réponse.

1. Le fonctionnaire
   a. ☐ organise un colloque à la Réunion.
   b. ☐ veut partir en congés en Martinique ou à la Réunion.
   c. ☐ veut aller travailler aux Seychelles.

2. Le chef de service
   a. ☐ refuse la demande de congés.
   b. ☐ part en Martinique avec son collaborateur.
   c. ☐ accepte la demande de congés.

2. Écoutez encore une fois le dialogue et complétez le formulaire ci-contre.

VOCABULAIRE

Les congés

Des noms	Des verbes
un congé de maladie/parental/sabbatique	demander un congé/poser ses congés
un congé statutaire	accorder ≠ refuser un congé
une autorisation d'absence	prendre des congés
un jour ouvré/ouvrable	faire le pont
un jour chômé/férié	
un pont	

- **Interrogez votre voisin/voisine sur ses congés :** nombre de jours de congés dans l'année, en été et en hiver, nombre de semaines pour un congé parental…
  Utilisez les expressions : *vous avez droit à…, vous prenez combien de… ?*

MANIÈRES DE DIRE

Demander un congé

Est-ce que je peux prendre quelques jours de congés ?

Pourriez-vous m'accorder un congé ?

Est-ce que vous m'autorisez à prendre quelques jours ?

Accorder un congé

Vous pouvez partir.

Votre demande de congés est acceptée.

Vous avez l'autorisation de prendre trois jours.

Je vous accorde un congé de deux semaines.

Refuser un congé

Nous ne pouvons pas accepter votre demande.

Votre demande de congés est refusée.

Vous n'avez pas l'autorisation de partir.

• **Lisez le courriel suivant et rédigez la demande de congés de Paulo Ferreira, datée du 22 mai.**

De :	Laure Bessoudoux <laure.bessoudoux@oecd.org>
A :	Paulo Ferreira <paulo.ferreira@oecd.org>
CC :	Maarten Van der Vaart <maarten.vandervaart @oecd.org>
Date :	2 juin 2006 11 : 02
Objet :	votre demande de congés du 22 mai

Monsieur,

Nous ne pouvons malheureusement pas accepter votre demande de congés du 22 mai. La semaine du 10 au 23 juin, deux de vos collègues sont en mission. Nous vous demandons de bien vouloir prendre ces 5 jours en été. Attention : il ne vous reste pas 15, mais 10 jours à prendre !

Merci de votre compréhension.

Meilleures salutations,

Laure Bessoudoux

GRAMMAIRE

Les subordonnées de condition introduites par *si* (2)

si + imparfait dans la subordonnée + conditionnel présent dans la principale

Si j'avais les moyens, j'irais aux Seychelles.

Si j'étais dans mon pays, je verrais ma famille plus souvent.

Si je pouvais, je partirais en congés.

• **Répondez librement aux questions suivantes.**

a. Si vous aviez 10 semaines de congés, que feriez-vous ?

b. Si on vous proposait un (autre) poste à l'étranger, quel pays demanderiez-vous ?

c. Si vous pouviez prendre un congé sabbatique d'un an, que feriez-vous ?

d. Si vous aviez soudain de la fièvre au bureau, que feriez-vous ?

PHONÉTIQUE

 1. **Écoutez et soulignez les mots dans lesquels vous entendez le son [s].**

a. Les Slovaques sont en mission.

b. Les Français ont reçu votre information.

c. Sa profession semble intéressante.

d. Il travaille au service des conférences.

 2. **Le son [z]. Écoutez et répétez.**

Mademoiselle – voisine – visite – proposer

Parler du climat, du temps qu'il fait

Que dit la météo ?/Quel temps fait-il ?
Il fait beau. ≠ Il fait mauvais.
Il fait doux. ≠ Il fait frais.
Il fait chaud. ≠ Il fait froid.
Il fait sec. ≠ Il fait humide.
Il y a de la pluie./Il pleut.
Il y a de la neige./Il neige.
Il y a du gel./Il gèle.

Il y a des nuages./Le ciel est nuageux.
Il y a un orage./Le temps est orageux.
Il y a du brouillard.
Il y a du vent.
Il y a du soleil./Le temps est ensoleillé.
Il y a une éclaircie.
Il fait quelle température ?
Il fait 15 (degrés)/moins 15 (degrés).

- Vous devez partir en mission. Appelez le collègue qui se trouve en poste dans la capitale du pays où vous allez et demandez-lui quel temps il fait. Dites-lui quel temps il fait chez vous.

GRAMMAIRE

Les formes impersonnelles

Il est + adjectif	Il est impossible de partir maintenant.
Il est + adverbe	Il est trop tôt pour prendre une décision.
Il fait + adjectif	Il fait doux.
Il + verbe	Il pleut.
Il faut + nom	Il faut un formulaire de demande de congés.
Il faut + verbe	Il faut prendre les mesures nécessaires.
Il y a	Il y a de beaux hôtels à la Réunion.

- Complétez les phrases suivantes avec les formes impersonnelles qui conviennent.

a. ... beaucoup de collègues qui partent au mois d'août ... donc absolument recruter des stagiaires !

b. ... tard et ... froid. ... un hôtel pas très loin. Allons-y !

c. ... partir à l'île Maurice avant le mois de juin. En décembre, ... trop chaud.

d. Pour pouvoir être diplomate, ... des diplômes universitaires.

VOCABULAIRE

Parler d'une destination touristique

un climat agréable
un paysage magnifique, des sites exceptionnels
la mer, une plage, une rivière, une montagne
un site archéologique, un monument, un musée
une offre culturelle riche et variée
un spectacle, un concert, un festival de théâtre/
de danse/ de musique, une exposition

une cuisine traditionnelle/épicée/exotique
une infrastructure hôtelière développée
un hôtel de luxe/standard, une pension,
une chambre chez l'habitant, un camping

- Choisissez une destination touristique et écrivez une carte postale à vos collègues. N'oubliez pas de parler du temps qu'il fait !

À vous !

- Vous vous rendez chez votre chef de service pour poser vos congés.
Vous faites votre demande (motif, période, nombre de jours ouvrés...).
Votre chef de service n'est pas d'accord et donne les motifs de son refus.

VOTRE DEMANDE
- Vous avez droit à 30 jours de congés annuels.
- Vous avez déjà pris 10 jours.
- Vous voulez partir du 1er au 14 mai.

L'AVIS DE VOTRE CHEF DE SERVICE
- Il y a trop de travail à cette période.
- Un collègue est en congé de longue maladie.
- Vous êtes trop souvent absent(e).

Vous trouvez finalement un accord et vous parlez ensemble de vos vacances.
Jouez la scène avec votre voisin/voisine.

② LOCATION DE VOITURE POUR DIPLOMATES

EMPLOYÉE : Société SVAOI, bonjour !

A. LIEBMANN : Allô ? Bonjour. Alexander Liebmann à l'appareil. C'est un ami diplomate qui m'a conseillé de vous contacter. Je dois partir du 24 au 28 juillet avec quatre collègues en mission à Bruxelles et j'aimerais réserver une voiture à partir de Strasbourg. Qu'est-ce que je dois faire ?

EMPLOYÉE : Il faut que vous remplissiez notre formulaire en ligne et que vous nous le fassiez parvenir d'ici une semaine.

A. LIEBMANN : Est-ce qu'il faut que je paye tout de suite ?

EMPLOYÉE : Oui, s'il vous plaît. Vous pouvez le faire par Internet.

A. LIEBMANN : Il y aura un conducteur supplémentaire. Faut-il qu'il ait un passeport diplomatique ?

EMPLOYÉE : Non. Un permis de conduire en cours de validité suffira.

| Français ▾ | → Accueil | → aide | → plan du site | → contact |

SVAOI
SERVICE VOITURE DES AMBASSADES ET ORGANISATIONS INTERNATIONALES

Vous êtes expatrié, agent diplomatique ou membre d'une organisation internationale ?
Louez un véhicule toutes catégories, avec ou sans chauffeur, à des conditions avantageuses.

NOS FORMULES LOCATION
Assistance 7/7 jours, 24/24 heures dans 26 pays d'Europe !

▶ **FORMULE SÉJOUR COURT**
Jusqu'à 14 jours
Kilométrage illimité
Assurance tous risques sans franchise à partir de 7 jours
Véhicule fourni avec le plein de carburant

▶ **FORMULE MOYEN SÉJOUR**
De 15 à 90 jours
3 500 km par mois
Assurance tous risques avec franchise
Possibilité de restitution du véhicule à chaque fin de mois

▶ **FORMULE ACHAT TEMPORAIRE HT**
Entre 100 jours et 6 mois
Kilométrage illimité
Assurance tous risques sans franchise
Livraison gratuite en France

NOS VÉHICULES DU MOIS

Catégorie A	Catégorie B	Catégorie C
Toyota Yaris	**Renault Mégane**	**VW minibus**
3 portes	5 portes	5 portes
4 passagers	5 passagers	9 passagers
	Climatisation	Climatisation

Conseils de sécurité
• Respectez les limitations de vitesse.
• Ne laissez rien dans le véhicule.
• Ne vous arrêtez pas dans un endroit isolé.
• En cas de problème (vol, perte, accident…), appelez la police, un interprète, votre ambassade.

---

1. **Lisez le document ci-dessus et cochez la bonne réponse.**

   1. Ce document s'adresse à
      a. ☐ des étudiants.
      b. ☐ des hommes d'affaires.
      c. ☐ des diplomates.

   2. La société SVAOI
      a. ☐ vend des contrats d'assurance.
      b. ☐ loue des voitures.
      c. ☐ offre des séjours touristiques.

   3. Dans la formule séjour court,
      a. ☐ le carburant est compris dans le prix.
      b. ☐ l'assurance n'est pas comprise dans le prix.
      c. ☐ le nombre de kilomètres par mois est limité.

 2. **Écoutez le dialogue et complétez le formulaire de demande de location d'Alexander Liebmann (p. 126). Prenez en compte les informations qui figurent sur le site de la société SVAOI.**

Français

SVAOI
SERVICE VOITURE DES AMBASSADES ET ORGANISATIONS INTERNATIONALES

NOM : [_____]   PRÉNOM : [_____]

Conducteur supplémentaire :
☐ Oui   ☐ Non

Nature du passeport : ☐ diplomatique   ☐ de service   ☐ ordinaire

Agence de départ : [_____]   Agence de retour : [_____]

▶ FORMULE : ☐ séjour court   ☐ moyen séjour   ☐ achat temporaire

Départ le :
[_____]

Type de véhicule	Catégorie	Équipements	Nombre de portes
☐ de tourisme	☐ A	☐ climatisation	☐ trois
☐ utilitaire	☐ B	☐ siège bébé	☐ cinq
	☐ C	☐ autre [_____]	

Retour le :
[_____]

VOCABULAIRE

La location de véhicules

un agent de location de véhicules
un conducteur, un chauffeur
un passager

une voiture/une auto
un véhicule neuf/d'occasion
louer/acheter/conduire un véhicule

la climatisation
un siège bébé

le plein de carburant/d'essence/de super
un kilométrage illimité

une assistance 7/7 jours et 24/24 h
une assurance tous risques avec/sans franchise

le prix/montant de la location
un prix hors taxes (HT)/toutes taxes comprises (TTC)

un permis de conduire en cours de validité
une carte grise

Louer une … en Côte-d'Ivoire n'est pas très courant. On utilise des bus, des taxis et des minibus appelés « Gbaka ». Toutefois, pour les touristes, … et hommes d'affaires, il existe des … à Abidjan qui proposent toutes les … .

CONDITIONS GÉNÉRALES DE LOCATION :
– … datant de plus d'un an ;
– Carte d'identité ou … en cours de validité ;
– Pré-paiement du … ;
– … à la charge du client.

1. **Insérez dans le texte du guide de voyages ci-contre les mots suivants :** *carburant, agences de location, permis de conduire, voiture, passeport, catégories de véhicules, montant de la location, diplomates.*

2. **Décrivez le dernier véhicule que vous avez loué (type de véhicule, équipements, services proposés, conditions de location, tarifs, etc.).**

GRAMMAIRE

La mise en relief

Pour insister sur un élément de la phrase

J'aimerais louer une voiture de tourisme.
C'est une voiture de tourisme que j'aimerais louer.

Les agences proposent de meilleurs tarifs que les hôtels.
Ce sont les agences qui proposent les meilleurs tarifs.

J'ai passé mon permis de conduire à New York.
C'est à New York que j'ai passé mon permis de conduire.

• **Répondez aux questions selon le modèle suivant.**
Vous partez à Berlin ou à Munich ? → C'est à Berlin que je pars.

a. Qui doit signer le contrat de location, le conducteur ou un des passagers ?

b. Qu'est-ce que je dois payer en plus, le carburant ou la climatisation ?

c. Où devons-nous laisser la voiture, sur le parking de l'agence ou sur le parking de l'aéroport ?

d. Qui peut louer une voiture chez SVAOI, les diplomates ou les hommes d'affaires ?

MANIÈRES DE DIRE

Louer un véhicule

Interroger le client sur sa demande de location

Vous voulez louer un véhicule pour combien
de jours/quelle période/combien de personnes ?
Quelle catégorie de véhicule/quels équipements
spéciaux souhaitez-vous avoir ?

Se renseigner sur les conditions de location

Quel est le prix de la location ?
Le carburant est-il compris dans le prix ?
Quel type d'assurance proposez-vous ?
Faut-il payer dès la réservation ?
Vous proposez des forfaits/des remises ?

1. **Trouvez les questions qui correspondent aux informations suivantes.**
   Assurance tous risques → *Quel type d'assurance proposez-vous ?*

   a. Climatisation   b. Catégorie C

   c. Véhicule fourni avec le plein de carburant   d. Paiement à la réservation

2. **Vous vous intéressez à la formule « Séjour court » de la société SVAOI. Téléphonez pour avoir les informations qui ne figurent pas sur le site (type de permis, conducteur supplémentaire, tarif...).**

GRAMMAIRE

Le subjonctif (1)

Il faut que nous **parlions** au conducteur.
Il faut qu'elle **finisse** de remplir le formulaire.
Il faut que tu **sois** au comptoir de l'agence avant 14 h.
Il faut que vous **ayez** un passeport en cours de validité.
Il faut que je **sache** si la sécurité des passagers est garantie.

Parler
Que je parle
Que tu parles
Qu'il/elle/on parle
Que nous parlions
Que vous parliez
Qu'ils/elles parlent

Finir   finisse, finisses, finisse, finissions, finissiez, finissent
Connaître connaisse, connaisses, connaisse, connaissions, connaissiez, connaissent
Être   sois, sois, soit, soyons, soyez, soient
Avoir   aie, aies, ait, ayons, ayez, aient
Aller   aille, ailles, aille, allions, alliez, aillent
Faire   fasse, fasses, fasse, fassions, fassiez, fassent

• **Vous travaillez au ministère des Affaires étrangères de votre pays. À partir des informations ci-contre, donnez des conseils de sécurité à une personne qui se rend en voiture de location dans un pays étranger peu sûr. Utilisez l'expression il faut + subjonctif.**

Si vous voyagez avec une voiture de location, il faut que vous soyez particulièrement prudent...

MINISTÈRE DES AFFAIRES ÉTRANGÈRES

Conseils aux voyageurs

Pour les personnes qui voyagent avec une voiture de location, être particulièrement prudent. Éviter de conduire la nuit et de s'arrêter dans un endroit isolé. Si l'on doit stationner sur un parking, ne pas laisser le véhicule sans surveillance. La nuit, garer la voiture dans un parking gardé ou fermé. Ne pas oublier de documents officiels à l'intérieur du véhicule. Pour tout vol ou perte, faire une déclaration à la police, puis s'adresser à l'ambassade de son pays. En cas d'accident de la route, contacter votre ambassade ou un interprète local et appeler immédiatement la police.

À vous !

• **Vous travaillez dans une organisation internationale. Vous devez partir en mission pour 6 semaines à Madagascar avec 4 collègues et vous souhaitez louer un véhicule.**

Discutez entre vous de quel type de véhicule vous aurez besoin.
Consultez le site de la société SVAOI et choisissez la formule qui convient.
Appelez la société et demandez comment vous devez procéder.
Demandez des informations qui ne figurent pas sur le site.
Remplissez un formulaire de demande de location en ligne.

3 C'EST POUR OFFRIR ? 🎧

NINA PEREZ	: Bonjour, j'aimerais essayer le pantalon que vous avez en vitrine.
LE VENDEUR	: Lequel, le noir ou le bleu ?
NINA PEREZ	: Le noir.
LE VENDEUR	: Vous faites quelle taille ?
NINA PEREZ	: Du 40. J'aimerais aussi essayer un pull blanc en coton avec un col en V. [...]
LE VENDEUR	: Alors, la taille, elle vous convient ?
NINA PEREZ	: Le pull ça va, mais le pantalon est un peu large. Vous auriez une ceinture ?

LUC SEGAL	: Bonjour. Je cherche un sac de voyage en cuir naturel. Pas trop grand.
LA VENDEUSE	: Nous avons ce modèle en solde ou celui-ci pour lequel il faut compter un peu plus. C'est une grande marque.
LUC SEGAL	: Pour moi, la marque n'a pas d'importance. Je prends le modèle qui est en solde.

LE VENDEUR	: Le pantalon fait 120 euros, le pull-over 80 et la ceinture 110. Ça vous fait en tout 310 euros. Vous payez comment, Madame ?
NINA PEREZ	: Par carte bancaire. J'aimerais récupérer la TVA. Vous avez un formulaire pour la douane ?

UNE VOIX	: Les passagers Perez et Segal à destination de Mexico sont priés de se présenter de toute urgence à la porte d'embarquement B 55 !

LUC SEGAL	: Ma parole, Nina, vous avez acheté toute la boutique !

AÉROPORT INTERNATIONAL

Faites vos achats en toute tranquillité dans une atmosphère agréable !

Profitez de nos prix
Tax Free et Travel Value !

NOTRE ESPACE *BOUTIQUES*

- ■ Maroquinerie et bagagerie
- ■ Parfums, cosmétiques
- ■ Presse, librairie
- ■ Produits régionaux, souvenirs
- Alcool, tabac
- Bijouterie, horlogerie
- ■ Gastronomie, confiserie
- ■ Maison, décoration
- ■ Prêt-à-porter

🎧 **1. Observez le document, écoutez le dialogue et cochez la bonne réponse.**

1. La scène se passe
   - a. ☐ dans la rue.
   - b. ☐ dans un supermarché.
   - c. ☐ dans un aéroport.

2. Les deux personnes
   - a. ☐ font des achats.
   - b. ☐ vendent des vêtements.
   - c. ☐ achètent une boutique.

🎧 **2. Écoutez le dialogue et dites quelles informations du formulaire ci-dessous sont vraies et lesquelles sont fausses.**

DIRECTION GÉNÉRALE DES DOUANES ET DES DROITS DIRECTS					
BORDEREAU DE VENTE À L'EXPORTATION de marchandises livrées à un voyageur résidant hors de l'Union européenne				**CADRE RÉSERVÉ À LA DOUANE** Visa douanier	
VENDEUR (Raison sociale)		ACHETEUR			
« Max and more » prêt-à-porter		Nom, prénom : PEREZ Nina Nationalité : mexicaine			
DÉSIGNATION DES MARCHANDISES	**TAUX TVA**	**QUANTITÉ**		**PRIX UNITAIRE**	**PRIX TOTAL TTC**
Pantalon sport	19,6 %	1		120	120
Chemisier coton	19,6 %	2		110	220
Ceinture	19,6 %	1		80	80
Sac de voyage	19,6 %	1		310	310
Prix total TTC					730
Montant de la TVA					143,08
Mode de paiement : ☒ Espèces	☐ Chèque		☐ Carte Bancaire		

VOCABULAIRE

Les magasins	Les types de magasin	Les vêtements	Les accessoires
un petit commerce	un magasin de vêtements	une chemise	un foulard
un grand magasin	un magasin de chaussures	un pantalon	une cravate
un supermarché	une bijouterie	un costume	une ceinture
un centre commercial	une parfumerie	un chemisier	des chaussures
un marché	un magasin de souvenirs	une jupe	un sac à main/
un économat	une librairie	une robe	de sport/de voyage
	un tabac	un pullover	une valise
		un manteau	
		une veste	

- **Vos habitudes d'achat. Interrogez votre voisin/voisine et discutez.**

a. Dans votre pays, où va-t-on généralement faire ses achats (petits commerces, marché, supermarché, centre commercial) ?

b. Dans votre institution/organisation, avez-vous la possibilité de faire des achats dans un économat ? Si oui, qui peut en profiter et quels en sont les avantages ?

c. Quel types de souvenirs rapportez-vous généralement des pays où vous êtes en mission/congés (produits alimentaires/artisanaux, vêtements, bijoux…) ?

MANIÈRES DE DIRE

Le vendeur/la vendeuse

Bonjour, Madame, Monsieur, je peux vous aider ?

Vous voulez voir/essayer quel modèle ?

Vous faites quelle taille/quelle pointure ?

C'est pour offrir ?

Vous payez comment ?

Le client/la cliente

Bonjour, je cherche/j'aimerais voir/essayer…

Je fais du…

C'est trop grand ≠ trop petit

Vous pouvez me faire un emballage cadeau ?

Combien coûte… ?

J'aimerais payer en espèces/par carte/par chèque.

J'aimerais récupérer la TVA.

1. Trouvez les questions du vendeur.

LE CLIENT : Bonjour, j'aimerais essayer un blouson.

LE VENDEUR : … ?

LE CLIENT : Le modèle en cuir qui est en vitrine.

LE VENDEUR : … ?

LE CLIENT : Du 44.

LE VENDEUR : … ?

LE CLIENT : C'est un peu grand, mais avec une veste en dessous ça ira.

LE VENDEUR : … ?

LE CLIENT : Par carte bancaire.

LE VENDEUR : … ?

LE CLIENT : Non, je suis ressortissant de l'Union européenne.

2. Vous êtes en mission à Genève. Vous profitez des soldes pour refaire votre garde-robe. Jouez la scène (un vendeur/une vendeuse, un client/une cliente).

GRAMMAIRE

Les pronoms interrogatifs *lequel, laquelle, lesquels, lesquelles*…

Nous avons trois nouvelles collaboratrices. → **Laquelle** avez-vous rencontrée ?

Il y a deux magasins de vêtements dans cet aéroport. → Dans **lequel** avez-vous été ?

Il y a plusieurs organisations internationales à Vienne. → Pour **lesquelles** avez-vous travaillé ?

Le directeur général a trois secrétaires. → À **laquelle** as-tu parlé ?

- **Complétez avec les pronoms interrogatifs qui conviennent.**

a. Il y a beaucoup de candidates pour ce poste. … choisiriez-vous ?

b. Nous avons deux agences de voyages ici. … vous êtes-vous adressé ?

c. Vous avez répondu à toutes les questions ? … vous ont paru les plus difficiles ?

d. Il existe beaucoup d'ONG. … travaillez-vous ?

VOCABULAIRE

Décrire un objet

Matières
en verre
en plastique
en cuir
en coton
en or
en argent

Formes
rond, ronde
ovale
carré, carrée
rectangulaire
long, longue
large

Couleurs
blanc, blanche
noir, noire
gris, grise
bleu, bleue
rouge
vert, verte
jaune
brun, brune

• Vos bagages ont été perdus. À votre arrivée à l'aéroport, vous faites une déclaration de perte. Afin de remplir le formulaire, l'employé(e) vous demande votre nom, votre adresse, etc. Vous devez donner le contenu de la valise, décrire les objets, etc. **Jouez la scène avec votre voisin/voisine.**

TYPE DE DÉCLARATION	☐ Dommage	☐ Perte	☐ Vol			
Type de bagage	Couleur	Forme, dimensions	Modèle	Date et lieu d'achat	Coût	

DESCRIPTION DU CONTENU					
Article	Couleur	Forme, dimensions	Matière	Date et lieu d'achat	Coût

Informations supplémentaires :

À vous !

• **Vous vous rendez de Bruxelles à Vienne. Après avoir enregistré vos bagages :**

a. Votre homologue viennois vous téléphone et vous prévient qu'il fait particulièrement froid en ce moment.

b. Vous profitez des soldes pour acheter deux ou trois vêtements chauds.

c. Dans le magasin, vous aidez une touriste japonaise à remplir son formulaire de vente à l'exportation.

d. En arrivant à Vienne, vous ne récupérez pas vos bagages. Expliquez à la personne responsable comment est votre valise et ce qu'il y a dedans.

Jouez les scènes avec votre voisin/voisine.

En situation

1. **En parlant avec votre collègue de vos prochains congés, vous vous rendez compte que vous voulez partir à la même période.**

   a. Vous vous arrangez avec lui pour trouver une date qui convient à tout le monde.

   b. Vous n'arrivez pas à vous arranger et vous vous rendez chez votre chef de service pour lui exposer la situation (n'oubliez pas de donner des arguments en votre faveur).

2. **En sortant du bureau, vous constatez que votre voiture de location a été fracturée et qu'on vous a volé un sac de voyage. Vous téléphonez à l'agence SVAOI et leur demandez ce qu'il faut faire.**

   a. L'agence vous demande : votre identité, le type de formule que vous avez choisie, le type de véhicule que vous avez loué (marque, couleur...), ce qui a été volé (description des objets manquants).

   b. Vous demandez à l'agence ce que vous devez faire et si le vol est couvert par l'assurance.

3. **Dans le sac de voyages, il y avait la cravate/la jupe que vous deviez porter pour aller au cocktail auquel vous êtes invité le soir même. Demandez à vos collègues dans quel magasin le plus proche vous pouvez aller pour en racheter une. Jouez la scène dans le magasin.**

130 ‹ › cent trente

OBJECTIF DIPLOMATIE

MANIÈRES DE SE DÉPLACER, DE NE RIEN FAIRE, D'ACHETER...

Vive la différence !

1. La voiture est un signe extérieur de richesse.
2. On peut négocier le prix dans n'importe quel magasin.
3. Un diplomate qui se déplace en vélo ? Ce n'est pas correct !
4. Faire ses courses au marché ? Quelle perte de temps !
5. La plupart des jours fériés sont des fêtes religieuses.
6. Tous les jours fériés se ressemblent : les traditions disparaissent peu à peu.

Et chez vous, c'est comment ?

infos

RFI, LA RADIO DU MONDE

Radio France Internationale, radio publique qui émet dans le monde entier, est financée à hauteur de 70 % par le ministère français des Affaires étrangères.

RFI, ce sont :

– 1 000 collaborateurs, dont 400 journalistes et 350 correspondants dans le monde ;

– 44 millions d'auditeurs réguliers dans le monde, surtout en Afrique (25%) ainsi qu'au Proche et au Moyen-Orient ;

– 418 heures de diffusion par semaine.

Ce que vous entendrez sur RFI

RFI est en premier lieu une chaîne d'information : journaux d'actualité et magazines, débats...

24 h/24, RFI, c'est l'information continue en français mais aussi en plusieurs langues étrangères.

Ainsi, sur RFI, vous entendrez parler :
– de l'actualité française (modérément) ;
– de l'actualité internationale (beaucoup) ;
– de l'actualité de différentes régions du monde (plusieurs fois par jour).

• Mais c'est aussi une chaîne culturelle qui est au quotidien un lieu de dialogue des cultures autour de l'actualité culturelle francophone : musique des Antilles aussi bien que cinéma africain, reportages sur les pays d'expression française, débats sur les grands thèmes de l'actualité politique, économique et culturelle.

• Et, RFI propose également du matériel d'apprentissage du français avec, notamment, plusieurs fois par jour, un journal en français facile.

Le site Internet de RFI

Vous y trouverez en particulier une importante banque de musiques du monde francophone (www. Rfimusiques.com).

Quelques titres d'émissions
→ Afrique santé
→ Accents d'Europe
→ Appels sur l'actualité
→ Citoyens du monde

RFI, le monde est chez vous...

TV5MONDE Vous pouvez aussi consulter le site suivant : http://www.tv5.org/radios

Testez-vous

1 Compréhension orale 🎧

• Écoutez le dialogue et cochez la bonne réponse.

1. Le client achète des marchandises
   a. ☐ pour 190 euros.
   b. ☐ pour 37 euros.
   c. ☐ pour 189 euros.

2. Le client travaille dans
   a. ☐ un ministère.
   b. ☐ un consulat.
   c. ☐ une organisation internationale.

3. Le client ne peut pas récupérer la TVA
   a. ☐ parce qu'il est résident de l'UE.
   b. ☐ parce que la marchandise est en solde.
   c. ☐ parce qu'il est diplomate en poste en France.

4. Le client paye
   a. ☐ par carte bancaire.
   b. ☐ en espèces.
   c. ☐ par chèque.

2 Compréhension écrite

• Un fonctionnaire travaille depuis 11 ans dans un ministère. Il a déjà pris 28 jours de congés et en redemande, au mois de juillet, dix de plus, une semaine avant la date de départ prévue. Il lui reste deux jours de congés de récupération et 12 jours de l'année dernière à consommer. Lisez le texte suivant et dites si sa demande est acceptée ou refusée. Justifiez…

ANNEXE AU CONTRAT DE SERVICE

■ CONGÉS ANNUELS

Les droits à congés payés annuels sont de 30 jours ouvrés pour les agents dont l'ancienneté est inférieure à 25 ans et de 36 jours ouvrés pour les agents dont l'ancienneté est de 25 ans et plus. Les congés sont à prendre en fonction des nécessités de service. Ils sont demandés au chef de service au minimum 15 jours avant la date du congé. Le cumul des jours de congés d'une année sur l'autre ne peut excéder 50 jours pour une année.

3 Structures de la langue

1. Faites des phrases avec « si… », expression de la condition.
   a. Je peux – je pars en congés.
   b. Il y a des soldes – elle s'achète un nouveau pantalon.

2. Complétez le texte suivant en utilisant : *il est – il faut – il y a – il.*

   Chez nous, … pleut encore un peu. Mais en France, … déjà beaucoup de soleil. Comme … impossible de prendre des congés maintenant, … espérer que l'été arrivera bientôt.

3. Donnez des conseils à quelqu'un dont on a fracturé la voiture. Utilisez l'expression : *il faut que vous …*

4 Expression écrite

• Vous avez posé vos congés depuis plus de quatre semaines. Huit jours avant votre départ, vous devez, pour des raisons personnelles, prendre trois jours de plus. Écrivez un courriel à votre chef de service pour lui expliquer la situation et faire votre demande.
Rappelez votre première demande (nombre de jours, jours restants…).
Expliquez pourquoi vous devez prendre des jours en plus.
Dites pourquoi cela ne pose pas de problème dans votre service.

5 Expression orale

• Interrogez votre collègue sur ses prochains congés :
– destination, période ;
– nombre de jours à prendre après ces congés ;
– pourquoi cette destination plutôt qu'une autre (climat, culture, cuisine…) ;
– s'il a l'habitude de louer une voiture et comment il faut faire ;
– si on peut faire des achats intéressants dans ce pays/cette ville et lesquels.

Vous avez obtenu un poste ?

 AVIS DE VACANCE DE POSTE

 **Organisation internationale de la Santé**

Numéro de la vacance : WRO/10/FT 872
Intitulé du poste : chargé de l'information et de la communication
Type de contrat : durée déterminée (deux ans)

Date de mise en ligne : 14 septembre 2006
Dernier délai pour le dépôt des candidatures : 31 octobre 2006
Unité administrative : Bureau régional de l'OIS pour l'Asie du Sud-Est

Description des fonctions
– Développer une stratégie d'information du public et une politique de communication.
– Rédiger des déclarations, des discours, des communiqués de presse pour le représentant de l'OIS.
– Superviser le contenu éditorial du site Internet du bureau de l'OIS pour l'Asie du Sud-Est.
– Former des journalistes médicaux de la presse locale.

Qualifications requises
Diplôme d'études universitaires en communication et en journalisme.
Formation en gestion.
Bonne connaissance des questions relatives à la santé publique.

Compétences
– Avoir des qualités d'écoute et de transmission claire et précise de l'information.
– Être capable de diriger une équipe.
– Favoriser la reconnaissance de l'action de l'OIS par le public.

Expérience
De 8 à 12 ans d'expérience de l'information du public et des médias.
Expérience du journalisme médical.
Connaissance des questions sanitaires relatives à l'Asie du Sud-Est souhaitée.

Langues
Anglais : à un très bon niveau.
Français et/ou néerlandais souhaité(s).
Connaissance d'au moins une langue locale appréciée.

Connaissances informatiques
Logiciels de traitement de textes et de données.
Bonne connaissance d'Internet et du langage HTLM.

---

1. **Vrai ou faux ? Justifiez votre réponse.**

	Vrai	Faux
a. L'OIS propose un poste permanent dans son agence d'Asie du Sud-est.	☐	☐
b. Les candidats doivent être des experts en communication.	☐	☐
c. Une des fonctions est : écrire et traduire des articles de presse.	☐	☐
d. Ils doivent obligatoirement connaître le français, l'anglais et le mandarin.	☐	☐
e. Une expérience professionnelle assez longue est exigée.	☐	☐

Candidat 1

Je m'appelle Rogers Starwin et je suis Irlandais. J'ai 42 ans et je travaille depuis 8 ans pour une chaîne de télévision locale. J'ai travaillé pendant 9 ans pour la presse écrite. Comme j'avais fait beaucoup de reportages sur la situation sanitaire en Afrique, je m'occupais de la rubrique santé publique.

Au départ, j'ai fait des études de journalisme à Oxford. Je parle bien français et je cherche un poste en Asie du Sud-Est, région que je ne connais pas encore et que j'aimerais découvrir.

 Candidat 2

Je suis Christian Daewere. J'ai fait des études de Médecine et de Sciences et Technologies de l'Information à l'Université libre de Bruxelles. J'ai passé trois ans au Vietnam pour l'ONG *Médecins du Monde* et j'ai travaillé 7 ans pour l'Agence Reuters comme spécialiste des problèmes de médecine tropicale. De nationalité belge, je suis bilingue français et néerlandais. Je suis actuellement responsable de la communication au ministère de la Santé.

 Candidat 3

Mon nom est Manfredo Fanfani. J'ai fait des études de français et d'anglais à l'Université de Milan. Ensuite, j'ai fait un stage d'un an dans une école de journalisme.

Je suis actuellement journaliste au *Corriere de la Serra*. Avant cela, j'avais travaillé comme correspondant permanent de la RAI en Chine. J'aimerais beaucoup retourner dans cette région. J'adore le climat, les gens, les paysages, la cuisine, tout quoi !

 2. **Écoutez et analysez le profil des trois candidats en complétant le tableau suivant.**

	candidat 1	candidat 2	candidat 3
Formation initiale	...	...	...
Expérience professionnelle	...	...	...
Qualifications requises :			
1. communication	Oui ☐ Non ☐	Oui ☐ Non ☐	Oui ☐ Non ☐
2. gestion	Oui ☐ Non ☐	Oui ☐ Non ☐	Oui ☐ Non ☐
3. santé publique	Oui ☐ Non ☐	Oui ☐ Non ☐	Oui ☐ Non ☐
Langues parlées	...	...	...
Connaissance de l'Asie du Sud-Est	Oui ☐ Non ☐	Oui ☐ Non ☐	Oui ☐ Non ☐

3. **Si vous étiez le recruteur de l'OIS, lequel choisiriez-vous ? Justifiez votre réponse et comparez votre choix avec celui de votre voisin.**

VOCABULAIRE

Le recrutement

un poste vacant/à pourvoir
un profil de poste
un intitulé de poste
un descriptif de poste
un appel à candidature

le dépôt des candidatures
la description des fonctions
les qualifications requises
les compétences
l'expérience professionnelle

pourvoir un poste
lancer/répondre à un appel à candidature
constituer/déposer/envoyer un dossier de candidature

• **Trouvez, dans la rubrique vocabulaire, le terme correspondant aux définitions suivantes.**

a. le nom du poste

b. un poste qui n'est occupé par personne

c. ce que l'on doit savoir faire

d. ce que l'on a déjà fait dans sa vie professionnelle

e. un document qui annonce qu'un poste est vacant

GRAMMAIRE

Le plus-que-parfait

Formation : avoir ou être à l'imparfait + participe passé

Il avait voyagé.   Il était parti.

Emploi : le passé dans le passé

Il **a obtenu** le poste que tu lui **avais signalé**.

(*D'abord* tu lui as signalé le poste, *ensuite* il l'a obtenu.)

• **Complétez les phrases en mettant les verbes aux temps du passé qui conviennent.**

a. Felipe Silva … *(obtenir)* un poste à la BCE. Tu comprends, il y … *(faire)* un stage deux ans plus tôt.

b. Piotr Kluza … *(avoir)* beaucoup de difficultés au Cambodge parce qu'il … *(ne jamais travailler)* à l'étranger auparavant.

c. Marie-Pierre Niegole… *(trouver)* du travail au Conseil de l'Europe : elle … *(toujours espérer)* pouvoir travailler à Strasbourg mais elle … *(obtenir)* jamais de poste jusque-là.

d. Elle … *(trouver)* rapidement un nouveau poste : elle ne … *(s'installer)* à Bruxelles qu'un mois plus tôt.

MANIÈRES DE DIRE

Présenter un poste, décrire des fonctions

Présenter un poste

C'est un poste pour une durée déterminée ≠ indéterminée.

Ce poste exige une solide expérience de…

Ce poste nécessite une grande pratique de…

Les qualités requises pour ce poste sont…

Les compétences souhaitées pour ce poste sont…

Le profil idéal est celui d'un informaticien expérimenté.

Ce poste offre des perspectives intéressantes.

Décrire des fonctions

Le candidat recruté devra assurer la communication interne.

Il aura à sa charge la gestion du site Internet.

Il sera chargé de contrôler les documents de diffusion.

Il travaillera en liaison avec les medias, le public, les professionnels.

Il animera une équipe de 25 personnes.

Il aura 25 personnes sous sa responsabilité.

• **Quelle(s) expression(s) pouvez-vous utiliser pour :**

a. préciser quelle expérience est exigée.

b. dire combien de temps durera le contrat.

c. dire que c'est un poste d'avenir.

d. dire qu'il dirigera une équipe de 30 personnes.

e. préciser les compétences obligatoires pour avoir le poste.

GRAMMAIRE

La nominalisation

définir un poste → la définition d'un poste

décrire un poste → une description de poste

recruter un candidat → le recrutement d'un candidat

être compétent en informatique → des compétences en informatique

entrer en fonctions → une entrée en fonctions

prendre ses fonctions → la prise de fonctions

rechercher un poste → la recherche d'un poste

• **Transformez en utilisant la nominalisation.**

Le nouveau Secrétaire général de l'OSCE a pris ses fonctions hier.

→ *On a appris la prise de fonction…*

a. Ernesto est en train de rédiger l'avis de vacance de poste.

　　→ Il a commencé …

b. Bernard encadre un groupe de 15 fonctionnaires.

　　→ Il est chargé de …

c. Morgan est responsable du service informatique.

　　→ Il a …

d. Virginia organise des congrès.

　　→ Elle s'occupe de …

MANIÈRES DE DIRE

Décrire des aptitudes

Le candidat doit être capable de diriger une équipe.
Le candidat doit être ouvert, disponible, avoir le sens du contact humain.
Il doit faire preuve d'initiative, de souplesse.
Des qualités d'organisation seront appréciées.
Une expérience de gestion de ressources est souhaitée/souhaitable.

Décrire des exigences

Une expérience de gestion est obligatoire, impérative.
La connaissance du langage HTLM est vivement souhaitée, recommandée.
Le candidat doit impérativement avoir des qualités d'organisation.

Nuancer des exigences

Une solide expérience de terrain est un atout majeur.
Une bonne formation en informatique sera appréciée.
Une expérience de terrain serait souhaitable.

- **Complétez les phrases avec l'expression qui convient. Plusieurs solutions sont parfois possibles.**

a. Un diplôme de journalisme ... pour obtenir ce poste.

b. La connaissance du français ... .

c. Le candidat ... construire un site Internet.

d. Le candidat ... d'autorité : il doit diriger une équipe de 30 personnes.

e. Si vous voulez le poste, vous ... avoir vécu en Amérique latine.

f. La connaissance du mandarin pourra vous être très utile. C'est pour vous ... .

À vous !

1. À partir de l'avis de vacance de poste de la page 134, expliquez à votre voisin/voisine qu'il a le profil idéal pour cet emploi.
Vous décrivez le poste ; vous tentez de convaincre votre voisin(e) : *tu es un fonctionnaire d'expérience, tu parles français et anglais...*
Votre voisin/voisine vous explique pourquoi ce poste ne l'intéresse pas ; il/elle n'a pas le profil pour ce poste.

2. Dans votre institution, les avis de vacance de poste sont-ils identiques ou différents de celui de l'OIS ? Parlez-en avec votre voisin/voisine.

② RÉDIGER UN CV

COMMENT RÉDIGER UN CV POUR UN POSTE DANS UNE INSTITUTION FRANÇAISE

1 Veillez à la forme de votre CV
- Il doit être court, synthétique, standardisé, bien présenté (pas d'abréviations).
- Il doit être clair, précis et objectif.
- Évitez les phrases complètes.

2 Il faut respecter l'ordre suivant pour les rubriques
- **L'état civil**
Nom, prénoms, date de naissance, adresse, coordonnées personnelles.
- **La formation initiale**
Où, de quelle date à quelle date vous avez fait vos études, dans quel domaine, en quelle année vous avez obtenu quel diplôme.

- **Langues parlées**
Précisez quel est votre niveau de langue.

- **Connaissances en informatique**
Précisez le nom des programmes que vous connaissez.

- **L'expérience professionnelle**
Les différents postes occupés (dans quelle(s) institution(s), dans quelle(s) ville(s), quel(s) pays, pendant combien de temps).
Expliquez vos fonctions actuelles.

- **Divers/Autres**
Évitez de donner trop d'informations et surtout des informations inutiles pour le recruteur.

CURRICULUM VITAE

ÉTAT CIVIL
Antonio GALDEZ ROBLES
Né en 1972
Marié, deux enfants (Alfredo et Pilar)
9 calle de Cadarso
28008 Madrid
• Tél. 00 34 9 13 42 22 31
• Portable : 00 34 6 65 09 44 86
• Courriel : a.galdez@teleline.esp

Nationalité : espagnole

EXPÉRIENCE PROFESSIONNELLE
1998-2002 : Chargé de mission à la Direction générale des affaires
juridiques du ministère espagnol des Affaires étrangères
Depuis 2002 : Conseiller juridique à la représentation permanente
de l'Espagne auprès de l'Union européenne, Bruxelles

FORMATION INITIALE ET CONTINUE
1990-1995 : diplôme de droit, mention droit international
Université autonome de Barcelone, Généralité de Catalogne
1995-1997 : formation post-universitaire à la fondation José Ortega
y Gasset de Madrid, mention droit européen
1997-1998 : stage à l'ONUG
(Pièces justificatives ci-jointes)

CONNAISSANCES EN INFORMATIQUE
Bonne pratique de Microsoft Office
Connaissance du langage HTLM
Pratique de plusieurs logiciels de traitement de données

CONNAISSANCES LINGUISTIQUES
Bilingue espagnol-catalan
Anglais : lu, écrit, parlé
Français : lu, écrit, parlé
Allemand : niveau élémentaire
Néerlandais : notions

DIVERS
Permis de conduire B
Brevet de secouriste
Pratique de la musique : guitare
J'adore la nature, les animaux et jouer avec mes enfants.

1. Lisez le document page 137.
Dites si le curriculum vitae
d'Antonio Galdez correspond
ou non aux conseils donnés.
Expliquez pourquoi.

2. Comparez ce CV avec un
modèle de CV de votre pays.
Qu'est-ce qui est identique,
différent, étonnant… ?

GRAMMAIRE

Exprimer l'obligation

Avec l'impératif
Faites un CV d'une page maximum.
Ne faites pas des phrases complètes.

Avec les verbes opérateurs
Vous **devez** suivre le modèle.
Vous **ne pouvez pas** raconter toute votre vie.

Avec des formes impersonnelles
Il faut être clair et précis.
Il est obligatoire de joindre les pièces justificatives.
Il est indispensable que vous soyez bref.

• Complétez avec la forme exprimant l'obligation
qui convient. Plusieurs solutions sont parfois
possibles.

a. Vous … préciser les dates d'obtention de vos
diplômes.

b. … mentionner les compétences linguistiques.

c. … vous respectiez la présentation habituelle.

d. Ne … pas votre vie personnelle.

e. … que l'on voie clairement les rubriques.

VOCABULAIRE

Les rubriques d'un CV

La formation initiale/continue
les études, faire des études
la formation universitaire/post-universitaire
une spécialisation
un diplôme
un stage, faire un stage

L'expérience professionnelle
directeur général de…
chargé de mission à…

Les compétences linguistiques
français, anglais… : lu, écrit, parlé

Les connaissances en informatique
connaître un logiciel
avoir une bonne pratique d'un logiciel

Divers/Autres
permis de conduire B

• **Complétez avec le mot ou l'expression qui convient. Plusieurs solutions sont parfois possibles.**

a. Eugène Van der Brook a fait des … d'économie à l'Université de Liège.
Il a aussi fait un … de deux mois à la Cour des comptes, à Luxembourg.
Ensuite, il a fait une formation … dans une prestigieuse université américaine.
Il a de très bonnes … : il … de Microsoft Office, Power Point, etc.

b. Ilona Dankovics vient de s'installer à Bruxelles.
Sa formation … , c'est le droit et elle a fait une … en droit international.
Ses … ? Elle parle anglais, français, espagnol et hongrois, bien sûr.
Elle n'a que 23 ans : c'est pourquoi elle n'a pas encore d'….

MANIÈRES DE DIRE

Parler de sa formation

Il a passé un examen de droit public ce matin.
Il a eu son baccalauréat en 1998.
Il a obtenu son diplôme.
Elle a réussi l'examen d'entrée à l'université.
Il a échoué à son examen.
Il vient d'entrer à l'université.
Elle a fait des études d'économie.
Il s'est spécialisé en droit international.
Elle se présente à un concours de recrutement.
Le ministère recrute sur concours/sur dossier.
Elle a fait un stage au Parlement européen.

• **Complétez avec le verbe ou l'expression qui convient.**

Yannis Tsikounas … d'entrée à l'Université de Thessalonique en 1993. Il … de droit. Il … en droit européen et … son diplôme en 1998. La dernière année, il … de six mois à la Cour européenne de Justice, puis il … au concours d'entrée à l'École de la magistrature. Malheureusement, il … ce concours.

PHONÉTIQUE

 1. **Écoutez et notez les mots dans lesquels vous entendez les sons :**

[p]	[b]
…	…

a. Bernard part bientôt à Paris.

b. L'appartement est bien meublé.

c. Il présente bientôt le budget.

d. J'appelle la police ou l'ambassade ?

 2. **Le son [v]. Écoutez et répétez.**

Vous voulez visiter la ville de Vienne en voiture ou en vélo ?

GRAMMAIRE

Les interrogatifs composés

De quoi parlez-vous ?
À qui écris-tu ?
Avec qui pars-tu en mission ?
Pour qui travaillez-vous ?
Pour quelle organisation travaillez-vous ?
Dans quel secteur travaillez-vous ?

• **Complétez les phrases. Plusieurs solutions sont parfois possibles.**

a. ... organisation voulez-vous entrer ?

b. ... avez-vous envoyé votre CV ?

c. ... collègue parlez-vous ?

d. ... avez-vous reçu les candidatures ?

e. ... est ce poste de stagiaire ?

f. ... candidat pensez-vous ?

À vous !

1. Écrivez votre propre CV en suivant les conseils du document page 137.

2. Un collègue veut présenter sa candidature pour un poste dans une institution de votre pays. Il est jeune, sans expérience. Expliquez-lui les règles à suivre pour rédiger son CV.

   Pour le contenu, insistez sur les informations qu'il faut donner et sur celles qui sont inutiles.

   Pour la forme, précisez bien les règles qu'il est indispensable de respecter.

❸ TROUVER LE CANDIDAT IDÉAL... 🎧

ALEXANDRE DUHAIME : Oui. Madame Paradas ? Bonjour. Venez, entrez donc ! Alexandre Duhaime. Tenez. Asseyez-vous. Vous avez postulé pour travailler à la direction générale « Éducation, formation et jeunesse. » Comme je vous le disais au téléphone, votre candidature nous intéresse et nous aimerions en savoir un peu plus sur vous et sur votre parcours professionnel. Rappelez-nous d'abord quels sont les postes que vous avez occupés.

CLAIRE PARADAS : J'ai commencé à travailler comme professeur d'anglais dans un lycée. Après quelques années, j'ai demandé à partir à l'étranger. J'ai obtenu un poste à l'Ambassade de France en Égypte où j'ai occupé, pendant quatre ans, les fonctions d'attachée de coopération.

ALEXANDRE DUHAIME : Et pourquoi vouliez-vous partir ?

CLAIRE PARADAS : Je voulais travailler sur des projets éducatifs. Et puis, j'avais envie de m'ouvrir à l'international.

ALEXANDRE DUHAIME : Vous êtes ensuite partie en Grande-Bretagne ?

CLAIRE PARADAS : Oui. Comme j'avais acquis, en quatre ans, beaucoup d'expérience dans les relations bilatérales, j'ai redemandé le même poste à Londres.

ALEXANDRE DUHAIME : Quelles sont, pensez-vous, vos plus grandes qualités ?

CLAIRE PARADAS : Je sais travailler en équipe, j'ai le sens des relations publiques et, depuis mes fonctions au Caire, je sais vraiment m'adapter à toutes les situations ! [...]

À la fin de l'entretien

ALEXANDRE DUHAIME : À partir de quand pourriez-vous être à Bruxelles ?

CLAIRE PARADAS : Je serais prête à prendre mes fonctions à partir du 1er septembre.

🎧 • Cochez la bonne réponse.

1. Claire Paradas :

  a. ☐ a occupé les fonctions de professeur d'anglais au Caire.

  b. ☐ a occupé les fonctions d'attachée de coopération au Caire.

  c. ☐ a occupé les fonctions d'Ambassadeur de France en Égypte.

2. Claire Paradas voulait partir à l'étranger pour :

  a. ☐ travailler en équipe.

  b. ☐ s'adapter à toutes les situations.

  c. ☐ travailler dans la coopération éducative.

3. Elle peut commencer à travailler :

  a. ☐ à partir du 1er septembre.

  b. ☐ dans un mois.

  c. ☐ tout de suite.

GRAMMAIRE

Les indicateurs temporels

Quand avez-vous obtenu votre diplôme ?	En juin 1998.
	Il y a 5 ans.
Depuis quand travaillez-vous au ministère des Finances ?	Depuis avril 1992.
Quand avez-vous vécu aux États-Unis ?	De 1994 à 1998.
En combien de temps avez-vous appris l'anglais ?	En 2 ans.
Pendant combien de temps avez-vous suivi des cours ?	Pendant 2 ans.
Vous partez pour combien de temps ?	Pour un an et demi.
Vous revenez dans combien de temps ?	Dans un an et demi.
Jusqu'à quand serez-vous absent ?	Jusqu'au 24 août.

• Complétez avec l'indicateur temporel qui convient : *dans – jusqu'à – il y a – pour – en.*

a. L'entretien a duré … 15 heures.

b. Je pars en rendez-vous. Je reviens … une heure et demie environ.

c. Quand est-ce qu'il est allé à Vilnius ? … deux semaines.

d. Vous resterez longtemps à Paris ? Non, je ne pars que … deux jours.

e. J'ai fait Vienne-Bratislava … une heure.

MANIÈRES DE DIRE

Passer un entretien de recrutement

Parler de son parcours professionnel
J'ai commencé à travailler à… comme…
J'ai occupé les fonctions/le poste de…
J'ai passé un concours pour entrer à…
J'ai demandé/obtenu un poste à…

Parler de son expérience
J'ai acquis une solide expérience de…
J'ai beaucoup d'expérience en…
J'ai appris à…
J'ai l'habitude de…

Parler de ses compétences
Je sais travailler en équipe.
J'ai le sens des relations publiques.
Je sais m'adapter à toutes les situations.
Je suis quelqu'un de très organisé.

Parler de ses motivations
Je souhaite m'ouvrir à l'international.
J'aimerais avoir l'expérience du terrain.

Parler de sa mobilité/disponibilité
Je suis disponible à partir de…
Je suis prêt à m'expatrier/à prendre mes fonctions…

• Que répondez-vous à un recruteur qui vous dit :

a. – Nous avons besoin de quelqu'un rapidement.
   – Pas de problème, …

b. – Vous allez devoir travailler avec une quinzaine de personnes.
   – Cela ne pose aucune difficulté, …

c. – Vous savez que c'est un poste difficile ?
   – Oui, mais …

d. – Vous n'avez pas de formation en relations internationales.
   – C'est vrai, mais…

L'accord du participe passé avec « avoir » (2)

Le complément d'objet direct est après le verbe : pas d'accord
J'ai envoyé le CV et la lettre de candidature le 10 juin.
J'ai occupé de nombreuses fonctions.

Le complément d'objet direct est avant le verbe : accord
Le CV et la lettre de candidature que j'ai envoyés ne sont pas arrivés.
Les fonctions que j'ai occupées étaient nombreuses.

1. **Faites l'accord du participe passé, si nécessaire.**

   a. Les CV que nous … *(lire)* sont très intéressants.

   b. Ils … *(passer)* de nombreux entretiens d'embauche.

   c. Notre ancienne stagiaire ? Je l'… *(voir)* hier dans le couloir.

   d. Est-ce que vous … *(avoir)* beaucoup de réponses à votre demande ?

   e. Les études que vous … *(faire)* ne sont pas assez spécialisées.

   f. Les chefs de service … *(examiner)* plus de 150 candidatures.

2. **Faites une seule phrase.**
   J'ai appris deux langues étrangères. Elles sont utiles pour mon travail.
   → *Les deux langues étrangères que j'ai apprises sont utiles pour mon travail.*

   a. J'ai obtenu des diplômes. Ils intéressent les recruteurs.

   b. Nous avons rencontré des candidats. Ils étaient très motivés.

   c. J'ai occupé des postes. Ils étaient très variés.

   d. Elle a réussi deux concours. Ils sont très difficiles.

   e. J'ai appelé la candidate croate. Elle était très sympathique.

   f. Elle a dirigé une équipe. Elle comprenait cinquante personnes.

À vous !

• Vous avez réussi les tests de présélection d'un orgamisme international et vous êtes invité à passer un entretien de recrutement.
Choisissez :
– dans quelle organisation vous avez posé votre candidature ;
– à quel type de poste.

Préparez la scène (questions et réponses) et jouez-la à plusieurs (des recruteurs et un candidat).

En situation

1. **Vous travaillez au service des ressources humaines d'une organisation/institution de votre choix. Rédigez un appel à candidature avec votre voisin/voisine.**
   Choisissez :
   – le type d'organisation/institution dans laquelle vous travaillez ;
   – le profil de poste (fonction, durée du contrat, procédure de recrutement, dates limites, etc.) ;
   – la formation initiale, les compétences et l'expérience demandées.

2. **Une personne intéressée par le poste proposé écrit un courriel (ou téléphone) pour demander des informations supplémentaires.**

3. **Rédigez un CV qui corresponde à cet appel à candidature.**

4. **Donnez des conseils à un collègue qui veut poser sa candidature.**

MANIÈRES DE « SE VENDRE »

Entre règles et usages

1. Le plus important, c'est l'expérience. Les diplômes, c'est secondaire !
2. Deux ans de congé sabbatique sont deux ans de perdus pour une carrière !
3. Le principal, ce sont les qualités humaines. Parler des langues étrangères, être très performant en informatique, ce n'est pas l'essentiel.
4. Parler de ses loisirs lors d'un entretien d'embauche est normal.
5. Un ministre qui n'a aucun diplôme universitaire : incroyable !
6. Être diplômé d'une grande école ou d'une université prestigieuse ouvre toutes les portes.

Et chez vous, c'est comment ?

Infos

TV5MONDE

• **TV5MONDE** est la première chaîne francophone au palmarès mondial. C'est un opérateur capital de la Francophonie, partenaire de l'Organisation internationale de la Francophonie.

• **Le réseau TV5** (TV5MONDE et TV5 Québec-Canada) diffuse 8 grilles selon les continents, composées de ses propres productions et des programmes des chaînes publiques francophones partenaires françaises (France 2, France 3, France 5, Arte France, France Ô), belge (RTBF), suisse (TSR), québécoise (Télé-Québec), canadienne (Radio-Canada), sans oublier les télévisions africaines grâce au CIRTEF. Les 7 signaux émis depuis Paris par TV5MONDE sont destinés à l'Europe (2 signaux), l'Afrique, l'Orient, l'Asie, l'Amérique Latine et les États-Unis.

• **TV5MONDE**, c'est aussi un site portail tv5.org.

TV5MONDE en chiffres :

– 310 collaborateurs ;

– des représentants dans 20 pays ;

– un réseau de rédactions partenaires et des correspondants dans 200 pays ;

– une diffusion mondiale dans 166 millions de foyers 24 h/24, 3 millions de chambres d'hôtel et sur les vols de 9 compagnies aériennes ;

– 73 millions de téléspectateurs chaque semaine, 4 millions de visites sur tv5.org par mois ;

– du sous-titrage en 10 langues : allemand, anglais, arabe, danois, espagnol, néerlandais, portugais, russe, suédois et français ;

– un dispositif multimédia et exclusif, « Apprendre et enseigner avec TV5MONDE », au service des 900 000 enseignants de français.

CHAÎNE GÉNÉRALISTE

• **Informer :** journaux télévisés, magazines et documentaires liés à l'actualité internationale ou culturelle.

• **Divertir :** émissions de jeux, fictions, films, sport, jeunesse.

• **Apprendre :** un programme inédit pour pratiquer le français en s'informant sur l'état du monde : « 7 jours sur la planète ».

Pour tout savoir sur les programmes de **TV5MONDE** :
1. http://www.tv5.org/programmes
2. http://www.tv5.org/reception

Testez-vous ·······················➤

1 Compréhension orale

• Écoutez le document et complétez le tableau.

Biographie de Jacques Delors	
Dates et périodes	Activités
. . .	. . .

2 Compréhension écrite

VOLONTAIRE INTERNATIONAL ? POURQUOI PAS ?

Vous êtes de nationalité française ou européenne, vous êtes diplômé Bac + 5, vous avez moins de 28 ans, vous voulez voir du pays et en même temps acquérir une première expérience professionnelle ?

DEVENEZ VOLONTAIRE INTERNATIONAL (VI)

Un VI, qu'est-ce que c'est ? Attention, un ou une VI n'est pas bénévole. Il/elle perçoit un salaire mensuel compris entre 1 200 et 3 000 euros, a une mission de 6 à 24 mois en entreprise, dans un établissement dépendant du ministère français des Affaires étrangères ou du ministère de l'Économie et des Finances, dans une structure publique étrangère locale, dans une organisation internationale.

■ **Pour en savoir plus :** http://www.civiweb.com

• Vrai ou faux ?

	Vrai	Faux
a. Un volontaire international a un salaire.	☐	☐
b. Pour devenir volontaire international, il n'y a pas de limite d'âge.	☐	☐
c. Un VI peut travailler dans un ministère étranger.	☐	☐
d. Un VI peut travailler dans le secteur privé ou public.	☐	☐
e. La nationalité n'a pas d'importance.	☐	☐

3 Structures de la langue

• Mettez les verbes entre parenthèses aux temps du passé qui conviennent.

Quand j' … *(poser)* ma candidature à l'Office des Nations-Unies à Genève, j' … *(avoir)* très peur. Plusieurs amis … *(recevoir)* leur convocation à l'entretien et moi, je … *(ne pas la recevoir)*. Finalement, j' … *(téléphoner)* au service du recrutement. D'après eux, le secrétariat … *(envoyer)* la convocation en même temps que les autres. Finalement, ils m' … *(envoyer)* une autre lettre.

4 Expression orale

• **Vous êtes candidat à un poste dans une organisation dont la langue de travail est le français. Vous avez un entretien avec deux personnes chargées du recrutement. Jouez la scène à trois.**

N'oubliez pas de faire connaissance avec les deux recruteurs.
Vos interlocuteurs doivent vous poser des questions.
Vous devez parler de votre expérience, de vos diplômes, de vos motivations, du domaine dans lequel vous voulez travailler.
Vous pouvez aussi poser des questions : durée des contrats, voyages, responsabilités…
Vous prenez congé.

5 Expression écrite

• Racontez une procédure de recrutement que vous avez personnellement connue.

J'ai vu une annonce sur le site de…. Le profil de poste était…. J'avais envie de poser ma candidature…

Vers le TCF-RI

Vous avez la parole !

① ENTRETIENS DE COULOIR 🎧

DÉPÊCHE AEP/ BRUXELLES/ JUIN 2006

Protection de l'environnement : la Commission en campagne

La Commission européenne lance, entre le 29 mai et le 6 juin 2006, dans tous les États membres, sa nouvelle campagne sur le climat à l'aide d'affiches, de publicités télévisées et d'articles dans la presse. Cette campagne a pour but d'encourager les citoyens à lutter contre le changement climatique. Elle complète les efforts politiques et législatifs réalisés dans ce domaine…

LE CHANGEMENT CLIMATIQUE: VOUS POUVEZ LE MAITRISER.

ECONOMISEZ L'ENERGIE. RECYCLEZ. MARCHEZ. CHANGEZ!

Nathalie TYBENS : Vous avez vu ? La Commission va lancer une nouvelle campagne sur le climat.

Jean JUNCKER : Ah, bon ? Je ne suis pas au courant. Vous avez lu ça où, dans le journal ?

Nathalie TYBENS : Non. Sur Internet. Il paraît que c'est pour encourager les citoyens à protéger l'environnement. Je ne pense pas que ce soit vraiment utile. Campagne ou pas campagne, les gens font ce qu'ils veulent.

Jean JUNCKER : Ça dépend, si c'est bien fait…

Nathalie TYBENS : Pas sûr. Regardez, chez nous, personne ne recycle le papier, ce n'est pas une publicité qui va changer quelque chose… Je doute vraiment qu'il y ait des résultats.

Jean JUNCKER : Vous croyez ? Tenez. Prenez la campagne anti-tabac. Vous voyez bien que ça fonctionne. Vous ne trouvez pas qu'on fume de moins en moins en Europe ?

Nathalie TYBENS : C'est vrai, mais… Oh là là ! Il est déjà 14 heures ? Excusez-moi, mais je dois partir en réunion. À plus tard !

🎧 1. **Écoutez le dialogue entre Nathalie Thybens et Jean Juncker. Christine Auroux rapporte cette conversation à ses collègues. Ces informations sont-elles vraies ou fausses ?**

« Tu sais, j'ai entendu Jean Juncker et Nathalie Tybens parler d'une nouvelle campagne sur le climat. Il paraît que c'est dans le journal.
C'est une initiative du Parlement européen. Elle concerne les enfants. L'objectif est de sensibiliser aux changements climatiques.
Nathalie Tybens trouve que la campagne est utile et qu'elle est très bien faite. Jean Juncker pense que l'initiative ne va rien changer aux habitudes de ses collègues. »

2. **Lisez la dépêche de l'AEP et complétez le tableau suivant. Quelles sont les informations que Nathalie Tybens n'a pas données à son collègue ?**

QUI ?	QUOI ?	OÙ ?	COMMENT ?	QUAND ?	POURQUOI ?
				entre le 29 mai et le 6 juin 2006	

VOCABULAIRE

La presse et des médias

La presse	**La radio et la télévision**
un journal, un magazine, une revue	une chaîne de télévision
un quotidien, un hebdomadaire, un mensuel	une station de radio
la « Une », une rubrique	une émission télévisée/radio
un article, un communiqué de presse, une brève	un journal télévisé/radio
une dépêche	les informations
un reportage	un documentaire

1. **Complétez avec les mots suivants :** *les dépêches – la rubrique – un documentaire – un article – le journal – une revue spécialisée – les informations.*

   a. J'écoute tous les jours … à la radio et je lis …. Je m'intéresse surtout à … « International ». Quand je suis pressé, je regarde … sur Internet.

   b. Hier soir, j'ai regardé la télévision. Il y avait … sur la construction de l'Union européenne. J'ai plus appris que si j'avais lu … sur ce thème dans ….

2. **Et vous, que faites-vous pour vous informer ? Lisez-vous le journal, écoutez-vous la radio… ? Interrogez votre voisin/voisine.**

GRAMMAIRE

Le style indirect : rapporter un discours

Verbes introducteurs	
dire/annoncer que…	souligner/rappeler que…
être d'avis/trouver/penser que…	expliquer que…, se demander si….

« Pour la Commission européenne, la protection de l'environnement est une priorité. »
→ Dans son article, le journaliste **souligne que**, pour la Commission européenne, la protection de l'environnement **est** une priorité.

« Cette campagne est inutile ! »
→ Mon collègue **est d'avis que** cette campagne **est** inutile.

« Est-ce que les gens comprennent bien le sens de cette campagne ? »
→ Il **se demande si** les gens **comprennent** bien le sens de cette campagne.

• **Mettez les phrases suivantes au style indirect au présent. Utilisez les verbes introducteurs :** *souligner que, expliquer que, rappeler que, se demander si…*

a. « La pollution de l'environnement cause des maladies très graves. » → L'expert …

b. « Est-ce qu'il faut vraiment s'inquiéter ? » → Il …

c. « Les campagnes publicitaires ne servent à rien. » → Ma collègue …

d. « Il y a quelques années, personne ne triait les déchets. » → Le représentant des Verts …

PHONÉTIQUE

 1. **Écoutez et notez les mots dans lesquels vous entendez les sons :**

[ʃ]	[ʒ]
…	…

a. Mon jeune chef s'appelle Charles.

b. Choisissez du champagne pour le déjeuner.

c. Les gens changent toujours de badge.

d. Je cherche un château avec un jardin.

 2. **Écoutez et notez les mots dans lesquels vous entendez les sons :**

[k]	[g]
…	…

a. Mon collègue est sur le quai de la gare.

b. Que va coûter ce gros contrat ?

c. Je connais quatre grands garçons.

d. J'ai des congés à Pâques.

MANIÈRES DE DIRE

Parler de l'actualité

Amorcer la conversation
Vous êtes au courant ?
Vous connaissez la nouvelle ?
Vous savez que …
Vous avez lu dans…/entendu à…

Rapporter les paroles
D'après, selon…
Il paraît que….
Le journaliste écrit, dit que…
Il explique que…
Il se demande si…

Réagir à une information
Je sais./Non, je ne suis pas au courant…
Ah bon ?/C'est vrai ?/Vraiment ?/Pas possible !
Vous avez entendu/lu ça où ?
Que dit l'article/le journaliste ?
C'est étonnant/intéressant/incroyable !

1. Complétez le dialogue suivant.

A. : Vous êtes au courant ? Le prix de l'essence va augmenter de 30 % !
B. : … !
A. : Si, c'est vrai.
B. : … ?
A. : Dans le journal de ce matin.
B. : … ?
A : Il écrit que c'est une excellente mesure.
B. : … !
A. : Oui, moi aussi je trouve ça très surprenant.

🎧 **2. Écoutez le document et parlez-en avec votre voisin/voisine.**
N'oubliez pas d'amorcer la conversation, de dire d'où vient l'information…

RADIO EUROPE
Écouter en direct
➤ Journal du 8 mars 2006
• Pour écouter, cliquez ici.

GRAMMAIRE

Le subjonctif (2)

« C'est vraiment une bonne idée ! » → Je pense que c'est une bonne idée !
→ Je ne pense pas que ce soit une bonne idée !

Verbes introducteurs : douter que, ne pas être sûr que, ne pas penser que, ne pas croire que…

Je doute qu'il y **ait** beaucoup de monde à la conférence sur le développement durable.
Nous ne sommes pas sûrs que le ministre **fasse** une déclaration à la presse.

• **Mettez les phrases suivantes au subjonctif.**

a. « La campagne contre le tabac est justifiée. » → Je ne crois pas que …

b. « Nous connaissons parfaitement le dossier. » → Je doute que …

c. « Le ministre fera une déclaration officielle à la presse. » → Nous ne sommes pas sûrs que …

d. « J'ai toutes les qualifications requises pour ce poste. » → Je ne crois pas que …

MANIÈRES DE DIRE

Donner son opinion
Je pense que…
Je crois que…
Je suis d'avis que…

Dire que l'on est d'accord
C'est vrai.
Vous avez raison…
Je suis d'accord avec vous…

Dire que l'on n'est pas d'accord
C'est faux.
Vous avez tort./Vous vous trompez !
Je ne partage pas votre opinion sur…

Nuancer
Ça dépend…
Certes, mais…/Peut-être, mais…
Je ne dis pas le contraire, mais…

• **Donnez votre opinion sur un thème qui vous est familier. Une des personnes du groupe est d'accord avec vous, une autre ne partage pas votre opinion, une autre ne sait pas trop… Essayez de trouver des arguments.**

Exemples : – Je trouve que les fonctionnaires et les diplomates ne travaillent pas assez !
– L'expatriation ne présente vraiment que des inconvénients !
– Les gens prennent beaucoup trop de congés de maladie !

À vous !

1. **Vous êtes invité(e) à un cocktail. Parlez avec un des invités de l'information qui figure sur le document ci-contre :**
   – amorcez la conversation et dites d'où vient l'information ;
   – la personne réagit…

2. **Deux autres invités se joignent à la conversation :**
   – un invité pense que l'interdiction de fumer est une très bonne idée ;
   – un autre pense que c'est scandaleux.
   Donnez votre opinion et argumentez.

> **EURO** *Nouvelles*
> Le quotidien de l'Union européenne
> **ADIEU CIGARETTE !**
> À partir de janvier, interdiction de fumer dans tous les lieux publics de l'Union européenne !

② MERCI DE VOTRE ATTENTION !

Mesdames et Messieurs, bonjour,

Mon nom est Claude Martigny et j'ai le plaisir de vous présenter aujourd'hui la *Direction de l'interprétation du Parlement européen*.

Cette direction propose des services de conférence et d'interprétation pour les réunions du Parlement et d'autres institutions de l'Union européenne.

Elle est dirigée par un directeur qui est assisté par des conseillers et des chefs d´unités.

La direction de l'interprétation est composée de trois unités : l'*Unité réunions et conférences* qui est chargée de planifier les réunions et de répartir les salles, l'*Unité de programmation* qui organise le travail des interprètes de conférence et l'*Unité de recrutement* qui a pour mission de recruter des interprètes indépendants.

Mesdames et Messieurs, je vous remercie de votre attention et je suis prêt à répondre à vos questions.

1. Écoutez et cochez la bonne réponse.

Claude Martigny présente :

a. ☐ le Parlement européen.
b. ☐ la Direction de l'interprétation du Parlement européen.
c. ☐ les institutions de l'Union européenne.

2. À partir de la présentation de Claude Martigny, complétez l'organigramme suivant (noms des différents services présentés et leur mission).

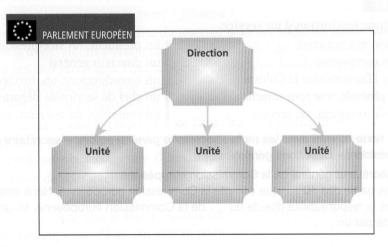

🎧 **1.** Écoutez et complétez la note de service suivante.

🎧 **2.** Écoutez encore une fois, dites qui est pour ou contre les propositions ci-dessous et dites pourquoi.

NOTE DE SERVICE N°22

Destinataires :
Les chefs de service : Liina Laanet,
Johanna Maschke, Frédéric Ploquin

Objet : ....

Date : 03.05.2006

La prochaine réunion de service aura lieu le 15 mai à 10 h, en salle 309 (3e étage).

Ordre du jour :
1. ....
2. ....
3. ....

Le Directeur   Didier Dewael

Proposition d'achat	Deux postes informatiques		Une photocopieuse	
Liina Laanet	Pour ☐	Contre ☐	Pour ☐	Contre ☐
	Pourquoi ?		Pourquoi ?	
Johanna Maschke	Pour ☐	Contre ☐	Pour ☐	Contre ☐
	Pourquoi ?		Pourquoi ?	
Frédéric Ploquin	Pour ☐	Contre ☐	Pour ☐	Contre ☐
	Pourquoi ?		Pourquoi ?	

GRAMMAIRE

Les pronoms toniques
Moi, toi, lui, elle – nous, vous, eux, elles

> **Moi**, je suis d'accord avec cette proposition. Et **toi**, qu'en penses-tu ?
> Les délégués portugais ont voté pour. Les espagnols, **eux**, ont tous voté contre.
> Mes collègues et **moi**, nous ne pourrons malheureusement pas assister à la réunion.
> Ni **lui**, ni **elle** n'ont pris la parole.
> C'est le nouveau Président de la Commission européenne ? Oui, c'est **lui**.
> Ils estiment beaucoup leur chef de service. Ils parlent souvent de **lui**.
> Je cherche un stagiaire. Ah bon ? **Moi** aussi.
> Elle est plus expérimentée qu'**eux**.

• **Complétez les phrases suivantes avec le pronom tonique qui convient.**

a. – . . . , à votre place, j'achèterais un nouveau PC.

b. – Je ne me fais pas de soucis pour . . . Ils trouveront bien une solution.

c. – Qui est la chef de la délégation polonaise ? – Tu vois cette dame ? – C'est . . . .

d. – Vous savez quelque chose ? – Non. Ni . . . ni . . . n'avons été informés.

e. – Mon collègue parle beaucoup plus que . . . en réunion.

f. – Est-ce que Giulnara va changer de poste ? – Oui. – Et Andrius ? – . . ., non.

VOCABULAIRE

Une réunion

> une réunion de travail/de service
> une note de service
> une convocation
> un ordre du jour

> un compte rendu
> convoquer quelqu'un à une réunion
> conduire une réunion
> participer à une réunion

• **Complétez le courriel suivant avec les mots :** *convocation – ordre du jour – note de service – compte rendu – réunion de travail.*

Monsieur,

Dans votre . . . du 20 décembre dernier, vous avez invité tout le personnel à participer à . . . où la programmation budgétaire était à l' . . . Je tenais à vous informer que je n'ai malheureusement pas reçu de . . . et que je n'ai donc pas pu y assister. Votre assistante a bien voulu me faire parvenir le . . . de la réunion. Je vous ferai donc mes propositions par écrit.

🎧 1. Écoutez et complétez la note de service suivante.

NOTE DE SERVICE N°22

Destinataires :
Les chefs de service : Liina Laanet,
Johanna Maschke, Frédéric Ploquin

Objet : ....
Date : 03.05.2006

La prochaine réunion de service aura
lieu le 15 mai à 10 h,
en salle 309 (3e étage).

Ordre du jour :
1. ....
2. ....
3. ....

Le Directeur   Didier Dewael

🎧 2. Écoutez encore une fois, dites qui est pour ou contre les propositions ci-dessous et dites pourquoi.

Proposition d'achat	Deux postes informatiques	Une photocopieuse
Liina Laanet	Pour ☐ Contre ☐ Pourquoi ?	Pour ☐ Contre ☐ Pourquoi ?
Johanna Maschke	Pour ☐ Contre ☐ Pourquoi ?	Pour ☐ Contre ☐ Pourquoi ?
Frédéric Ploquin	Pour ☐ Contre ☐ Pourquoi ?	Pour ☐ Contre ☐ Pourquoi ?

GRAMMAIRE

Les pronoms toniques
Moi, toi, lui, elle – nous, vous, eux, elles

Moi, je suis d'accord avec cette proposition. Et **toi**, qu'en penses-tu ?
Les délégués portugais ont voté pour. Les espagnols, **eux**, ont tous voté contre.
Mes collègues et **moi**, nous ne pourrons malheureusement pas assister à la réunion.
Ni **lui**, ni **elle** n'ont pris la parole.
C'est le nouveau Président de la Commission européenne ? Oui, c'est **lui**.
Ils estiment beaucoup leur chef de service. Ils parlent souvent de **lui**.
Je cherche un stagiaire. Ah bon ? **Moi** aussi.
Elle est plus expérimentée qu'**eux**.

• **Complétez les phrases suivantes avec le pronom tonique qui convient.**

a. – ... , à votre place, j'achèterais un nouveau PC.

b. – Je ne me fais pas de soucis pour ... Ils trouveront bien une solution.

c. – Qui est la chef de la délégation polonaise ? – Tu vois cette dame ? – C'est ... .

d. – Vous savez quelque chose ? – Non. Ni ... ni ... n'avons été informés.

e. – Mon collègue parle beaucoup plus que ... en réunion.

f. – Est-ce que Giulnara va changer de poste ? – Oui. – Et Andrius ? – ... , non.

VOCABULAIRE

Une réunion

une réunion de travail/de service
une note de service
une convocation
un ordre du jour

un compte rendu
convoquer quelqu'un à une réunion
conduire une réunion
participer à une réunion

• **Complétez le courriel suivant avec les mots :** *convocation – ordre du jour – note de service – compte rendu – réunion de travail.*

Monsieur,

Dans votre ... du 20 décembre dernier, vous avez invité tout le personnel à participer à ... où la programmation budgétaire était à l' ... Je tenais à vous informer que je n'ai malheureusement pas reçu de ... et que je n'ai donc pas pu y assister. Votre assistante a bien voulu me faire parvenir le ... de la réunion. Je vous ferai donc mes propositions par écrit.

À vous !

1. **Vous êtes invité(e) à un cocktail. Parlez avec un des invités de l'information qui figure sur le document ci-contre :**
   – amorcez la conversation et dites d'où vient l'information ;
   – la personne réagit…

2. **Deux autres invités se joignent à la conversation :**
   – un invité pense que l'interdiction de fumer est une très bonne idée ;
   – un autre pense que c'est scandaleux.
   Donnez votre opinion et argumentez.

EURO *Nouvelles*

Le quotidien de l'Union européenne

ADIEU CIGARETTE !

À partir de janvier, interdiction de fumer dans tous les lieux publics de l'Union européenne !

---

② MERCI DE VOTRE ATTENTION !

Mesdames et Messieurs, bonjour,

Mon nom est Claude Martigny et j'ai le plaisir de vous présenter aujourd'hui la *Direction de l'interprétation du Parlement européen*.

Cette direction propose des services de conférence et d'interprétation pour les réunions du Parlement et d'autres institutions de l'Union européenne.

Elle est dirigée par un directeur qui est assisté par des conseillers et des chefs d'unités.

La direction de l'interprétation est composée de trois unités : l'*Unité réunions et conférences* qui est chargée de planifier les réunions et de répartir les salles, l'*Unité de programmation* qui organise le travail des interprètes de conférence et l'*Unité de recrutement* qui a pour mission de recruter des interprètes indépendants.

Mesdames et Messieurs, je vous remercie de votre attention et je suis prêt à répondre à vos questions.

1. **Écoutez et cochez la bonne réponse.**

   Claude Martigny présente :
   a. ☐ le Parlement européen.
   b. ☐ la Direction de l'interprétation du Parlement européen.
   c. ☐ les institutions de l'Union européenne.

2. **À partir de la présentation de Claude Martigny, complétez l'organigramme suivant (noms des différents services présentés et leur mission).**

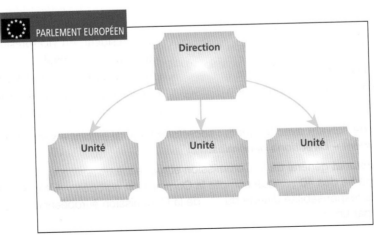

🎧 1. Écoutez et complétez la note de service suivante.

NOTE DE SERVICE N°22
Destinataires :
Les chefs de service : Liina Laanet,
Johanna Maschke, Frédéric Ploquin
Objet : ....
Date : 03.05.2006
────────────────────
La prochaine réunion de service aura
lieu le 15 mai à 10 h,
en salle 309 (3e étage).
Ordre du jour :
1. ....
2. ....
3. ....

Le Directeur   Didier Dewael

🎧 2. Écoutez encore une fois, dites qui est pour ou contre les propositions ci-dessous et dites pourquoi.

Proposition d'achat	Deux postes informatiques	Une photocopieuse
Liina Laanet	Pour ☐ Contre ☐ Pourquoi ?	Pour ☐ Contre ☐ Pourquoi ?
Johanna Maschke	Pour ☐ Contre ☐ Pourquoi ?	Pour ☐ Contre ☐ Pourquoi ?
Frédéric Ploquin	Pour ☐ Contre ☐ Pourquoi ?	Pour ☐ Contre ☐ Pourquoi ?

GRAMMAIRE

Les pronoms toniques
Moi, toi, lui, elle – nous, vous, eux, elles

Moi, je suis d'accord avec cette proposition. Et **toi**, qu'en penses-tu ?
Les délégués portugais ont voté pour. Les espagnols, **eux**, ont tous voté contre.
Mes collègues et **moi**, nous ne pourrons malheureusement pas assister à la réunion.
Ni **lui**, ni **elle** n'ont pris la parole.
C'est le nouveau Président de la Commission européenne ? Oui, c'est **lui**.
Ils estiment beaucoup leur chef de service. Ils parlent souvent de **lui**.
Je cherche un stagiaire. Ah bon ? **Moi** aussi.
Elle est plus expérimentée qu'**eux**.

• Complétez les phrases suivantes avec le pronom tonique qui convient.

a. – ... , à votre place, j'achèterais un nouveau PC.

b. – Je ne me fais pas de soucis pour ... Ils trouveront bien une solution.

c. – Qui est la chef de la délégation polonaise ? – Tu vois cette dame ? – C'est ... .

d. – Vous savez quelque chose ? – Non. Ni ... ni ... n'avons été informés.

e. – Mon collègue parle beaucoup plus que ... en réunion.

f. – Est-ce que Giulnara va changer de poste ? – Oui. – Et Andrius ? – ... , non.

VOCABULAIRE

Une réunion

une réunion de travail/de service
une note de service
une convocation
un ordre du jour

un compte rendu
convoquer quelqu'un à une réunion
conduire une réunion
participer à une réunion

• Complétez le courriel suivant avec les mots : *convocation – ordre du jour – note de service – compte rendu – réunion de travail.*

Monsieur,

Dans votre ... du 20 décembre dernier, vous avez invité tout le personnel à participer à ... où la programmation budgétaire était à l' ... Je tenais à vous informer que je n'ai malheureusement pas reçu de ... et que je n'ai donc pas pu y assister. Votre assistante a bien voulu me faire parvenir le ... de la réunion. Je vous ferai donc mes propositions par écrit.

À vous !

1. **Vous êtes invité(e) à un cocktail. Parlez avec un des invités de l'information qui figure sur le document ci-contre :**
   – amorcez la conversation et dites d'où vient l'information ;
   – la personne réagit…

2. **Deux autres invités se joignent à la conversation :**
   – un invité pense que l'interdiction de fumer est une très bonne idée ;
   – un autre pense que c'est scandaleux.
   Donnez votre opinion et argumentez.

EURO *Nouvelles*

Le quotidien de l'Union européenne

ADIEU CIGARETTE !

À partir de janvier, interdiction de fumer dans tous les lieux publics de l'Union européenne !

 MERCI DE VOTRE ATTENTION !

Mesdames et Messieurs, bonjour,

Mon nom est Claude Martigny et j'ai le plaisir de vous présenter aujourd'hui la *Direction de l'interprétation du Parlement européen.*

Cette direction propose des services de conférence et d'interprétation pour les réunions du Parlement et d'autres institutions de l'Union européenne.

Elle est dirigée par un directeur qui est assisté par des conseillers et des chefs d'unités.

La direction de l'interprétation est composée de trois unités : l'*Unité réunions et conférences* qui est chargée de planifier les réunions et de répartir les salles, l'*Unité de programmation* qui organise le travail des interprètes de conférence et l'*Unité de recrutement* qui a pour mission de recruter des interprètes indépendants.

Mesdames et Messieurs, je vous remercie de votre attention et je suis prêt à répondre à vos questions.

 1. **Écoutez et cochez la bonne réponse.**

Claude Martigny présente :

a. ☐ le Parlement européen.
b. ☐ la Direction de l'interprétation du Parlement européen.
c. ☐ les institutions de l'Union européenne.

2. **À partir de la présentation de Claude Martigny, complétez l'organigramme suivant (noms des différents services présentés et leur mission).**

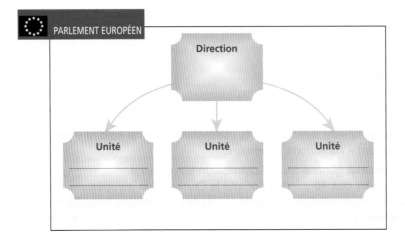

MANIÈRES DE DIRE

Conduire une réunion

Annoncer l'ordre du jour

Nous nous retrouvons aujourd'hui pour…

Je vous ai convoqué aujourd'hui pour…

Il y a quatre points à l'ordre jour…

Organiser le travail

Je propose de commencer par un tour de table…

Qui veut faire le compte rendu ?

Passons au point 2 de l'ordre du jour.

Donner la parole

Qui veut intervenir sur ce point/prendre la parole ?

Et vous, qu'en pensez-vous ?

Vous avez la parole.

Reformuler les paroles de quelqu'un

En d'autres termes, vous souhaitez…

Si j'ai bien compris, vous proposez de…

Pour résumer…

1. Qui répond à qui ? Reliez.

1. Qui veut faire le compte rendu ?

2. J'aimerais intervenir sur ce point.

3. Et vous, qu'en pensez-vous ?

4. Je n'ai pas d'avis là-dessus.

a. Si je comprends bien, vous acceptez la proposition.

b. Je ne suis pas tout à fait d'accord sur ce point.

c. Moi, je veux bien prendre des notes.

d. Vous avez la parole.

2. Expliquez à votre voisin/voisine, comment on organise chez vous une réunion et comment elle se déroule : qui informe qui, de quoi, comment, qui conduit la réunion, qui fait le compte rendu…

GRAMMAIRE

Le subjonctif (3)

Avec des verbes impersonnels : il faut/il est nécessaire/important/dommage que…

Il est nécessaire que nous **fassions** d'abord un tour de table.

Avec des verbes : vouloir/proposer/suggérer/demander que…

Je propose que nous **fassions** une pause.

Avec des adjectifs : être étonné/heureux/désolé que…

Je suis étonnée que vous ne **fassiez** pas de proposition.

• **Reformulez les phrases suivantes en utilisant le subjonctif.**

Respectez l'ordre du jour ! → *Il demande que vous respectiez l'ordre du jour.*

a. Nous devons absolument trouver une solution à ce problème ! → Il …

b. Comment ? Vous n'avez rien à proposer ? → Je …

c. Vous changez de poste ? Bravo ! → Nous …

d. Tu ne participes pas à la réunion ? Dommage ! → Il …

GRAMMAIRE

Le subjonctif (4)

Avec « bien que… » et « quoique… »

Il assiste à la réunion **bien qu'**il ne **travaille** plus chez nous.

Avec « pour que… » et « afin que… »

Je vous envoie la convocation par courriel **pour que** vous l'**ayez** plus vite.

• **Complétez avec une des conjonctions ci-dessus.**

a. … vous soyez à l'heure pour la conférence, il faut que vous partiez assez tôt de chez vous.

b. … elle fasse toujours des propositions intéressantes, ses collègues n'écoutent jamais ce qu'elle dit.

c. Il y a encore de l'argent à dépenser … nous soyons déjà au mois de décembre !

d. Pourriez-vous m'appeler pour me dire quand la réunion aura lieu … je puisse m'organiser ?

MANIÈRES DE DIRE

Prendre la parole

Demander la parole

J'aimerais prendre la parole…

Je voudrais intervenir sur ce point…

Pour garder la parole

Je serai bref…

Je termine, juste un mot…

Interrompre quelqu'un

Permettez-moi de vous interrompre mais…

Vous permettez mais…

Donner son point de vue

Je suis pour cette proposition.

Je suis contre la décision de…

Justifier

En effet,…

Parce que…/Car…

Demander une explication

Que voulez-vous dire par…

Pourriez-vous préciser, s'il vous plaît ?

● **Que répondez-vous ? Aidez-vous des manières de dire ci-contre. Plusieurs solutions sont parfois possibles.**

a. Vous voulez encore une fois prendre la parole ? Il ne nous reste malheureusement plus que cinq minutes avant de finir.

b. J'aimerais organiser une exposition sur le thème des échanges.

c. J'aimerais avoir votre avis sur cette décision.

d. Est-ce que quelqu'un souhaite s'exprimer sur ce point ?

À vous !

● Vous participez à une réunion de service (un directeur et trois chefs de service). Objet : le recrutement d'un stagiaire pour l'été. Choisissez entre deux candidats. Jouez la scène à quatre.

PROFIL DU CANDIDAT	CANDIDAT 1 : Jeune, sans expérience, peut travailler en juillet et en août.	CANDIDAT 2 : Un peu plus âgé, a de l'expérience, pas libre en août.
Choix du chef de service 1	*Arguments :* Un jeune sans expérience est plus facile à former. Vous avez besoin de quelqu'un pendant tout l'été.	
Choix du chef de service 2		*Arguments :* Un stagiaire qui a de l'expérience peut travailler en autonomie. Au mois d'août, il n'y a vraiment pas grand chose à faire.
Choix du chef de service 3	*Arguments :* Un jeune coûte moins cher. Vous avez également besoin de quelqu'un pendant tout l'été.	

En situation

● Après une catastrophe naturelle, le ministre de l'Environnement doit quitter ses fonctions et le ministère est restructuré.

1. Élaborez le nouvel organigramme : nom du ministère, direction générale, nom et nombre des sous-directions (ex : sous-direction de l'eau, de la nature et des paysages, de la prévention des pollutions…), nom des personnes nommées.

2. Un fonctionnaire informe un collègue de la nouvelle. Celui-ci réagit à l'information.

3. Une réunion est organisée au service des relations publiques. Objet : fixer la date, l'heure, le lieu d'une conférence de presse.

4. Le porte-parole du ministère présente le nouvel organigramme lors de la conférence de presse.

Mettez-vous à plusieurs pour élaborer l'organigramme et jouez ensuite les scènes.

MANIÈRES DE PARLER
Parler de tout et de rien

1. Quand on rencontre quelqu'un pour la première fois, il est normal de parler de sa vie privée.

2. Il ne faut pas parler de certains sujets : l'argent, la religion, la politique…

3. Dans une réunion, il est normal que tout le monde prenne la parole en même temps.

4. Parler beaucoup, c'est souvent parler pour ne rien dire : autant parler moins !

5. Un exposé bien construit est toujours un bon exposé !

6. Préparer un ordre du jour pour une réunion : cela ne sert à rien !

Et chez vous, c'est comment ?

L'ORGANISATION INTERNATIONALE DE LA FRANCOPHONIE

Le monde de la Francophonie

■ 55 États et gouvernements membres
■ 13 observateurs

• 55 États et gouvernements membres et 13 observateurs

L'OIF apporte à ses États et gouvernements membres un appui dans l'élaboration ou la consolidation de leurs politiques et mène des actions de coopération multilatérale, conformément aux grandes missions tracées par le Sommet de la Francophonie : promouvoir la langue française et la diversité culturelle et linguistique ; promouvoir la paix, la démocratie et les droits de l'Homme ; appuyer l'éducation, la formation, l'enseignement supérieur et la recherche ; développer la coopération au service du développement durable et de la solidarité.

L'Organisation internationale de la Francophonie (OIF) est une institution fondée sur le partage d'une langue, le français, et de valeurs communes. Elle compte à ce jour cinquante-trois États et gouvernements membres et dix observateurs. Présente sur les cinq continents, elle représente plus du quart des États membres de l'Organisation des Nations Unies.

Abdou Diouf, ancien Président du Sénégal, est le Secrétaire général de la Francophonie.

Le siège de l'OIF est à Paris. L'OIF est aussi représentée auprès des Nations Unies à New York et à Genève, de l'Union européenne à Bruxelles, et de l'Union africaine à Addis-Abeba.

Vous pouvez consulter le site de l'OIF :
www.francophonie.org

Testez-vous

1 Compréhension orale 🎧

1. Écoutez le document et dites si ce compte rendu correspond aux informations entendues. Corrigez le compte rendu, si nécessaire.

> **EXTRAIT DU COMPTE RENDU DE LA RÉUNION DU 12 SEPTEMBRE 2006**
>
> János Molnár propose que les deux secrétaires prennent leurs congés du 31 juillet au 15 août.
>
> François Carlier n'est pas d'accord sur ce point. Il rappelle que quelqu'un doit rester pour accueillir le public.
>
> Vladimir Saudek est d'accord pour que les secrétaires partent toutes les deux. Il suggère que le standard prenne les appels.
>
> Michel Doinel doute que ce soit une bonne solution.
>
> François Carlier est finalement d'accord avec la proposition de Vladimir Saudek.

2 Compréhension écrite

• Lisez ce texte et cochez la bonne case.

> Le Service de presse du Parlement européen a pour mission d'assister les journalistes et de les informer sur l'actualité parlementaire. Il est dirigé par Jaume Duch qui est à la fois directeur et porte-parole du Parlement européen. Ce service comprend deux unités : l'unité « salle de presse » et l'unité « rédaction et diffusion » dont le chef est Ioannis Darmis. Le service de presse est constitué d'une équipe d'attachés de presse qui sont spécialisés par sujets et par langue officielle. Ils peuvent ainsi mieux informer les journalistes de chaque État membre sur toutes les activités du Parlement.

	Vrai	Faux
a. Le Service de presse coordonne l'activité du Parlement.	☐	☐
b. Le Service de presse a deux directeurs.	☐	☐
c. Jaume Dauch a deux fonctions.	☐	☐
d. Chaque attaché de presse travaille dans une seule langue officielle.	☐	☐

3 Structures de la langue

1. Mettez au style indirect au présent.

   a. « Est-ce que tout le monde a lu l'ordre du jour ? » → Il ...

   b. « Il y a encore quelques années, personne ne s'engageait pour l'environnement. »
      → Le journaliste ...

2. Conjuguez les verbes au temps qui convient.

   a. Je ne suis pas sûre que nous ... *(avoir)* le temps d'aborder cette question en réunion.

   b. Je propose que nous ... *(passer)* au point suivant.

3. Mettez le texte à la voix passive.

   Pendant la Présidence, la Finlande prépare et dirige les travaux de l'Union européenne. La Finlande prévoit plus de 130 réunions. Le Secrétariat général du Conseil assiste la Présidence.

4 Expression écrite

Rédigez une note de service pour convoquer vos collaborateurs à une réunion. Il s'agit de planifier les congés d'été, de décider de la nouvelle répartition des bureaux et de la programmation budgétaire pour l'année prochaine.

5 Expression orale

À partir du mois de mai, les conducteurs de plus de 50 ans devront repasser leur permis de conduire. C'est une nouvelle directive européenne pour réduire le nombre des accidents de la route. Parlez-en avec votre voisin/voisine.

1 Compréhension orale 🎧

• Écoutez le document sonore et la question. Cochez la case correspondant à la bonne réponse.

1re TÂCHE

- ☐ A. Il avait un salaire trop bas.
- ☐ B. Il a déménagé.
- ☐ B. Son emploi ne lui plaisait pas.
- ☐ D. Ses diplômes ne convenaient pas.

2e TÂCHE

- ☐ A. Elle veut gagner plus d'argent.
- ☐ B. Elle ne s'entend pas avec ses collègues.
- ☐ C. Elle veut acquérir de nouvelles compétences.
- ☐ D. Elle n'aime plus son travail.

2 Structures de la langue

• Cochez la case correspondant à la bonne réponse.

1re TÂCHE

J'ai rencontré Félix hier, il voulait réserver des places pour le concert de Mozart. On lui a dit…

- ☐ A. qu'il n'y avait plus de places
- ☐ B. qu'il n'y aurait plus de place
- ☐ C. qu'il n'y ait plus de place
- ☐ D. qu'il n'y aura plus de place

…depuis vendredi dernier.

2e TÂCHE

Si tu veux vraiment avoir cet emploi, il faut que tu…

- ☐ A. prends
- ☐ C. prendra
- ☐ B. prenne
- ☐ D. prennes

…contact avec le responsable des Ressources humaines de la société.

3e TÂCHE

La France situe son action dans une perspective francophone.

« Situe » signifie :

- ☐ A. indique.
- ☐ C. place.
- ☐ B. mentionne.
- ☐ D. écrit.

4e TÂCHE

Vous devez déposer votre dossier de candidature avant vendredi 18 heures.

« Déposer » signifie :

- ☐ A. Apporter une lettre de candidature.
- ☐ B. Apporter les différentes pièces nécessaires pour poser votre candidature.
- ☐ C. Dire que vous êtes candidat.
- ☐ D. Demander si vous pouvez être candidat.

3 Compréhension écrite

• Lisez les documents, les questions et les réponses. Cochez la case correspondant à la bonne réponse.

1re TÂCHE

1er février 2005	2 février 2005	2 février 2005	3 février 2005	4 février 2005
Interview accordée par le président de la République à la radiodiffusion télévision Sénégalaise (Palais de l'Elysée).	*Conférence de presse conjointe du président de la République et de M. Abdoulaye Wade, président de la République du Sénégal (Dakar).*	*Intervention du président de la République à l'occasion du dîner donné en son honneur par M. Abdoulaye Wade, président de la République du Sénégal (Dakar).*	*Repas en présence du maire de Saint-Louis à la mairie de Saint-Louis du Sénégal.*	*Discours du président de la République lors de l'ouverture du Forum du « Dakar agricole » (Dakar).*

Quel jour le président va-t-il déjeuner avec une personnalité sénégalaise ?

☐ **A.** Le 1er février.

☐ **B.** Le 2 février.

☐ **C.** Le 3 février.

☐ **D.** Le 4 février.

2e TÂCHE

Les jeunes **PROFESSIONNELS**
à la **Banque Interaméricaine de Développement**

CONDITIONS REQUISES

• âge maximum : 32 ans ;
• être titulaire d'un diplôme de 3e cycle ;
• avoir au minimum un an d'expérience professionnelle, maîtriser parfaitement l'anglais ou l'espagnol (lu, écrit, parlé) et avoir une connaissance suffisante de l'une des autres langues officielles de la Banque ;
• avant tout faire preuve de flexibilité et de capacité d'intégration au sein d'une équipe.

PROGRAMME

La durée du contrat est de 2 ans partagés en 3 affectations (de 8 mois chacune) différentes et successives dans les divers départements de la banque. Les différentes fonctions exercées apportent une vision globale des différentes activités de la banque. À l'issue de leur contrat, les jeunes professionnels peuvent postuler pour être recrutés sur la base d'un contrat de longue durée.

1. Quelle est la principale qualité demandée ?

☐ **A.** Avoir une bonne expérience professionnelle.

☐ **B.** Avoir les diplômes requis.

☐ **C.** Savoir travailler en équipe.

☐ **D.** Être jeune.

2. Quel est le principal avantage du poste proposé ?

☐ **A.** Le contrat est divisé en trois périodes.

☐ **B.** Le contrat peut être prolongé au-delà de 2 ans.

☐ **C.** Le salaire est très intéressant.

☐ **D.** Les collaborateurs sont compétents.

SCÉNARIO 3

Un groupe de fonctionnaires participe à un programme d'échange entre administrations nationales (de l'Union européenne ou autres).
Imaginez l'identité de ces fonctionnaires, le pays et le ministère dans lesquels ils ont choisi d'aller travailler et jouez le scénario suivant.

Plantez le décor !

Un ministère d'origine

Nom du ministère	Département/Service	Pays	Ville
. . .	. . .	. . .	. . .

Un ministère d'accueil

Nom du ministère	Département/Service	Pays	Ville
. . .	. . .	. . .	. . .

Un programme d'échange

Objectifs	Durée	Nombre de fonctionnaires	Profil souhaité
. . .	. . .	. . .	. . .

Des fonctionnaires qui participent à ce programme

Nom . . .   Formation . . .   Loisirs . . .
Prénom . . .   Expérience professionnelle . . .   Motivations par rapport à ce programme . . .
Nationalité . . .   Fonction actuelle . . .   Caractéristiques physiques . . .
Situation de famille . . .   Langues parlées . . .   Caractéristiques morales . . .

De nouveaux collègues

Nom . . .   Nationalité . . .   Fonction . . .   Langues parlées . . .
Prénom . . .   Situation de famille . . .   Organisation/Institution . . .   Loisirs . . .

Élaborez

- un CV
- une note de service (réunion de la Commission des échanges)
- deux « Une » et deux brèves sur un thème de société
- votre planning de congés pour trois mois
- un formulaire de demande de congés
- un bulletin météorologique pour la télé, la radio, un journal
- la page d'accueil de trois ou quatre sociétés de location de véhicules

Cherchez

- des informations touristiques sur la ville/région choisie pour le programme d'échange

À vous !

SÉLECTION DES CANDIDATS

- Vous avez été pré-sélectionné. On vous téléphone pour vous demander des précisions sur votre CV et vos motivations par rapport à ce programme d'échange.

- Une « Commission des échanges » se réunit pour sélectionner les candidats retenus.
  Un président de séance conduit la réunion, les membres de la Commission donnent leur avis sur les candidats et font la sélection.

PRISE DE FONCTIONS

- Vous vous présentez à votre lieu de travail et vous faites connaissance avec vos nouveaux collègues.
  Parlez de votre ministère d'origine, de sa structure et de vos motivations par rapport à ce programme.

- À la cafétéria, vos collègues vous parlent de l'actualité et vous demandent votre avis sur les thèmes abordés.

VIE QUOTIDIENNE

- Vous faites les soldes avec certains de vos collègues et vous achetez des vêtements.
  Essayez des vêtements, conseillez vos collègues, trouvez ensemble une solution aux problèmes suivants :

Fonctionnaire 1	Fonctionnaire 2	Fonctionnaire 3	Fonctionnaire 4
Vous voulez payer avec votre carte de crédit. Le magasin ne prend pas les cartes de crédit	Vous voulez payer. Quelqu'un a volé votre portefeuille.	Vous n'avez qu'un gros billet et le vendeur n'a pas de monnaie.	Vous ne pouvez payer qu'en espèces et vous n'avez plus d'argent liquide.

DÉPART EN CONGÉS

- Quelques semaines après votre arrivée, vous demandez un jour de congé (vous avez droit à 50 jours ouvrés dans l'année), un vendredi, car le jeudi est un jour férié.
  Remplissez un formulaire de demande de congé et envoyez-le par courriel à votre supérieur hiérarchique.
  Vous recevez une réponse positive ou négative. En cas de refus, arrangez-vous avec un collègue/renégociez...

- Vous décidez avec vos collègues qui participent avec vous à ce programme d'échange de découvrir, pendant ce long week-end, la ville/la région.
  Vous demandez conseil à vos nouveaux collègues (où aller, que faire…).
  Lisez/écoutez les prévisions météorologiques à la radio et choisissez ensemble votre destination.
  Renseignez-vous auprès d'une société de location de véhicules sur les formules proposées. Vous êtes un groupe de cinq personnes : décidez ensemble de la formule que vous allez choisir.

DIFFICULTÉS SUR LA ROUTE

- Au cours de ce week-end, vous avez un petit accident de voiture. Le conducteur est légèrement blessé et trois passagers ne se sentent pas très bien.
  Vous décidez de vous rendre à l'hôpital. Un médecin vous interroge sur ce qui ne va pas, vous demande de décrire les symptômes que vous ressentez et vous donne des conseils.

SIGNES DE VIE

- Donnez de vos nouvelles par courriel/par téléphone à un collègue/ami francophone.
  Parlez-lui de votre programme d'échange, du ministère où vous travaillez, de vos nouveaux collègues (manières de travailler, de s'habiller, de se comporter…), du pays, de la région où vous séjournez…
  Il vous répond, pose des questions…

UNITÉ 1

PHONÉTIQUE

EXERCICE 2

a. Je m'appelle Dupuis, D.U.P.U.I.S
b. Je m'appelle Auroux, A.U.R.O.U.X
c. Je m'appelle Martin, M.A.R.T.I.N
d. Je m'appelle Frot, F.R.O.T

VOCABULAIRE

a. La conférence est au niveau 6.
b. Au bureau, j'ai 7 collègues français.
c. Le ministère de la Culture est 3 rue de Valois.
d. L'agent d'accueil a 13 badges pour la délégation belge.

TESTEZ-VOUS

1. Hans Heller est autrichien. Il travaille en France, à Strasbourg. Il parle allemand, anglais et français.
2. Conchita Delgado est espagnole. Elle travaille en Suède, à Stockholm. Elle parle espagnol, anglais, et suédois.
3. Carla Sinerelli est italienne. Elle travaille en Angleterre, à Londres. Elle parle italien, anglais et français.

UNITÉ 2

MANIÈRES DE DIRE

1. Alain Bordin travaille au Centre Culturel français de Helsinki. Il est attaché culturel. Il est responsable de la programmation culturelle.
2. Claire Verdin est fonctionnaire international. Elle travaille à l'OCDE. Elle dirige la division des statistiques.
3. Hervé Pilinszki est diplomate. Il est premier conseiller à l'Ambassade de Belgique en Pologne. Il est responsable des relations bilatérales entre la Pologne et la Belgique.
4. Elvira Martinez est spécialiste de relations internationales. Elle travaille à Madrid. Elle est directrice de recherche à la Fondation José Ortega y Gasset.
5. Michael Vanderlive est attaché de presse. Il est chargé de la communication extérieure au cabinet du président de la Commission européenne.

TESTEZ-VOUS

A : Bonjour Monsieur. Je peux vous demander quelques renseignements ? C'est pour un sondage.
B : Mais bien sûr, allez-y !
A : Quel est votre nom, s'il vous plaît ?
B : Michel Renaud.
A : Renaud, c'est votre nom ou votre prénom ?
B : Mon nom.
A : Donc, nom, Renaud, prénom, Michel… Quelle est votre nationalité ?
B : Belge.
A : Où travaillez-vous ?
B : À Strasbourg.
A : Plus précisément ?
B : Au Conseil de l'Europe.
A : Quelles sont vos fonctions ?
B : Je suis conseiller technique.
A : Quelles langues parlez-vous ?
B : Je parle français, néerlandais, anglais et allemand.
A : Je vous remercie.
B : Je vous en prie.

UNITÉ 3

VOCABULAIRE

Agenda international

Bonjour, voici l'agenda international pour les mois de mars, avril, mai 2007.
En mars : conférence de la Francophonie à Dakar, Sénégal.
Mardi 17 avril : sommet altermondialiste à Johannesburg. Les chefs d'État des pays de l'OCDE se rencontrent à Paris le 20 mai.
Et la semaine prochaine : interview d'Abdou Diouf sur la diversité linguistique.

À VOUS

A : Bonjour Monsieur.
B : Bonjour.
A : Je viens pour une demande de visa.
B : Oui, prenez place. Quel est votre nom, s'il vous plaît ?
A : Vladescu, V.L.A.D.E.S.C.U.
B : Et votre prénom ?
A : Virgil, V.I.R.G.I.L.
B : Quels sont votre date et votre lieu de naissance ?
A : 22 décembre 53, Bucarest, Roumanie.
B : Vous êtes roumain ?
A : Oui.
B : Quelle est votre situation de famille ?
A : Je suis divorcé.
B : Vous avez des enfants ?
A : Oui. Une fille, Sofia, avec « f ». Sa date de naissance est le 13 avril 1978.
[…]
B : Excusez-moi un instant, s'il vous plaît…

TESTEZ-VOUS

A : Mardi matin, je travaille à mon bureau, l'après-midi, je vais au Parlement. Mercredi, il y a une délégation de l'ONU. Je déjeune avec la délégation, n'est-ce pas ? À 16 heures, je leur fais visiter la ville. D'accord… Bon, jeudi, je vais à Genève… et vendredi, je suis au bureau… Une semaine tranquille, n'est-ce pas Nicole ?
B : Je suis désolée Monsieur Dugormeau, mais cet après-midi, il y a une réunion à deux heures et ensuite le cocktail à l'ambassade de France. Mercredi soir, vous dînez avec la délégation. Et puis, j'ai un message pour vous : Monsieur Borg n'est pas là vendredi. Donc, vous allez présider la réunion de service le matin et l'après-midi, il y a une réunion à la représentation permanente et…
A : Et Igmar Borg n'est pas là… donc je vais à la réunion. C'est ça Nicole, n'est-ce pas ?
B : Oui, Monsieur !
A : Une semaine tranquille ! Une semaine tranquille ! Enfin, heureusement, le week-end, on va à la campagne.

TRANSCRIPTIONS DES DOCUMENTS ORAUX

VOCABULAIRE 1

Pour consulter votre messagerie vocale, tapez sur la touche étoile de votre clavier téléphonique. Composez les 4 chiffres de votre code d'accès et tapez sur dièse. Pour revenir au menu principal, composez le 5.

VOCABULAIRE 2

1. Mon week-end ? Formidable ! J'ai travaillé dans le jardin toute la journée !
2. Je suis resté chez moi et j'ai écouté du Mozart… comme d'habitude.
3. On est restés à la maison et on a regardé le match Paris-Saint-Germain-Bayern de Munich.
4. Le samedi, je vais toujours à la piscine avec un collègue. On est assez sportifs, vous savez.
5. Dimanche soir, nos voisins sont venus dîner à la maison.
6. Ce week-end je suis allée voir l'exposition Claude Monet au Grand Palais.

TESTEZ-VOUS

SITUATION 1

A : Ministère des Affaires étrangères, bonjour.
B : Bonjour. J'aimerais parler à Nathalie Dupuis, s'il vous plaît.
A : Vous connaissez son numéro de poste ?
B : Oui, c'est le 34 48.
A : Un instant, s'il vous plaît.
B : Son poste est occupé. Vous voulez patienter ?
A : Non, je préfère rappeler plus tard.
B : Entendu, au revoir !

SITUATION 2

A : Allô, Martin ?
B : Ah non… Qui est à l'appareil ?
A : Alessandra Figueroa. Je suis bien au Parlement européen à Strasbourg ?
B : Oui, ici vous êtes au standard. Qui demandez-vous ?
A : Martin Seiler du service des conférences.
B : Un instant, je vous le passe… Excusez-moi, mais il ne travaille plus chez nous.
A : Ah bon ? C'est bizarre.

ENTRAÎNEMENT AU TCF-RI

1re TÂCHE

Bonjour,
Le Directeur des relations internationales approuve votre idée de réunir les responsables des départements. Il vous propose une réunion la semaine prochaine le lundi 18 mars, à 14 h 30 dans la petite salle de réunion du 7e étage. J'espère que cette date vous convient. Merci de me confirmer avant jeudi de cette semaine.
Quelle est la date et quel est le lieu de la réunion ?

2e TÂCHE

Mesdames, Messieurs, chers collègues,
Merci de votre attention. Nous faisons maintenant une courte pause. Du café est à votre disposition au 1er étage.
Veuillez noter le changement de programme suivant :
L'atelier sur les relations Nord–Sud est supprimé.
L'atelier sur la réorganisation de la Commission européenne a lieu au 2e étage dans la salle 202.
Quelle information est exacte ?

TESTEZ-VOUS

Quand vous entrez, il y a un long couloir et, au fond, la salle de réunion. Le premier bureau à gauche après l'entrée est celui du stagiaire. L'ascenseur se trouve entre la cuisine et les archives. Derrière l'ascenseur, il y a l'escalier de secours. En face du bureau du stagiaire, il y a l'agent comptable. Pour accéder à son bureau, il faut d'abord passer par son secrétariat. À côté de ce bureau, en face de la cuisine, il y a le bureau du chef du personnel et de son assistante. À côté, il y a le bureau du directeur.

TESTEZ-VOUS

SITUATION 1
Vous ne prenez pas d'entrée ?
SITUATION 2
Qu'est-ce que vous me conseillez ?
SITUATION 3
L'addition, s'il vous plaît !
SITUATION 4
Je vous le sers avec quoi ?
SITUATION 5
Qu'est-ce qu'on boit ?
SITUATION 6
Il y a aussi des crêpes, si vous voulez.

VOCABULAIRE

a. Je vis seul. C'est vraiment tout petit chez moi, vous savez !
b. Notre appartement est sur deux niveaux avec un escalier intérieur. C'est magnifique !
c. Nous passons l'été dans notre maison de Saint-Tropez.
d. Vous comprenez, je n'avais vraiment pas envie d'emporter tous mes meubles !
e. Nous ne sommes que deux, alors vous savez … On n'a vraiment pas besoin de 200 mètres carrés !
f. Chez nous, l'étage, c'est le domaine des enfants... Le jardin aussi, d'ailleurs...
g. Je vais mettre l'appartement de Renaud en location.

MANIÈRES DE DIRE

APPEL 1

A : La réception, bonjour !
B : Oui bonjour… Écoutez, ça ne va pas du tout ! Il fait une chaleur horrible dans mon studio et la climatisation est en panne !

APPEL 2

A : La réception, bonsoir !
B : Bonsoir Madame ! Je ne comprends pas… je n'ai pas d'eau chaude, impossible de prendre une douche ! C'est un scandale !

APPEL 3

A : La réception, j'écoute ?
B : Oui bonjour, nous sommes en salle de réunion et il n'y a pas le matériel demandé, ni rétroprojecteur, ni tableau… C'est incroyable !

TESTEZ-VOUS

A : Allô ? C'est Bernard !

B : Bonsoir, ça va ?

A : Ça va. Je t'appelle à propos du logement. On m'a proposé un appartement en ville, tout près de la Grand-place. Il est très beau, grand, moderne et très bien placé, dans une rue calme à deux pas du centre-ville. Qu'est-ce que tu en penses ?

B : Ben… écoute, je ne sais pas, moi. On voulait une maison mais… ça dépend.

A : C'est dans un immeuble de 4 étages avec ascenseur. Au deuxième.

B : Il fait combien de mètres carrés ?

A : 160. Il y a une entrée, un grand séjour très clair avec des fenêtres qui donnent sur un parc. La cuisine n'est pas très grande mais elle est bien équipée. Il y a quatre chambres, deux salles de bains. Bref, c'est très bien aménagé. Le siège de l'OTAN est un peu loin mais en voiture, ça ne pose pas de problèmes.

B : Écoute, c'est difficile pour moi de donner une réponse maintenant mais bon… On réfléchit et tu me rappelles demain soir ?

A : D'accord, on se rappelle demain. Bon après-midi !

TESTEZ-VOUS

A : Pete, je pars en mission du 22 au 30 septembre, pouvez-vous m'aider pour l'organisation ?

B : Bien sûr ! Où partez vous ?

A : À Dublin, pour une conférence sur les nouvelles technologies.

B : Vous partez le 22 ou avant ?

A : Je préfère partir le 21, mais je rentrerai le 30 dans l'après-midi. Classe économique, mais je me demande si c'est possible d'avoir un vol direct.

B : Je vais regarder… Pour l'hôtel… vous avez une idée ?

A : Dans le centre-ville et plutôt deux étoiles.

B : Avez-vous besoin d'un visa ?

A : Non pas pour l'Irlande.

ENTRAÎNEMENT AU TCF-RI

1re TÂCHE

Messieurs les journalistes bonjour,

Voici le programme de la visite du président de la République en Égypte.

Le jeudi, en début de matinée, le chef de l'État visitera l'université française et répondra aux questions des professeurs et des étudiants.

Il rencontrera des chefs d'entreprise en début d'après-midi. À cette occasion, le président parlera des projets de coopération franco-égyptienne.

En fin d'après-midi, il recevra les journalistes pour une conférence de presse.

Le soir, un dîner réunira les personnalités du monde politique.

Quelles sont les personnes que le président de la République va rencontrer le jeudi matin ?

2e TÂCHE

A : Bonjour, ici l'agence Air France. Pourrais-je parler à Monsieur Prévert ?

B : C'est moi-même. Merci de votre appel, vous avez mon billet pour São Paulo mercredi soir ?

A : Désolé, Monsieur Prévert, le vol est annulé ce mercredi, mais nous pouvons vous proposer un aller Paris-São Paulo pour le vendredi 13, départ à 22 h. Cela vous convient ?

B : Vendredi 13 ? Ah non ! Vous n'avez pas de vol avant vendredi ?

A : Si, nous avons un vol jeudi matin, mais qui n'est pas direct. Il y a un changement à Rio de Janeiro. Sinon, nous avons un vol direct le jeudi soir.

B : Bon… je n'ai pas trop le choix. Réservez le billet pour le vol direct jeudi soir.

A : Nous vous remercions et nous vous prions d'accepter nos excuses pour cette annulation.

Que va faire Monsieur Prévert ?

MANIÈRES DE DIRE

Si vous avez perdu votre carte bancaire, ne téléphonez pas à la police. Il faut faire opposition le plus vite possible. En effet, si vous faites opposition, les sommes dépensées seront remboursées par votre banque dans un délai d'un mois maximum. Si vous ne faites pas opposition, toutes les sommes dépensées après la perte de votre carte sont à votre charge.

Comment faire opposition ? Si on vous vole votre carte aux heures d'ouvertures des banques, il faut informer votre agence par courriel ou par fax. Sinon, téléphonez au 37 38.

Ce n'est qu'après avoir téléphoné au centre d'opposition que vous devrez faire une déclaration à la police.

TESTEZ-VOUS

Bonjour ! Vous êtes bien au BIPD, le bureau des immunités et des privilèges diplomatiques qui a pour objectif d'aider les employés de l'OCDE dans leurs démarches administratives. Ainsi le BIPD peut faire les démarches concernant le permis de séjour pour vous et votre famille. Les délais sont de 3 à 4 mois pour les non Européens et de 4 à 5 mois pour les Européens. Il peut aussi vous aider pour importer vos affaires personnelles avec ou sans voiture. De plus, une fois installé, c'est encore le BIPD qui s'occupe des visas pour vos voyages en mission officielle. Nous sommes à votre disposition pour d'autres aides également. Merci de consulter notre site Internet où vous trouverez toutes les informations utiles.

UNITÉ 10

TESTEZ-VOUS

A : Voilà, ça fera en tout 189 euros. Vous savez que vous pouvez récupérer la TVA sur les marchandises que vous avez achetées ? Pour vous ça ferait environ 37 euros.

B : Ah, bon ? Qu'est-ce qu'il faut faire ?

A : Il faut remplir ce formulaire et le présenter à la douane. Vous avez votre passeport ?

B : Oui, voilà.

A : Vous êtes diplomate ? Vous travaillez où ?

B : À l'UNESCO.

A : Je suis désolée mais les membres des missions diplomatiques, consulaires et des organisations internationales en poste en France sont exclus de la détaxe. C'est aussi le cas pour les résidents d'un État membre de l'Union européenne.

B : Dommage … Je peux payer par carte bancaire ?

A : Non, je suis désolée pas pour les articles en solde. En espèces uniquement…

UNITÉ 11

TESTEZ-VOUS

Biographie de Jacques Delors

Jacques Delors est né en 1925 à Paris. Il a travaillé à la Banque de France de 1945 à 1962. Il a été membre du Conseil économique et social puis du cabinet de Jacques Chaban-Delmas, premier ministre de 1969 à 1972. Il est entré au parti socialiste en 1974. Il a aussi une expérience d'enseignant puisqu'il a été professeur d'économie dans une université parisienne de 1974 à 1979. De mai 1981 à juillet 1984, il a assumé les fonctions de ministre de l'Économie et des Finances. En janvier 1985, il est devenu président de la Commission européenne, poste qu'il a occupé jusqu'en janvier 1995. On le considère comme l'un des hommes politiques qui ont largement contribué à la construction européenne.

UNITÉ 12

MANIÈRES DE DIRE

Les maires des capitales européennes proposent d'interdire, à partir du mois de janvier, la circulation des voitures dans leurs villes le samedi et le dimanche. Le Commissaire européen à l'Environnement salue cette initiative. Les clubs d'automobilistes demandent aux conducteurs de descendre dans la rue pour manifester…

TESTEZ-VOUS

A : Bien. Passons au point suivant. Qui veut prendre la parole ? János ?

B : Merci. Nos deux secrétaires aimeraient bien prendre leurs congés du 31 juillet au 8 août. Je leur ai dit que cela ne posait aucun problème…

C : Vous permettez, mais je ne suis pas du tout d'accord. Il faut absolument que quelqu'un soit là pour répondre au téléphone !

A : Je comprends l'argument de François mais… Vladimir, qu'en pensez-vous ?

D : Juste un mot car je dois partir en rendez-vous. Je

trouve qu'il est inutile d'obliger une secrétaire à travailler pendant cette période ! Il suffit de transférer les appels vers le standard et c'est tout !

A : Vous avez raison. Qui veut encore intervenir sur ce point ? François ?

C : Si j'ai bien compris, la décision est prise. Après tout, pourquoi pas ?

ENTRAÎNEMENT AU TCF-RI

1re TÂCHE

A : Bonjour Monsieur. Je vous en prie, asseyez-vous. Vous avez donc répondu à notre offre d'emploi. Nous avons reçu votre curriculum ainsi que les attestations de diplômes. Pouvez-vous nous parler de votre parcours professionnel ?

B : Bonjour messieurs. Eh bien… j'ai 28 ans et j'ai un master de sciences économiques. Après mon master, j'ai fait un stage de 6 mois au London School of Economics, ce qui m'a donné l'occasion de perfectionner mes connaissances et bien sûr mon anglais.

A : Vous avez déjà travaillé ?

B : Oui, j'ai travaillé pendant trois ans à Eurostat où je faisais partie d'un groupe de travail concernant les statistiques sur les ressources humaines dans les entreprises en Europe.

A : Mais pourquoi avez-vous quitté Eurostat ? Vous y aviez un salaire confortable ?

B : C'est vrai, mais je me suis marié et nous sommes partis à Genève où ma femme a son emploi. C'est la raison pour laquelle je cherche un emploi ici et qui corresponde bien entendu à mes compétences.

Pourquoi a-t-il quitté son entreprise ?

2e TÂCHE

A : Bonjour Evelyne. Je vous en prie, prenez ce siège. Alors, dites-moi, quel est votre problème ?

B : Je n'ai pas vraiment de problème, comme vous le savez certainement l'ambiance de travail dans notre département est excellente, le travail est intéressant, mais…

A : Mais…

B : Cela fait 20 ans maintenant que je suis au même poste, que je traite les mêmes dossiers et j'aimerais bien faire autre chose. J'ai appris par la directrice des ressources humaines qu'une formation en gestion des ressources humaines allait être organisée au début de l'année prochaine et cela m'intéresse.

A : Pourtant, vous gérez très bien vos dossiers et tout le monde dit le plus grand bien de vous, vous semblez contente de travailler là où vous êtes et puis… vous allez être augmentée prochainement…

B : C'est vrai ! J'adore ce que je fais, mais j'ai envie de faire autre chose que de gérer des dossiers et puis j'ai envie d'apprendre de nouvelles choses, de découvrir un autre secteur de notre organisation.

A : Eh bien, nous allons étudier la question.

Pourquoi Evelyne veut-elle changer de poste ?

Sont donnés ici les corrigés des exercices de compréhension écrite (CE), de compréhension orale (CO) et de structures de la langue (SL) des 12 pages « Testez-vous ! » ainsi que ceux des trois séries d'entraînement au TCF-RI de fin de dossier.

UNITÉ 1

CO : 1-b ; 2-c ; 3-b
SL : a. un ; b. française ; c. en ; d. habitez
CE : a. Faux (en mission à Vilnius) ;
     b. Faux (dans le bureau 24) ; c. Vrai ;
     d. Faux (celui de Liina)

UNITÉ 2

CO : Renaud Michel ;
    belge ;
    Conseil de l'Europe ;
    Strasbourg ;
    conseiller technique ;
    français, néerlandais, anglais, allemand
SL : a. C'est ; b. traductrice, compétente ;
    c. de la, au ; d. connaît ; e. faites
CO : Isabel Ramos ; espagnole ; attachée de
    presse ; chargée de la communication avec
    les journalistes ; OCDE ; Paris ;
    grande, mince, cheveux longs et bruns ;
    sérieuse, exigeante, gentille

UNITÉ 3

CE : a. Faux. C'est une ville très animée.
    b. Faux. Ils sont sympathiques.
    c. Vrai : Elle arrête de travailler à 16 h 30.
    d. Vrai. Elle aime beaucoup Strasbourg.
    e. Faux. Son mari arrive en décembre.
SL : a. préfère ; b. en ; c. quel ; d. vont arriver ;
    e. mon
CO : Lundi après-midi : réunion à 2 heures +
    cocktail ambassade de France.
    Mardi matin : bureau.
    Mardi après-midi : Parlement.
    Mercredi matin : délégation ONU.
    Mercredi midi : déjeuner avec la délégation.
    Mercredi après-midi : visite de la ville.
    Mercredi soir : dîner avec la délégation.
    Jeudi : Genève.
    Vendredi matin : réunion de service.
    Vendredi après-midi : réunion à la
    représentation permanente.

UNITÉ 4

CE : 1-c ; 2-a
SL : a. peut ; b. dois ; c. me ; d. laissez ; e. de la ;
    f. de
CO : *Situation 1 :* ministère des Affaires étrangères ;
    Nathalie Dupuis ; 34 48 ; le poste est occupé.
    Situation 2 : Parlement européen ;
    Martin Seiler ; service des conférences ;
    la personne a changé de travail.

Entraînement au TCF-RI

CO : 1-C ; 2-D
SL : 1-C ; 2-B ; 3-A ; 4-B ; 5-A
CE : 1-D ; 2-A

UNITÉ 5

CE : a. angle de deux boulevards
    b. ligne de métro U1
    c. Le visiteur doit présenter ses papiers
    d. traverser la cour
    e. aller tout droit et prendre le couloir jusqu'à
    la cafétéria
    f. prendre l'ascenseur jusqu'au 6e étage, le
    bureau en face du distributeur de boissons,
    entre la bibliothèque et le secrétariat
CO : couloir au milieu
    à gauche dans l'ordre à partir de l'entrée :
    bureau du stagiaire, cuisine, ascenseur et
    escalier de secours, archives
    à droite : secrétariat et bureau de l'agent
    comptable, bureau du chef du personnel ;
    bureau du directeur
    au fond : salle de réunion
SL : 1. a. suivrez, tournerez, descendrez
    b. prendrai, choisirons, attendras, irez
    2. a. ce, celui-là
    b. deux cent quarante, deuxième
    c. en ; d. ce sont, sur

UNITÉ 6

CO : 1. garçon ; 2. client ; 3. client ; 4. garçon ;
    5. client ; 6. garçon.
SL : 1. du, des, de la, du, d'.
    2. organisions, servait, avait, choisissaient,
    faisait, c'était.
    3. a. Oui, j'en ai une. Non, je n'en ai pas.
    b. Oui, j'en bois. Non, je n'en bois pas.
    c. Oui, j'en emporte beaucoup. Non, je n'en
    emporte pas beaucoup.
CE : Entrées : foie gras, pâté de canard, salade ;
    Poissons : saumon grillé ;
    Viandes : entrecôte, bœuf bourguignon ;
    Desserts : tarte aux pommes, sorbets,
    crêpes, mousse au chocolat ;
    Ajouter : plateau de fromages (entre les
    viandes et les desserts).

UNITÉ 7

CO : a. Faux ; b. Vrai ; c. Faux ; d. Vrai ; e. Faux
SL : 1. a. vous pouvez le visiter ;
    b. nous les achetons ; c. Ne lui téléphone pas !
    2. a. un grand appartement lumineux ;

b. deux belles chambres ;

c. une vieille maison inconfortable.

3. votre, la mienne, la leur, la sienne, la vôtre

CE : cherche à louer (loue) ;

deux-trois pièces meublé (deux-trois pièces) ;

proche centre-ville quartier Sablon de préférence (Sablon) ;

salle de bains, câble et Internet (télévision).

UNITÉ 8

CO : Objet : conférence sur les nouvelles technologies ; Pays : Irlande ;

Aller : le 21, classe éco ;

Retour : le 30, classe éco ;

Hôtel : 2 étoiles ; Visa : non.

SL : 1. se sont rencontrés, étaient, sont intervenus, ont réfléchi, ont proposé ;

2. D'abord, il a consulté... Puis (ensuite), il a eu... : d'abord avec un représentant...,

ensuite (puis) avec le chargé de mission...,

Puis (ensuite), à 12 h 30..., ensuite (puis) il est retourné..., Ensuite (puis), à 16 heures...,

Enfin il est rentré...

CE : a. ACF existe depuis 1979.

b. Son rôle est de lutter contre la faim dans le monde.

c. Elle est aussi active dans le domaine des problèmes de nutrition, de sécurité alimentaire, de santé, d'accès à l'eau potable.

d. Le bureau central se trouve à Paris.

e. Elle possède aussi des représentations à Londres, à Madrid, à New York et à Montréal.

Entraînement au TCF-RI

CO : 1-A ; 2-C

SL : 1-A ; 2-D ; 3-C ; 4-A ; 5-D

CE : 1. 1-B ; 2-C

2. 1-B ; 2-C

UNITÉ 9

CO : a. aider les employés de l'OCDE ;

b. leurs démarches administratives ;

c. 4 à 5 mois ; d. importer les affaires personnelles avec ou sans voiture ;

e. visa pour les voyages en mission officielle ;

f. site Internet

CE : Formalités séjour 90 jours : pas de visa exigé ;

Formalités pour séjours diplomatiques : demander un visa à l'ambassade de Bolivie de son pays d'origine ;

Pas de risque sanitaire mais attention à l'altitude, éviter l'exercice physique pendant les premiers jours ;

Risque terroriste, les feuilles de coca sont en vente libre, ne pas les sortir du pays.

SL : si, en raison de, aux, de, que, que, comme, de.

UNITÉ 10

CO : 1-c ; 2-c. ; 3-c ; 4-b.

CE : Elle est refusée : il n'a pas fait sa demande deux semaines à l'avance.

SL : 1. a. Si je peux, je pars/partirai en congés.

b. S'il y a des soldes, elle s'achètera un nouveau pantalon.

2. il, il y a, il est, il faut.

3. Il fait que vous fassiez une déclaration à la police et que vous fassiez réparer la voiture.

UNITÉ 11

CO : 1925 : naissance ;

1945-1962 : Banque de France ;

1969-1972 : membre du Conseil économique et social puis du cabinet de Jacques Chaban-Delmas ;

1974-1979 : professeur d'économie ;

1981-1984 : ministre de l'Économie et des Finances ;

1985-1995 : président de la Commission européenne.

CE : a. Vrai ; b. Faux (28 ans) ;

c. Faux (dans une structure publique locale) ;

d. Faux (nationalité européenne).

SL : j'ai posé, j'ai eu, avaient reçu, je ne l'avais pas reçue, j'ai téléphoné, avait envoyé, ils m'ont envoyé.

UNITÉ 12

CO : du 31 juillet au 8 août ; quelqu'un doit être là pour répondre au téléphone ; Michel Doinel est d'accord

CE : a. Faux (assiste les journalistes et les informe) ;

b. Faux (Jaume Duch) ; c. Vrai (directeur et porte-parole) ; d. Vrai

SL : 1. a. Il veut savoir si tout le monde a lu l'ordre du jour.

b. Le journaliste pense/dit qu'il y a quelques années, personne ne s'engageait pour l'environnement.

2. a. ayons ; b. passions.

3. Pendant la présidence, les travaux de l'Union européenne sont préparés et dirigés par la Finlande. Plus de 130 réunions sont prévues par la Finlande. La présidence est assistée par le Secrétariat général du Conseil.

Entraînement au TCF-RI

CO : 1-B ; 2-C

SL : 1-A ; 2-D ; 3-C ; 4-B

CE : 1. 1-C

2. 1-C ; 2-B

fonctionner (v)	to function	funktionieren	funcionar	عمل، اشتغل
fondateur(trice) (n)	founder	Gründer(in)	fundador, ra	مؤسس، مؤسسة
fondation (nf)	foundation	Gründung	fundación	مؤسسة
fonder qc (v)	to found	gründen	fundar	أسّس
force (nf)	force	Kraft	fuerza	قوة
forfait (nm)	flat fee	Pauschale	tanto alzado	مقاولة، سعر تعاقدي
formation (nf)	education	Ausbildung	formación	تدريب جامعي
forme (nf)	shape	Form	forma	شكل
formulaire (nm)	form	Formular	formulario	استمارة
formule d'appellation (nf)	formulaic way of naming	Anredeformel	fórmula de denominación	صيغة تسمية
formule de politesse (nf)	formal ending in correspondence	Höflichkeitsformel	fórmula de cortesía	عبارة مجاملة
forum (de discussion) (nm)	forum	(Diskussions)Forum	foro	منتدى
fournir qc (v)	to furnish, to supply	liefern	ofrecer, facilitar	زوّد
franchement (adv.)	frankly	offen, aufrichtig	francamente	بصراحة
franchise (nf)	tax free	Gebührenfreiheit	franquicia	إعفاء

G

gagner qc (v)	to win	gewinnen	ganar	ربح/ كسب
garantir qc (v)	to guarantee	garantieren	garantizar	ضمن، كفل
garçon (nm)	waiter	Kellner	camarero	نادل
gardien(ne) (n)	superintendent	Wächter	portero, ra	حارس مبنى
gare (nf)	station	Bahnhof	estación	محطة قطار
gastronomique (adj.)	gastronomic	gastronomisch	gastronómico	ذوّاقة، خاص بفن حسن الأكل
généraliste (nm)	generalist	praktischer Arzt	general	طبيب عام
gens (nmp)	people	Leute (pl)	gente	ناس
gentil(le) (adj.)	nice	nett	amable	لطيف
gratuit(e) (adj.)	free	gratis	gratuito	مجاني
grave (adj.)	serious	schwer	grave	خطير
groupe de travail (nm)	work group	Arbeitsgruppe	grupo de trabajo	مجموعة عمل
guichet (nm)	window	Schalter	taquilla	شبّاك تذاكر
gymnastique (nf)	gymnastics	Gymnastik	gimnasia	رياضة بدنية

H

habitation (nf)	dwelling	Wohnung	vivienda	مسكن
habiter qp (v)	to reside	wohnen	vivir	سكَن
hall (nm)	foyer	Halle	vestíbulo	بهو بناية
haut-parleur (nm)	loudspeaker	Lautsprecher	altavoz	مكبّر صوت
hebdomadaire (nm)	weekly magazine	Wochenzeitschrift	revista semanal	أسبوعي
hébergement (nm)	lodging	Unterkunft	alojamiento	إيواء، إسكان
hésiter (v)	to hesitate	zögern	dudar	ترّدد
heure (nf)	hour	Stunde	hora	ساعة
heureux(se) (adj.)	happy	glücklich	contento, ta	سعيد
honneur (nm) avoir l'... de	honor	Ehre	honor, tener el ... de	شرف، كان له الشرف في
hôpital (nm)	hospital	Krankenhaus	hospital	مستشفى
horaires (nmp)	schedules	Fahrplan	horarios	دوام
horlogerie (nf)	clockmaking	Uhrengeschäft	relojería	صناعة الساعات، متجر ساعات
hôte(sse) (n)	host(ess)	Gastgeber(in)	anfitrión, na	مضيف (مضيفة)
hôtel (nm)	hotel	Hotel	hotel	فندق

I

idéal (nm)	ideal	ideal	ideal	مثالي
idée (nf)	idea	Idee	idea	فكرة
identification (nf)	identification	Identifizierung	identificación	تعرّف إلى، إثبات
illimité(e) (adj.)	unlimited	unbegrenzt	ilimitado, da	غير محدود، لامتناهٍ
immatriculation (nf)	registration	Zulassung	inscripción	تسجيل
immédiat(e) (adj.)	immediate	sofortig	inmediato, ta	مباشر
immeuble (nm)	building	Gebäude	edificio	بناية
immobilier(ère) (adj.)	real estate	Immobilien...	inmobiliario, a	عقاري (عقارية)
immunité (nf)	immunity	Immunität	inmunidad	حصانة
impensable (adj.)	unthinkable	undenkbar	impensable	لا يُعقل
impératif(ve) (adj.)	imperative	zwingend	imperativo, va	حتمي (حتمية)
importance (nf)	importance	Bedeutung	importancia	أهمية
impossible (adj.)	impossible	unmöglich	imposible	مستحيل
impression (nf) avoir l'... de/que	impression	Eindruck	impresión, tener la ... de que	انطباع، تصوّر أن
inauguration (nf)	inauguration	Einweihung	inauguración	افتتاح
inaugurer qc (v)	to inaugurate	einweihen	inaugurar	افتتح
inconfortable (adj.)	uncomfortable	unbequem	incómodo	غير مريح
inconvénient (nm)	inconvenient	unangebracht	inconveniente	ضرر
incroyable (adj.)	unbelievable	unglaublich	increíble	لا يُصدّق
indépendant(e) (adj.)	independent	unabhängig	independiente	مستقل
indiquer qc à qu (v)	to indicate	hinweisen jm auf etw	indicar	دله على، أشار له إلى
individuel(le) (adj.)	individual	individuell	individual	فردي
information (nf)	information	Information	información	معلومات (ج)
informatique (n, adj.)	information technology	Informatik	informática	معلوماتية، معلوماتي
informer qu (v)	to inform	informieren	informar	أعلم
initial(e) (adj.)	initial	Anfangs...	inicial	أوّلي
initiative (nf)	initiative	Initiative	iniciativa	مبادرة
insister (v)	to insist	beharren	insistir	أصرّ على

inspirer (v)	to inspire	einatmen, inspirieren	inspirar	اوحى
installation (nf)	installation	Installierung	instalación	تركيب
installer (s') qp (v)	to set oneself up	niederlassen (sich)	instalar(se)	رَكَّب (أقام، سكن في)
instant (nm)	instant	Moment	instante	لحظة
insupportable (adj.)	unbearable	unerträglich	insoportable	لا يحتَمَل
intelligent(e) (adj.)	intelligent	intelligent	inteligente	ذكي
intéressant(e) (adj.)	interesting	interessant	interesante	مثير الاهتمام
intéresser (s') à qu, qc (v)	to interest oneself in	interessieren (sich)	interesar(se)	أهمَّ (اهتمّ بـ)
intérêt (nm)	interest	Interesse	interés	مصلحة
interlocuteur(trice) (n)	participant	Gesprächspartner(in)	interlocutor, ra	محاور (محاورة)
international(e) (adj.)	international	international	internacional	دولي (دولية)
interprétation (nf)	interpretation	Dolmetschen	interpretación	تأويل، ترجمة فورية
interprète (nmf)	interpreter	Dolmetscher(in)	intérprete	مترجم فوري
interrompre qu, qc (v)	to interrupt	unterbrechen	interrumpir	قطع، أوقف
intervenir (v)	to intervene	intervenieren	intervenir	تدخّل
intitulé (nm)	incumbent	Titel	titular	عنوان (وظيفة)
intolérable (adj.)	intolerable	unerträglich	intolerable	لا يُطاق
inutile (adj.)	useless	unnötig	inútil	غير مفيد
invitation (nf)	invitation	Einladung	invitación	دعوة
invité(e) (nf)	guest	Gast (m/f)	invitado, da	مدعو (مدعوة)
isolé(e) (adj.)	insulated, isolated	isoliert	aislado, da	منفرد (منفردة)
J				
jouer (v)	to play	spielen	jugar	لعب
jour chômé (nm)	day off	arbeitsfreier Tag	día festivo	يوم تعطيل
jour férié (nm)	holiday	Feiertag	día festivo	يوم عطلة
jour ouvrable (nm)	working day	Werktag	día laboral	يوم عمل
jour ouvré (nm)	day worked	Arbeitstag	día laboral	يوم مشغول
journal (télévisé) (nm)	news	Nachrichten (pl)	informativo	نشرة الأخبار المتلفزة
journaliste (nmf)	journalist	Journalist(in)	periodista	صحفي
journée (nf)	day	Tag	día, jornada	نهار
justement (adv.)	exactly	genau	precisamente	بالضبط، بحقّ
justice (nf)	justice	Gerechtigkeit	justicia	عدالة
justifier (v)	to justify	rechtfertigen	justificar	برّر
L				
laisser qc (v)	to leave	lassen	dejar	تَرَك
lancer qc (v)	to launch	starten, einführen	lanzar	أطلق نداءً، حملة
langage (nm)	language	Sprache	idioma, lenguaje	لغة
légèrement (adv.)	lightly	leicht	ligeramente	بخفّة، بدون تروي
législatif(ve) (adj.)	legislative	legislativ	legislativo, va	تشريعي (تشريعية)
légume (nm)	vegetable	Gemüse	verdura	خضار
lever (se) (v)	to get up	aufstehen	levantar(se)	استيقظ، قام، نهضَ
librairie (nf)	bookstore	Buchhandlung	librería	مكتبة
lieu (nm)	place	Ort	lugar	مكان، موقع
ligne (téléphonique) (nf)	line	Linie	línea	خط (هاتفي)
limitation (nf)	limitation	Begrenzung	limitación	تحديد، حصر
livraison (nf)	delivery	Lieferung	entrega	تسليم
livrer (v)	to deliver	liefern	entregar	سلم
local(e) (adj.)	local	local	local	محلّي (محلية)
locataire (nm)	renter	Mieter	inquilino, na	مستأجر
location (nf)	rental	Mieten, Vermietung	alquiler	إيجار
logement (nm)	lodging	Unterkunft	vivienda	مسكن
loger qu (v)	to lodge	beherbergen	alojar	أسكن
long(ue) (adj.)	long	lang	largo, ga	طويل (طويلة)
longer qc (v)	to go along	entlanggehen	bordear	سار بجانب، امتدّ على طول
louer qc (v)	to rent	mieten	alquilar	أجر، استأجر
lutte (nf)	struggle	Kampf	lucha	مكافحة
lutter contre qc (v)	struggle against	kämpfen	luchar contra algo	كافح ضد
lycée (nm)	secondary school	Gymnasium	instituto	ثانوية
M				
magazine (nm)	magazine	Zeitschrift	revista	مجلة
magnétique (adj.)	magnetic	magnetisch	magnético, ca	مغناطيسي
magnifique (adj.)	magnificent	herrlich	magnífico, ca	رائع
maintenant (adv.)	now	jetzt	ahora	الآن
maintenir qc (v)	to maintain	erhalten, beibehalten	mantener	حافظ على، حفظ
maintien (nm)	maintenance	Erhaltung	mantenimiento	حفظ، محافظة
maison (individuelle) (nf)	house	Haus	casa	منزل
mal (adv.)	badly	schlecht	mal	بشكل سيء
mal (p : maux) (nm)	evil	Übel	mal	سوء، أذية، ضرر
maladie (nf)	disease	Krankheit	enfermedad	مرض
manifestation (nf)	event	Veranstaltung	manifestación	مظاهرة، تظاهرة
manquer (v)	to miss	fehlen	faltar	نقص
marchandise (nf)	merchandise	Ware	mercancía	بضاعة
marcher (v)	to function	funktionieren	funcionar	اشتغل
mari (nm)	husband	Ehemann	marido	زوج
marié(e) (adj.)	married	verheiratet	casado, da	متزوج (متزوجة)
marque (nf)	brand	Marke	marca	علامة (منتوج)
matériel(le) (adj.)	material	Material	material	مادي (مادية)

maximum (nf)	maximum	Maximum	máximo	الحد الأقصى
média (nm)	media	Medien (pl)	medios de comunicación	وسائل الإعلام
médical(e) (adj.)	medical	medizinisch	médico, ca	طبي (طبية)
médicament (nm)	medication	Medikament	medicamento	دواء
membre (nm)	member	Mitglied	miembro	عضو، بلد عضو
mensuel (nm)	monthly magazine	Monatszeitschrift	revista mensual	شهري
menu (nm)	menu	Menü	menú	قائمة، لائحة
mère (nf)	mother	Mutter	madre	أم، والدة
message (nm)	message	Nachricht	mensaje	رسالة، برقية
messagerie (nf)	messaging	Mailbox	mensajería	آلة استلام الرسائل
météo (nf)	weather	Wetter	meteorología	حالة الطقس
mètre carré (nm)	square meter	Quadratmeter	metro cuadrado	متر مربع
métro (nm)	underground	U-Bahn	metro	مترو، قطار كهربائي يسير تحت الأرض
mettre (v)	to put	stellen, legen, setzen	meter	وضع
mettre en œuvre qc (v)	to implement	anwenden, gebrauchen	poner en marcha	استخدم، نفذ
mettre l'accent sur qc (v)	to emphasize	betonen	poner de relieve	شدد على
meuble (nm)	piece of furniture	Möbel	mueble	أثاث
meublé (nm)	furnished	möbliert	amueblado	مؤثث، مفروش
midi (nm)	noon	Mittag	mediodía, sur	ظهر
migraine (nf)	migraine	Migräne	jaqueca, migraña	صُداع
minimum (nm)	minimum	Minimum	mínimo	حد أدنى
ministère (nm)	ministry	Ministerium	ministerio	وزارة
ministre (nmf)	minister	Minister(in)	ministro	وزير
mise en ligne (nf)	placing online	Online-Stellung	alineación, conexión	أدخل على الشبكة
mission (nf)	mission	Mission	misión	مهمة
mobilité (nf)	mobility	Mobilität	movilidad	تنقل، قابلية الحركة
mode (nm)	means	Art, Weise	modo	أسلوب
modèle (nm)	model	Modell	modelo	نموذج
monde (nm)	world	Welt	mundo	عالم
mondial(e) (adj.)	worldly	weltweit	mundial	عالمي
mondialisation (nf)	globalization	Globalisierung	globalización	عولمة
montant (nm)	amount	(Preis)Anstieg	importe precio	مجموع، مبلغ إجمالي
monter (v)	to ascend	steigen	montar	صعد
montrer qu, qc (v)	to show	zeigen	mostrar	أظهر، عرض
monument (nm)	monument	Monument	monumento	نصب تذكاري
mot de passe (nm)	password	Passwort	contraseña	كلمة السر
moyen (nm)	means	Mittel	medio	وسيلة
moyen d'accès (nm)	means of access	Zugangsmöglichkeit	medio de acceso	طريقة الدخول إلى
multilatéral(e) (adj.)	multilateral	multilateral	multilateral	متعدد الأطراف
musée (nm)	museum	Museum	museo	متحف

N

naissance (nf)	birth	Geburt	nacimiento	ولادة
natation (nf)	swimming	Schwimmen	natación	سباحة
nation (nf)	nation	Nation	nación	أمة، وطن
national(e) (adj.)	national	national	nacional	وطني (وطنية)
nationalité (nf)	nationality	Nationalität	nacionalidad	جنسية
nécessaire (adj.)	necessary	notwendig	necesario, ria	ضروري
négocier (v)	to negotiate	verhandeln	negociar	تفاوض
niveau (nm)	level	Niveau	nivel	مستوى
nom (nm)	name	Name	apellido	اسم
nom de famille (nm)	family name	Familienname	apellido	شهرة، اسم العائلة
nominatif(ve) (adj.)	nominative	nominativ	nominativo, va	اسمي (اسمية)
normal(e) (adj.)	normal	normal	normal	طبيعي (طبيعية)
noter qc (v)	to note	notieren	notar	دوّن
notification (nf)	notification	Benachrichtigung	notificación	إبلاغ، إشعار
nouveau(elle) (adj.)	new	neu	nuevo, va	جديد، جديدة
nouvelle (nf)	news	Neuigkeit	noticia	خبر، نبأ، بشرى
nucléaire (adj.)	nuclear	Nuklear…	nuclear	نووي
numéro (nm)	number	Nummer	número	رقم

O

objectif (nm)	objective	Ziel	objetivo	هدف، غرض
objectif(ve) (adj.)	objective	objektiv	objetivo, va	موضوعي (موضوعية)
objet (nm)	object	Gegenstand	objeto	شيء، أداة ـ غاية
obtenir qc (v)	to obtain	bekommen	obtener	حصل على
obtention (nf)	attainment	Erlangung	obtención	حصول
occasion (nf)	second-hand	Gebraucht…	ocasión	مستعمل
occupé(e) (téléphone) (adj.)	busy	besetzt	ocupado	مشغول (الخط مشغول)
occuper (s') de qu, qc (v)	to take care of	kümmern (sich)	ocupar(se)	اشتغل بـ، شغل نفسه بـ
occuper (un poste) (v)	to occupy	besetzen	ocupar	ملأ، شغل وظيفة
officiel(le) (adj.)	official	offiziell	oficial	رسمي (رسمية)
offre (nf)	offer	Angebot	oferta	عرض
offrir qc à qu (v)	to offer	anbieten jm etw	ofrecer	قدّم
opéra (nm)	opera	Oper	ópera	مسرحية غنائية
opérateur(trice) (n)	operator	Operator	operador, ra	مدير آلة
orageux(euse) (adj.)	stormy	gewittrig, Gewitter…	tempestuoso, sa	عاصف، زوبعي
ordinateur (nm)	computer	Computer	ordenador	حاسوب إلكتروني، كمبيوتر
ordonnance (nf)	prescription	Verschreibung, Rezept	receta	وصفة طبيب

ordre (nm)	order	Befehl	orden	نظام، ترتيب، أمر (v)
organisation (nf)	organization	Organisation	organización	منظمة، تنظيم
organiser qc (v)	to organize	organisieren	organizar	نظم
organisme (nm)	agency	Organismus	organismo	هيئة
origine (nf)	origin	Ursprung	origen	مصدر
ouverture (nf)	opening	Öffnung	abertura, apertura	افتتاح
ouvrir un compte (v)	to open an account	ein Konto eröffnen	abrir una cuenta	فتح حساباً (v)
pacsé(e) (adj.)	live together (cohabit)	in Lebensgemeinschaft lebend	con pareja de hecho	متزوج
paix (nf)	peace	Friede	paz	سلام
palais (nm)	palace	Gebäude	palacio	قصر
parcours (professionnel) (nm)	path	(Berufs)Laufbahn	trayectoria	مسيرة مهنية
parking (nm)	parking lot	Parkplatz	aparcamiento	موقف سيارات
parlement (nm)	parliament	Parlament	parlamento	برلمان، مجلس النواب
parlementaire (adj.)	parliamentary	parlamentarisch	parlamentario	برلماني
parler (v)	to speak	sprechen	hablar	تكلم
parole (nf)	speech	Wort	palabra	قول
partager qc (v)	to share	teilen	compartir	تقاسم
participation (nm)	participation	Teilnahme	participación	مشاركة
particulièrement (adv.)	particularly	besonders	particularmente	خاصة
partir (v)	to leave	abfahren	partir	ذهب
parvenir qp (v)	to manage to	gelangen zu, erreichen	conseguir	توصل إلى
passager(ère) (n)	passenger	Passagier (m/f)	pasajero, ra	عابر (عابرة)
passant(e) (n)	passerby	Passant(in)	transeúnte	سبيل
passeport (nm)	passport	Reisepass	pasaporte	جواز سفر
passer (la douane) (v)	to go through	überschreiten	pasar	عبر (الجمارك)
passer (se) (v)	to do without	geschehen	pasar(se)	مضى، انقضى
passer (un examen) (v)	to take, to sit for	bestehen	aprobar	نجح في امتحان
passionnant(e) (adj.)	fascinating	leidenschaftlich	apasionante	ممتع جداً، أخاذ
patienter (v)	to wait	warten	esperar	صبر
pause (nm)	break	Pause	pausa	استراحة
pavillon (nm)	house	Pavillon	chalet casa	سُرادق
payer (v)	to pay	zahlen	pagar	دفع
pays (nm)	country	Land	país	بلد
pénible (adj.)	laborious	penibel	penoso, pesado	مؤلم
père (nm)	father	Vater	padre	أب، والد
période (nf)	period	Periode	periodo	فترة
permis de séjour (nm)	residence permit	Aufenthaltsbewilligung	permiso de residencia	ترخيص بالإقامة
personne (nf)	person	Person	persona	شخص
personnel(le) (adj.)	personal	persönlich	personal	شخصي (شخصيه)
perte (nf)	loss	Verlust	pérdida	خسارة
petit-déjeuner (nm)	breakfast	Frühstück	desayuno	فطور
petite annonce (nf)	classified advertisement	Kleinanzeige	anuncio	إعلانات مبوبة
petite-fille (nf)	granddaughter	Enkeltochter	nieta	حفيدة
petit-fils (nm)	grandson	Enkelsohn	nieto	حفيد
petits-enfants (nm)	grandchildren	Enkelkinder (pl)	nietos	أحفاد
photo d'identité (nf)	identity photograph	Passfoto	foto de carné	صورة شمسية للهوية
photocopieuse (nf)	photocopier	Kopierer	fotocopiadora	ناسخة
pièce (nf)	room	Zimmer	habitación	غرفة، حجرة
pièce à fournir (nf)	item to provide	vorzulegendes Dokument	documento que debe entregarse	وثائق لازمة
pièce d'identité (nf)	identification	Ausweis	documento de identidad	وثيقة الهوية
pièce justificative (nf)	supporting document	Beweisstück	justificante	وثيقة ثبوتية
place (nf)	place	Platz	lugar, puesto, asiento	مكان، ساحة
plaindre (se) de qc (v)	to complain	beklagen (sich)	quejar(se)	اشتكى، تذمّر
plaisir (nm) avoir le... de	pleasure	Vergnügen	placer, tener el ...de	سُرّ بـ
planifier qc (v)	to plan	planen	planificar	خطط
plastique (nm)	plastic	Plastik	plástico	بلاستيك
plein (nm)	full, fill it up	Volltank	llenado	ملأ الخزان وقوداً
point de vue (nm)	point of view	Gesichtspunkt	punto de vista	وجهة نظر
pôle (nm)	center	Zentrum, Pol	polo	قطب
politesse (nf)	politeness	Höflichkeit	educación, cortesía	تهذيب
politique (adj.)	political	politisch	político, ca	سياسي
politique (nf)	politics	Politik	política	سياسة
pont (nm)	long holiday weekend	Zwickeltag/Fenstertag	puente	يوم عطلة ما بين يومي تعطيل
porte (nf)	door	Türe	puerta	باب
porter qc (v)	carry	tragen	llevar	لبس، حمل
porter un toast à (v)	to make a toast	einen Toast ausbringen	brindar por	شرب نخب فلان
poser (sa candidature) (v)	to apply	bewerben (sich)	presentar	قدّم (ترشيحه)
poser (ses congés) (v)	to ask for time off	eintragen (Urlaub)	elegir	قدّم (أيام إجازته)
possible (adj.)	possible	möglich	posible	ممكن
poste (nm)	job	(Arbeits)Stelle	puesto	منصب، وظيفة
poste à pourvoir (nm)	position open	freie Stelle	puesto vacante	منصب شاغر
poste informatique (nm)	workstation	Arbeitsplatz (PC)	estación de trabajo	جهاز الحاسوب الإلكتروني
poste téléphonique (nm)	telephone set	Telefonzentrale	terminal telefónico	جهاز الهاتف
post-universitaire (adj.)	post-university	post-universitär	postuniversitario	بعد الجامعة

poursuivre qc (v)	to pursue	verfolgen	continuar	تابع
pouvoir (v)	to be able to	können	poder	استطاع، تمكن
pratique (adj.)	practical	praktisch	práctico, ca	عملي
pratique (nf)	practice	Praxis	práctica	ممارسة المعلوماتية
précision (nf)	precision	Präzision	precisión	دقة
préférence (nf)	preference	Vorliebe	preferencia	أفضلية
préférer qu, qc (v)	to prefer	bevorzugen	preferir	فضّل
premier(ère) (adj.)	first	erste(r)	primero, ra	أول (أولى)
prendre en charge qu, qc (v)	to take on	übernehmen	encargarse	أخذ على عاتقه
prendre place (v)	to take place	Platz nehmen	ocupar un lugar	جلس
prendre qc (v)	to take	nehmen	tomar	أخذ
prescrire qc (v)	to require	vorschreiben	prescribir	وصف
présent(e) (adj.)	present	anwesend, gegenwärtig	presente	حاضر (حاضرة)
présentation (nf)	presentation	Präsentation	presentación	عرض، تقديم، تعريف
présenter (se) (à un examen) (v)	to present oneself	sich präsentieren	presentar(se)	قدّم امتحاناً
présenter qu (v)	to present someone	präsentieren jm	presentar	عرّف على
président(e) (n)	president	Präsident(in)	presidente	رئيس
présider qc (v)	preside over, at	den Vorsitz innehaben	presidir	ترأس
presse (nf)	press	Presse	prensa	صحافة
prévoir qc (v)	to foresee	vorsehen	prever	توقع شيئاً
principal(e) (adj.)	principal	Haupt...	principal	رئيسي، أساسي
prise de fonctions (nf)	assumption of duties	Funktionsübernahme	asunción de funciones	استلام وظيفة
prise en charge (nf)	assumption of costs	Übernahme	encargarse	تكلفة
prix (nm)	price	Preis	precio	سعر، كلفة
problème (nm)	problem	Problem	problema	مشكلة
prochain(e) (adj.)	next	nächste(r)	próximo, ma	قادم (قادمة)
proche (adj.)	near	nahe	cercano, na	قريب (قريبة)
procurer (se) qc (v)	to obtain	versorgen (sich)	proporcionar	حصل على
profession (nf)	profession	Beruf	profesión	مهنة
professionnel(le) (adj.)	professional	beruflich	profesional	مهني (مهنية)
profil de poste (nm)	job description	Stellenprofil	perfil de puesto	جانبية المنصب
profiter de qc (v)	to benefit from	profitieren von etw	aprovecharse	استفاد من
programme (nm)	program	Programm	programa	برنامج
projet (nm)	project	Projekt	proyecto	مشروع
promener (se) (v)	to walk around	spazieren gehen	pasear(se)	تنزّه
prononcer qc (v)	to pronounce	aussprechen	pronunciar	لفظ
proposer qc (v)	to propose	vorschlagen	proponer	اقترح
proposition (nf)	proposition	Vorschlag	propuesta	اقتراح
propriétaire (nmf)	owner	Besitzer	propietario	مالك، صاحب ملك
protection (nf)	protection	Schutz	protección	حماية
protéger qu, qc (v)	to protect someone	schützen jm, etw	proteger	حمى
protocole (nm)	protocol	Protokoll	protocolo	بروتوكول
public (nm)	public	Öffentlichkeit	público	جمهور
public(que) (adj.)	public	öffentlich	público, ca	عام (عامة)
publicité (nf)	advertisement	Werbung	publicidad	إعلان

Q

qualification (nf)	qualification	Qualifikation	calificación	مؤهلات
qualité (nf)	quality	Qualität	calidad	ميزة
quantité (nf)	quantity	Quantität	cantidad	كمية
quartier (nm)	quarter	Viertel	barrio	حيّ
quelquefois (adv.)	sometimes	manchmal	a veces	أحياناً
question (nf)	question	Frage	pregunta	سؤال
quitter qu, qc (v)	to leave	verlassen	dejar	ترك، فارق
quotidien (nm)	daily	Tageszeitung	diario	جريدة يومية

R

raccrocher (v)	to hang up	abheben	colgar	قفل الخط
raison (nf) avoir	to be right	Recht haben	tener razón	كان على حقّ
randonnée (nf)	hike	Wanderung	paseo, excursión	جولة، رحلة
rappeler qu (v)	to call back	zurückrufen	llamar	طلب، اتصل ثانية بـ
rapport (nm)	report	Bericht	informe, relación	تقرير
rapprocher qc de qc (v)	to bring closer	vorwerfen	acercar	قرّب
réaliser qc (v)	to perform	realisieren	realizar, darse cuenta	حقّق
réception (nf)	reception	Rezeption	recepción	استلام / حفل استقبال
recevoir qu (v)	to receive	erhalten	recibir	استلم
recherche (nf)	research	Recherche	investigación	بحث
réclamation (nf)	complaint	Reklamation	reclamación	مطالبة، شكوى
réclamer qc (v)	to claim	reklamieren	reclamar	طالب بـ
recommander qu, qc (v)	to register	empfehlen	recomendar	أوصى بـ
reconnaissance (nf)	gratitude	Anerkennung	reconocimiento	اعتراف، تقدير
recrutement (nm)	recruitment	Einstellung	contratación	توظيف
recruter qu (v)	to recruit	einstellen	contratar	وظّف
recruteur (nm)	recruiter	Arbeitgeber	empleador	موظف
récupération (nf)	recovery	Nachholen , Einbringen	recuperación	استرجاع
récupérer qc (v)	to recover	nachholen, einbringen	recuperar	استرجع
recycler (v)	to recycle	recyclen	reciclar	أعاد تأهيل
rédiger qc (v)	to draft	verfassen	redactar	حرّر

réduction (nf)	reduction	Reduzierung	reducción	تخفيض
réduit(e) (adj.)	reduced	reduziert	reducido, da	مخفض
réfléchir (v)	to reflect	nachdenken	reflexionar	فكّر
regarder qu, qc (v)	to look at	schauen	mirar	نظر إلى
région (nf)	region	Region	región	إقليم
régional(e) (adj.)	regional	regional	regional	إقليمي (إقليمية)
regretter qu, qc (v)	to regret	bedauern	añorar, arrepentirse	ندم على
régulièrement (adv.)	regularly	regulär	regularmente	بانتظام
rejeter qc (v)	to reject	abweisen	rechazar	نبذ
relation (nf)	relation	Beziehung	relación	علاقة
relations internationales (nfp)	international relations	Internationale Beziehungen (pl)	relaciones internacionales	علاقات دولية
relations publiques (nfp)	public relations	Öffentlichkeitsarbeit	relaciones públicas	علاقة عامة
relevé de compte (nm)	account statement	Kontoauszug	extracto de cuenta	كشف حساب
remercier (v)	to thank	danken, sich bedanken	agradecer	شكر
remettre qc à qu (v)	to submit to	zurückgeben jm etw	dar	أعاد شيئاً إلى فلان
remise (nf)	awarding	Verleihung	entrega	تسليم الشهادات
remplacer qu, qc (v)	to replace	ersetzen	reemplazar, sustituir	حلّ محلّ
remplir qc (v)	to fill out	ausfüllen	rellenar	ملأ استمارة
rencontre (nf)	meeting	Treffen	encuentro	مقابلة
rencontrer qu (v)	to meet	treffen	encontrar	قابل
rendez-vous (nm)	rendezvous	Verabredung	cita	موعد
rendre compte de qc (se) (v)	to realize	etw bewusst werden (sich)	darse cuenta de	انتبه لـ، أدرك
rendre (se) qp (v)	to go to	begeben (sich)	presentar(se)	ذهب إلى
rendre hommage à qu, qc (v)	to give hommage to	Ehre erweisen jm	rendir un homenaje a alguien	أثنى على، أشاد بـ
renseignement (nm)	information	Auskunft	información	معلومات
renseigner qu (v)	to inform	beraten	informar	أعطى معلومات، أفاد
rentrer (v)	to go back into	zurückkehren	entrar	دخل
renvoi (nm)	to send back	Rücksendung	despido, devolución	إعادة، إرجاع
répartir qc (v)	to spread	verteilen, einteilen	distribuir	وزّع
repas (nm)	meal	Mahlzeit	comida	وجبة
répondeur (nm)	answering machine	Anrufbeantworter	contestador	مجاوب
répondre à qu (v)	to answer someone	antworten	responder a alguien	جاوب، ردّ على
reposer (se) (v)	to rest	erholen (sich)	descanser	استراح
reprendre de qc (v)	to take up again	nachnehmen	volver a tomar	أخذ، تناول ثانية
représentant(e) (n)	representative	Vertreter(in)	representante	ممثل (ممثلة)
représentation permanente (nf)	representation permanent	ständige Vertretung	representación permanente	تمثيل دائم
requérir qc (v)	to claim	anfordern, verlangen	requerir	طلب، استدعى
réserver qc (v)	to reserve	reservieren	reservar	حفظ وضع جانباً
résidence (secondaire) (nf)	vacation house	(Neben)Wohnsitz	residencia	مقر إقامة ثانوي
responsabilité (nf)	responsibility	Verantwortung	responsabilidad	مسؤولية
responsable (adj.)	responsible	verantwortlich	responsable	مسؤول
ressentir qc (v)	to sense	spüren, merken	sentir	شعر بـ
restaurant (nm)	restaurant	Restaurant	restaurante	مطعم
rester (v)	to remain	übrigbleiben	permanecer	بقي
rester qp (v)	to stay	bleiben	permanecer	بقي
restitution (nf)	restitution	Rückgabe	restitución	إعادة، إرجاع
retard (nm)	delay	Verspätung	retraso	تأخير
retirer (de l'argent) (v)	to withdraw	abheben	sacar	سحب مالاً
retirer qc (v)	to remove	entziehen	retirar	استخرج
retrouver qu (v)	to find again	wieder finden	encontrar	وجد ثانية
réunion (nf)	meeting	Versammlung	reunión	اجتماع
réussir (un examen) (v)	to pass	bestehen	aprobar	نجح
revue (nf)	magazine	Zeitschrift	revista	مجلة
richesse (nf)	wealth	Reichtum	riqueza	ثروة
rideau (nm)	curtain	Vorhang	cortina	ستار
risque (nm)	risk	Risiko	riesgo	مجازفة
rompre qc (v)	to break	brechen	romper	قطع
rubrique (nf)	heading	Rubrik	rúbrica	باب
S				
salle (nf)	room	Saal	sala	صالة
sanitaire (adj.)	healthy	Gesundheits..., sanitär	sanitario, ria	صحي
santé (nf)	health	Gesundheit	salud	صحة
scandale (nm)	scandal	Skandal	escándalo	فضيحة
séance de travail (nf)	work session	Arbeitssitzung	sesión de trabajo	جلسة عمل
séance inaugurale (nf)	inaugural session	Eröffnungssitzung	sesión inaugural	جلسة افتتاحية
séance plénière (nf)	plenary session	Plenarsitzung	sesión plenaria	جلسة عامة
secrétaire général(e) (nmf)	secretary-general	Generalsekretär(in)	secretario, ria general	أمين عام
sécurité (nf)	safety	Sicherheit	seguridad	أمن
sécurité sociale (nf)	social security	Sozialversicherung	seguridad social	ضمان اجتماعي
séjour (nm)	stay	Aufenthalt	estancia	إقامة، تأشيرة إقامة
semaine (nf)	week	Woche	semana	أسبوع
séminaire (nm)	seminary	Seminar	seminario	حلقة
séparé(e) (adj.)	separated	getrennt	separado, da	منفصل

sérieux(se) (adj.)	serious	ernst	serio, a	جادّ
service (nm)	department	Service	servicio	خدمة
service de presse (nm)	press department	Pressedienst	servicio de prensa	خدمة الصحافة
servir qc (v)	to serve	dienen	servir	خدم
seulement (adv.)	only	nur	solamente	فقط
signature (nf)	signature	Unterschrift	firma	توقيع
signer qc (v)	to sign	unterschreiben	firmar	وقّع
simplement (adv.)	simply	einfach	simplemente	ببساطة
sincère (adj.)	sincere	ehrlich	sincero, ra	جدّي
site (internet) (nm)	site	(Internet)Seite	página web	موقع الإنترنت
site (nm)	site	Stätte, Gegend	lugar	موقع سياحي
situation de famille (nf)	family situation	Familienstand	situación familiar	الوضع العائلي
situé(e) (adj.)	situated	gelegen	situado, da	واقع
social(e) (adj.)	social	sozial	social	اجتماعي
soirée (nf)	evening	Abend	tarde, velada	سهرة
solidarité (nf)	solidarity	Solidarität	solidaridad	تضامن
sommaire (nm)	table of contents	Zusammenfassung	sumario, índice	ملخّص
sommet (nm)	summit	Gipfel	cumbre	قمة، اجتماع قمة
sonore (adj.)	aural	sonor	sonoro, ra	رنّان، صائت
sorte (nf)	sort	Sorte	clase, manera	صنف
sortir (v)	to leave	hinausgehen, ausgehen	salir	خرج
souhaiter qc (v)	to wish	wünschen	desear	تمنّى، رغب في
souligner qc (v)	to underline	unterstreichen	subrayar, destacar	وضع خطّاً تحت، لفت الانتباه إلى
sous-directeur(trice) (n)	assistant director	Direktor-Stellvertreter(in)	subdirector	نائب المدير
sous-direction (nf)	assistant directorship	Stellvertretung der Direktion	subdirección	نائب المدير
spécialisation (nf)	specialization	Spezialisierung	especialización	تخصّص
spécialiser (se) (v)	to specialize	spezialisieren (sich)	especializarse	تخصّص
spécialiste (nmf)	specialist	Spezialist	especialista	متخصص
spécifique (adj.)	specific	spezifisch	específico, ca	معيّن
spectacle (nm)	spectacle	Spektakel	espectáculo	منظر
sport (nm)	sport	Sport	deporte	رياضة
stage (nm)	training course	Praktikum	prácticas	تدريب
standard (téléphonique) (nm)	switchboard	(Telefon)Zentrale	centralita	بدالة الهاتف
standardisé(e) (adj.)	standardized	standardisiert	estandarizado, da	موحد المقاييس
standardiste (nmf)	switchboard operator	Telefonist(in)	telefonista	عامل المقسم الهاتفي
station (nf) *de taxi*	taxi stand	(Taxi)Stand	parada	محطة تاكسي
stationner qp (v)	to park	parken	aparcar	أوقف السيارة
steward (nm)	steering	Steward	auxiliar de vuelo	مضيف
store (nm)	shutter	Jalousie, Rollo	toldo	ستارة
stratégie (nf)	strategy	Strategie	estrategia	استراتيجية
studio (nm)	studio	Studio	estudio	استديو
succès (nm)	success	Erfolg	éxito	نجاح
suggestion (nf)	suggestion	Empfehlung	sugerencia	اقتراح، ايعاز
suite (nf)	follow-up	Folge	continuación	تتمة،
suivre qu, qc (v)	to monitor	folgen	seguir	تبع
superbe (adj.)	superb	prächtig, herrlich	soberbio, bia	بديع
supplémentaire (adj.)	additional	zusätzlich	suplementario	إضافي
surface (nf)	surface area	Fläche	superficie	مساحة
surveillance (nf)	surveillance	Aufsicht	vigilancia	مراقبة
sympathique (adj.)	sympathetic	sympathisch	simpático, ca	ودي، متعاطف
synthétique (adj.)	synthetic	synthetisch	sintético, ca	اصطناعي
système (nm)	system	System	sistema	نظام

T

taper (v)	to enter a code	eingeben	marcar	أدخل الرقم السري
tarif (nm)	price	Tarif	tarifa	تعرفة
taxe (nf)	tax	Gebühr, Steuer	tasa	ضريبة
technique (adj.)	technique	technisch	técnico, ca	تقني
téléphone (nm)	telephone	Telefon	teléfono	هاتف
téléphone portable (nm)	cell phone	Mobiltelefon	teléfono móvil	هاتف محمول
téléphoner à qc, qp (v)	to telephone	telefonieren	telefonear	اتصل بالهاتف
téléphonique (adj.)	telephone	telefonisch	telefónico, ca	هاتفي
télévision (nf)	television	Fernsehen	televisión	تلفزيون
temporaire (adj.)	temporary	temporär	temporal	مؤقت
tenir qp (se) (v)	to take place	stattfinden	tener lugar	بقي واقفا
terminus (nm)	end of the line	Endstation	final de línea	نهاية الخط
tête (nf) être à la… de qc	head	Spitze an der…von etw sein	cabeza, ir en …	ترأس
tort (nm) avoir	wrong	Unrecht haben	equivocarse	كان على خطأ
touristique (adj.)	tourist	touristisch	turístico, ca	سياحي
tousser (v)	to cough	husten	toser	سعل
traducteur(trice) (n)	translator	Übersetzer(in)	traductor, ra	مترجم (مترجمة)
traitement de textes (nm)	wordprocessing	Textverarbeitung	procesamiento de texto	معالجة النصوص
transformer qc (v)	to transform	umwandeln	transformar	حوّل شيئا
transit (nm)	passage	Transit	tránsito	عبور
transmission (nf)	transmission	Übertragung	transmisión	إرسال، نقل
transport (nm)	transportation	Transportmittel	transporte	وسائل النقل
travail (nm)	work	Arbeit	trabajo	عمل

travailler (v)	to work	arbeiten	trabajar	عمل
traverser qc (v)	to cross	überqueren	cruzar	عبَر شارعًا
tromper (se) (v)	to be mistaken	irren (sich)	equivocar(se)	أخطأ
trouver (se) qp (v)	to find oneself somewhere	befinden (sich)	encontrarse	وجد نفسه في مكان ما
trouver qu, qc (v)	find	finden	encontrar	وجد
type (nm)	type	Gattung, Art	tipo	نوع

U

uniquement (adv.)	uniquely	einzig und allein, nur	únicamente	فقط
unité (nf)	department, unit	Einheit	unidad	وحدة
univers (nm)	universe	Universum	universo	كوْن
universitaire (adj.)	college	universitär	universitario, ria	جامعي
université (nm)	university	Universität	universidad	جامعة

V

vacance (d'un poste) (nf)	vacancy	freie Stelle	vacante	شغور وظيفة
vacances (nfp)	vacation	Ferien (pl)	vacaciones	فرصة
vacant(e) (adj.)	vacant	frei	vacante	شاغر
valable (adj.)	valid	gültig	válido, da	صالح، مستوفٍ للشروط القانونية
validité (nf)	validity	Gültigkeit	validez	صلاحية
valoir la peine (v)	to be worth the effort	wert sein	valer la pena	استحق العناء
véhicule (nm)	vehicle	Fahrzeug	vehículo	مركبة
veiller à qc (v)	to ensure that	achten auf	velar por algo	حرَص على
vendeur(euse) (n)	salesman	Verkäufer(in)	vendedor, dora	بائع (بائعة)
vendre qc (v)	to sell	verkaufen	vender	باع
venir de qp (v)	to come from	kommen von	venir de	قدِم، أتى من مكان ما
vente (nf)	sale	Verkauf	venta	بيع
vérifier qc (v)	to verify	überprüfen	comprobar	تحقق من
vice-président(e) (n)	vice-president	Vizepräsident	vicepresidente	نائب رئيس
vie (nf)	life	Leben	vida	حياة
ville (nf)	city	Stadt	ciudad	مدينة
vin d'honneur (nm)	reception in honor of sb	Ehrentrunk	vino de honor	حفل تكريم
virement (bancaire) (nm)	wire transfer	(Bank)Überweisung	transferencia	تحويل مصرفي
visa (du directeur) (nm)	approval	Sichtvermerk	visto bueno	سمة المدير
visa (passeport) (nm)	visa	Visum	visado	تأشيرة
visiter qc (v)	to visit, to sightsee	besuchen	visitar	زار
visiteur(euse) (n)	visitor	Besucher(in)	visitante	زائر (زائرة)
vivre (v)	to live	leben	vivir	عاش
vocal(e) (adj.)	vocal	vokal	vocal	صوتي
vœu(x) (nm)	wish(es)	Wünsche	deseo(s)	أمنية
voisin(e) (n et adj.)	neighbor, neighboring	Nachbar	vecino, na	جار (جارة) / مجاور
vol (avion) (nm)	flight	Flug	vuelo	طيران
vol (nm)	theft	Diebstahl	robo	سرقة / سارق
vouloir (v)	to want	wollen	querer	أراد
voyage (nm)	trip	Reise	viaje	سفر
voyageur(se) (n)	traveler	Reisende(r)	viajero, ra	مسافر (مسافرة)

Z

| zone (nf) | zone | Zone | zona | منطقة |

SIGLES

ABP	: Agence Belgique presse
ACF	: Action contre la faim
AEP	: Agence Europe presse
AFP	: Agence France presse
AIEA	: Agence internationale pour l'énergie atomique
AUF	: Agence universitaire de la Francophonie
BCE	: Banque centrale européenne
BEI	: Banque européenne d'investissement
CICR	: Comité international de la Croix-Rouge
CJCE	: Cour de justice des Communautés européennes
CV	: curriculum vitae
DG	: direction générale
DGCID	: Direction générale de la coopération internationale et du développement
FAO	: Organisation des Nations Unies pour l'alimentation et l'agriculture
HCR	: Haut commissariat aux réfugiés
HT	: hors taxe
JOCE	: Journal officiel des Communautés européennes
MAE	: ministère des Affaires étrangères
OCDE	: Organisation pour le commerce et le développement économique
OIF	: Organisation internationale de la Francophonie
OIT	: Organisation internationale du travail
OMC	: Organisation mondiale du commerce
OMS	: Organisation mondiale de la Santé
ONG	: organisation non gouvernementale
ONU	: Organisation des Nations Unies
ONUDI	: Organisation des Nations Unies pour le développement industriel
OSCE	: Organisation pour la sécurité et la coopération en Europe
OTAN	: Organisation du traité de l'Atlantique Nord
PAC	: Politique agricole commune
PACS	: Pacte civil de solidarité
PESC	: Politique étrangère et de sécurité commune
RER	: réseau express régional
RFI	: Radio France internationale
TGV	: train à grande vitesse
TTC	: toutes taxes comprises
TVA	: taxe à la valeur ajoutée
UA	: Union africaine
UE	: Union européenne
UNESCO	: Organisation des Nations Unies pour l'éducation, la science et la culture
UNICEF	: Fonds des Nations Unies pour l'enfance

CRÉDITS PHOTOGRAPHIQUES

Photos de l'agence Getty Images : Couverture Drapeau de l'Europe, Photodisc/Photodisc Bleu ; Parlement européen, M. Niemi/Nordic Photos ; Homme souriant, G. Doyle/Stockbyte Platinum ; Femme souriante, G. Doyle/Stockbyte Platinum ; Communauté européenne, N. Beer/Photodisc Vert ; **p. 9** A. Rippy/Iconica ; **p. 10** R. Kachatorian/ The Image Bank ; **p. 12** D. Bosler/Stone ; **p. 20**, de gauche à droite, T. Anderson/Taxi ; Chabruken/Taxi ; M. Hall/Taxi ; Wides & Holl/Taxi ; H. Coppock-Beard/The Image Bank ; Chabruken/Taxi ; **p. 21**, de gauche à droite, B. Stirton/Stone + ; H. Nishimura/Taxi Japan ; **p. 25** Johner/Johner Images ; **p. 28** Parlement européen à Bruxelles, M. Niemi/Nordic Photos ; Parlement européen à Strasbourg, Ch. Bowman/Robert Harding World Imagery ; **p. 31** Rome, HH/Taxi ; Amsterdam, F. Lemmens/Photographer's Choice ; Barcelone, Getty Images/Taxi ; **p. 45** S. Swintek/Stone + ; **p. 49** P. Cade/Iconica ; **p. 52** Vue générale de Luxembourg, Panoramic Images ; **p. 57** H. Sorensen/Taxi ; **p. 58** Ch. Hoehn/Stone ; **p. 60** M. Edwards/Photonica ; **p. 61** N. Emmerson/ Robert Harding World Imagery ; **p. 68** Notre-Dame et la Seine, J. Capmeil/Photonica ; Le Centre Georges Pompidou, Muntz/The Image Bank ; Montmartre, M. Rosenfeld/ Photographer's Choice ; **p. 70** Wide Group/Iconica ; **p. 82** Panoramic Images ; **p. 92** Vue générale, O. Benn/Stone ; Palais des Nations, G. Taylor/Stone ; Musée de la Croix-Rouge, ITTC Productions/The Image Bank ; **p. 100** U. Sjostedt/Photographer's Choice ; **p. 104** P. H. Sprosty/Photonica ; **p. 109** J. Pumfrey/Stone ; **p. 138** Longview/The Image Bank ; **p. 140** W. Packert/Photonica.

Autres photos : p. 8 OIF ; **p. 28** Cour de justice des Communautés européennes, Service Audiovisuel des Communautés européennes ; **p. 40** Bruxelles, la nuit, Marie-Françoise Plissart et Musées de la Ville de Bruxelles ; Manneken-Pis, Musées de la Ville de Bruxelles ; Tapis de fleurs sur la Grand-Place, Myriam Devriendt et Musées de la Ville de Bruxelles ; **p. 52** Europlazza, plateau du Kirchberg, Luxembourg, C. Sappa/GHFP ; Musée d'Art moderne, O.N.T. ; **p. 80** La Petite France, B. Wojtek/GHFP ; Cathédrale, P. Narayan/AGE-GHFP ; Palais des Droits de l'Homme, A. Timaios/AGE-GHFP ; Parlement européen, R. Mattès/GHFP ; **p. 97** S. Platt/AFP ; **p. 120 :** I. Sanogo/AFP ; **p. 132** M. Fedouach/STF-AFP ; **p. 146** Commission européenne.

Cartographie : p. 7 et **p. 18 :** Edigraphie, Rouen ; **p. 156 :** OIF.

Dessins : Eugène Collilieux pour les 12 pages de « Manières de… » ; Laure Scellier pour les pages 43, 59, 64, 69, 73, 117.

Couverture : Sophie Fournier – Amarante

Création maquette intérieure et mise en page : Marie-Christine Carini

Secrétariat d'édition : Cécile Botlan

Pour découvrir nos nouveautés, consulter notre catalogue en ligne, contacter nos diffuseurs ou nous écrire, rendez-vous sur Internet : **www.hachettefle.fr**

Imprimé en Espagne par Macrolibros
Dépôt légal : septembre 2013 - Collection n° 27
Edition n° 04 - 15/5800/6